人生得遇苏东坡

意公子 著

陕西新华出版
太白文艺出版社·西安

果麦文化 出品

《东坡像》
[元] 赵孟頫 台北"故宫博物院"藏

◀ 这是赵孟頫画的我,你们觉得像吗?

自　序

苏东坡，究竟带给我什么

很多人因为我讲苏东坡开始认识我，而我们认识苏东坡，大多从语文课本里的"背诵全文"开始。

从《题西林壁》《水调歌头（明月几时有）》，到关于赤壁的一词两赋——《念奴娇·赤壁怀古》《赤壁赋》《后赤壁赋》，再到那两首风格截然不同的《江城子》——《江城子·乙卯正月二十日夜记梦》《江城子·密州出猎》，以及那首境界超越古今文人的《定风波（莫听穿林打叶声）》……在学生时代，苏东坡给我们留下的印象，似乎就是这几个关键词：豪放派、豁达、乐天。

再后来，描写苏东坡的文章越来越多，渐渐地，在我们的印象中，他好像有了这样的形象：吃货、快乐的吃货、被贬之后还这么快乐的一个吃货……段子手、快乐的段子手、被贬之后还这么会自嘲的一个段子手……

他好像无形中成了治愈我们生活的一颗解药，以至于世间流传一句话——人生缘何不快乐，只因未读苏东坡。

然而我好奇的是，一个人，在逆境中，天生就可以这么快乐吗？

如果是，那是什么造就了他？

如果不是，他又是如何一步一步从泥泞里走出来的呢？

于是我一头扎进了他的"世界"——我想寻找一个答案。

解读苏东坡，其实是一件很有挑战性的事。

他太有名，太有魅力，古往今来，解读他的人也太多，其中不乏许多大家。珠玉在前，要写出新意，实在很难。

首先，要浸润在他的时代里。就像一部穿越剧，你穿越回他的时代后，需要一点一点观察、理解、适应那个时代，要去感受那个时代的政治面貌，看到在他之前出现的那些耀眼的星星，看到那个时代的人间烟火，是如何承托起他的生活的。

然后，要进入他的家族，看见他的祖上如何来到眉山这片土地，他的家风又是怎么代代传承下来的，他生长在什么样的原生家庭里，他的到来给这个家庭带来了什么希望……

你好像成了一名记录者，看见一个天才的降生，然后陪着这个天性顽皮的孩子长大。你经历了他的童年，陪着他和他的小伙伴们在纱縠行的宅子里玩耍，陪着这个少年和他的父亲、弟弟从岷江出发，去开启新的人生，经历他北宋开国百年第一的高光时刻，经历他平淡又深情的婚姻生活。你看着一个恃才傲物的年轻人是怎么一点点在职场上成长起来的，又是如何跌入命运的低谷，直至绝境的。

当你和他一同掉进那个生命的深渊，暗无天日中不知希望在何处的时候,你才明白,"豁达"二字,真的没有这么好写。

他也曾厌过、绝望过,也曾想不开,要跳河,也曾在死亡面前颤颤巍巍。他并非万能,政治成就他不如王安石,思想流派他不具绝对开创性,甚至在词的格律上,他也被人诟病过。

在他身上,甚至还有很多因为后人的喜爱而被人为增添起来的光环……

他真的没有这么完美。

但,他很真实。

正是因为他怕死,所以即便走到绝路,他也要找个活法,让自己苟延残喘,直到重新找回生活的乐趣;

正是因为他不是事业狂,有太多的兴趣爱好,所以他做不成"虽千万人吾往矣"的孤勇者,所以你看到他的生命仿佛是开在花丛里的,到处都有风景,到处都是色彩;

正是因为他喜爱学问却又不想被学问束缚,所以他从来都不是严谨的治学者,而活成了一个集大成者……

也正是因为这样,所以解读他,就更难。

我们甚至需要跳出他,站在比他更广阔的思想、文化和心理空间,然后再回到他,去了解儒释道是如何交叉影响他的生命走向的,去观察他每一次人生抉择的背后都藏着怎样的心理模式,去更深地洞见他的天赋、他的志趣、他的情感,才有可能了悟他此生为何而来……

我希望尽可能全面地了解苏东坡,于是把市面上能找到的所有关于他的书全都买了。也非常感谢各地的苏东坡研究会,以及各位研究东坡先生的大家，热心地寄来了很多市面上不那么好找的书。于是很长一段时间，我几乎全身心沉浸在"苏东坡"这三个字里……

然而，即便如此，我发现，我依然无法全然了解苏东坡。

时光太久远了，他是近千年前的人，且不论一个事件是否真实地发生过，即便它真的发生过，对它的解读，也会因个人知见不同，而呈现出不同的面貌。

我们只能做到无限接近，却永远都无法真实抵达。

于是，在动笔写这本书之前，我做了一个决定：放弃客观视角——事实上，我们也无法秉持全然客观的视角——这不是一本《苏东坡传》，更不是一本研究苏东坡的学术论著，这仅仅是我作为一个现代人，一个在生活中庸庸碌碌、磕磕绊绊的人，一个也曾遇到过迷茫和低谷的人，带着对命运无限的疑问和追寻，穿越千年和他的对话。

此刻的他，是一位历尽沧桑的朋友，是一个真实坦荡的灵魂。他虽已无言，但他的作品、他的语言、他的经历，似乎都在告诉我们——他对生命的解答。

而我也终于明白，真实的苏东坡是什么样的，不一定那么重要了。

重要的是他立了一个参考系，让我们得以照见自己。

重要的是当我们在人生路口遇见关卡的时候，仿佛能听见一个遥远的笑声从千年前传来，告诉我们：

人，可以这样活。

纵使尽心尽力，本书依然有许多斟酌之下无法圆满完成的部分，下边列出来交与各位读者批评。

一、关于时间顺序：

因为不是传记类图书，所以我并没有按照苏东坡人生的时间顺序来成稿。他的人生已经是个完成时态了，这也给了一个机会，让我们可以从不同的时间点切入、跳跃，着重去寻找他生命里那些特别的时刻。所以，对于他的人生，我没有均匀铺开，关键片段会着墨更多，而有些部分可能只是轻轻带过。

二、关于作品采用：

一个人在一段时间里的状态，是斑驳交杂的、忽高忽低的，可能今天描写的还是痛苦郁闷，明天抒发的就是天地自由。这在苏东坡的黄州时期及朝堂时期尤为明显。例如黄州前期，他既有《初到黄州》时所见的明媚风景，以及对自身遭遇的自嘲与宽慰，又有《卜算子·黄州定惠院寓居作》里"寂寞沙洲冷"那种彻骨的清寒。鉴于篇幅所限，本书无法把他每一种细微的情绪都捕捉下来，所以关于他作品的采用，我主要截取的是他生命中各个阶段里比较典型的状态。

三、关于年龄和称谓：

古代中国关于年龄的通用算法，和我们现在的有所不同。在以前，年龄通常是从出生开始就算作一岁，每过一个农历新年，就增加一岁。苏东坡生于宋仁宗景祐三年腊月十九（1037年1月8日），刚好是农历年末，1037年春节后，他就算两岁了。这和我们现代的周岁计算方式很不一样。所以，本书提到的他的年龄，都会比我们现在的周岁计算方式大两岁。此外，除特别点明公元纪年的地方，本书中涉及的具体月份日期，也均按农历计算。

苏东坡这个称谓，是他到黄州之后才有的，而"苏轼"这个本名，苏洵在《名二子说》里交代它的寓意时，苏轼时年十二岁。在十二岁之前，他的小名是和仲（意思是排行老二）。在这三个称呼里，显然"苏东坡"是更为人熟知的，因此，我全篇大部分用的都是"苏东坡"，以便更好理解。在追求通俗化表达的过程中，难免会牺牲一定的严谨性，请大家见谅。

四、关于写作方式：

因为不是传记类写作，所以本书中会有许多古今交织的对话。讲的是他的故事，照见的是我们的人生。我们只能从他的作品中去寻找他的心境变化，从他的人生道路中去窥探他的价值选择。每一个人心里都有自己的苏东坡。我相信，艺术的解读，会赋予艺术第二条生命，它也应是艺术的一部分。

目录

前　言　　为什么我们都喜欢苏东坡 _001

第一章　　惊讶　你为什么想要自杀 _010
　　一　他是北宋开国百年第一 _012
　　　　开局就是巅峰，真的是好事吗？

　　二　职场不是爽文，再牛的心气也要被调教 _020
　　　　其实要感谢那些曾点拨过我们的长辈。

　　三　乌台诗案，一场注定会发生的灾难 _027
　　　　究竟是什么在决定我们的命运？

　　四　一百三十天高强度的精神折磨 _037
　　　　若不了解他的最低谷，便不能理解他为何能成为高峰。

第二章　　敬佩　在废墟中，如何重建自己的人生 _053
　　一　他哪里是一开始就豁达的 _055
　　　　初到黄州，寂寞沙洲冷。熬，是低谷期的必修课。

　　二　《寒食帖》，死灰吹不起的绝望 _062
　　　　先认命，才能改命。

　　三　焚香沐浴，静坐常思已过 _071
　　　　度过低谷法宝之一：默坐省察，将过去清零才能重新出发。

　　四　他开始回归最日常的生活 _078
　　　　度过低谷法宝之二：回到生活的每一件小事中。

　　五　他不是天然的美食家，是美食治愈了他 _086
　　　　度过低谷法宝之三：人间烟火气，最抚凡人心。

　　六　交朋友，打开人生新境界 _093
　　　　度过低谷法宝之四：志趣相投的朋友，能拉你一把。

第三章 　**深识**　**原来你是这样养成的** _100

　　　　　　一　家乡眉山——至少,我们还有生活 _102
　　　　　　　　世界再大,其实走不出一个故乡。

　　　　　　二　爷爷苏序——这样的爷爷,才能养出这样的孙子 _112
　　　　　　　　最好的传家宝是以身作则。

　　　　　　三　父亲苏洵——看似陪伴最少,实则影响至深 _118
　　　　　　　　一个好父亲,只需要成为他自己。

　　　　　　四　母亲程夫人——为什么她叫程夫人,而不是苏夫人 _125
　　　　　　　　一个家庭的精神支柱,是母亲。

　　　　　　五　弟弟苏辙——有这样一个弟弟,一生都不会孤独 _133
　　　　　　　　比血缘更亲的,是心缘。

　　　　　　六　苏氏家风——你相信这个世界是有限的,还是无限的 _144
　　　　　　　　为什么我们现在很需要家风?

第四章 　**感慨**　**三段情感,加起来就是完美的亲密关系** _152

　　　　　　一　发妻王弗——我不经常想起你,但我从没有一刻忘记 _154
　　　　　　　　刻骨铭心的爱情,其实很平淡。

　　　　　　二　继室王闰之——撑起苏东坡生活的,最重要的女人 _165
　　　　　　　　没有生活的苟且,哪有诗和远方的田野?

　　　　　　三　侍妾王朝云——惟有朝云能识我 _175
　　　　　　　　红颜易得,知己难求。

第五章	羡慕	**幸得你有这样的至交好友** _190
	一	与师长交——苏东坡与欧阳修 _192
你有"亦师亦友"的朋友吗?
	二	与学生交——苏东坡与黄庭坚 _201
高级的友谊,是平淡如水的。
	三	与方外之人交——苏东坡与佛印 _209
交一个有智慧的朋友。
	四	与铁粉交——苏东坡与马梦得 _218
交一个能一直挺你的朋友。

第六章	赞叹	**苏东坡活出来了** _228
	一	与谁同坐,明月清风我 _230
快乐是可以加倍的。
	二	怀民亦未寝吗 _235
珍惜大半夜能随时陪你的朋友吧。
	三	一点浩然气,千里快哉风 _240
人生,要的就是一个"快哉"!
	四	赤壁词赋里三种不同的人生境界(上) _247
从《赤壁怀古》到《赤壁赋》。
	五	赤壁词赋里三种不同的人生境界(下) _256
被低估的《后赤壁赋》。
	六	回首向来萧瑟处,也无风雨也无晴 _266
《定风波》里从假豁达到真豁达的跨越。

03

第七章 | **了悟　你与自己的命运和解** _274

　　一　真正迎来了职业巅峰,你却如此不快乐 _276
　　　　花了很长时间,才明白自己不适合干这一行。

　　二　十年朝廷地方来回颠簸,你已心力交瘁 _285
　　　　面对命运的无常,我们甚至无力招架。

　　三　垂暮之年被贬海角天涯,你却活得更自在了 _289
　　　　那些曾经以为过不去的,都会过去的。

　　四　问汝平生功业,黄州惠州儋州 _299
　　　　在人生暮年回看:活着,到底为了什么?

　　五　那些曾伤害你的人,你到最后都一一原谅 _309
　　　　人生最大的美德,是原谅。

　　六　生命最后的一瞬间,你悟道了 _314
　　　　着力即差。

第八章	内观	**你告诉我们的那些事** _319
	一	苏东坡的天石砚 _321 找到你生命里的那一块石头。
	二	诗酒趁年华 _326 如何做一个超然之人？
	三	但愿人长久 _333 离别，是为了更好地重逢。
	四	真砚不坏 _340 我们其实不需要那么多。
	五	几时归去，作个闲人 _343 人生，一定要成功吗？
	六	此心安处是吾乡 _349 心安才是归途。
	七	此间有甚么歇不得处 _354 人生最大的智慧，是放过自己。
	八	不识庐山真面目 _358 走过方知真面目。
	九	庐山烟雨浙江潮 _363 人生无法跳级。

第九章	活法　人生没有答案，只有选择 _369
	一　王安石与苏东坡 _371
	要事业，还是要生活？
	二　章惇与苏东坡 _380
	你是结果导向者，还是过程享受者？

番　外	你也在陶渊明的人生里找自己的答案 _388
	来自精神偶像的力量。
后　记	我从苏东坡身上看见了什么 _397
	你要生生的。
致　敬	参考书目 _403

前　言

为什么我们都喜欢苏东坡

如果有人跟我说，他最喜欢的中国文人是苏东坡，我会觉得：你太有眼光了！

苏东坡堪称中国文人的天花板，几乎没有人能超越。

诗、词、散文、书法、绘画……就没有他不擅长的。

诗歌：北宋诗歌最高成就"苏黄"，即苏东坡和黄庭坚。

词：豪放派开创者和代表人物"苏辛"，即苏东坡和辛弃疾。

散文：宋代散文代表人物"欧苏"，即欧阳修和苏东坡。

书法：北宋四大家"苏黄米蔡"，打头的就是苏东坡。

绘画：他的《枯木怪石图》拍出了 4.636 亿港币，创下了当时中国古画单幅第二高价。

中国古代像他这么全能的文人是很少见的，其他人可能就是在某一个领域出众，比如李白在诗歌上很厉害，柳永在作词上很厉害，但是这么全能的，几乎没有。

而且他的全能不是指"诗人里写散文第一名""散文里写书法第一名"这种比法，是单拿一个出来，就能吊打一大票。

▲《枯木怪石图》［北宋］苏轼

据中华书局版《苏东坡全集》（曾枣庄、舒大刚主编）所录，苏东坡一生创作出的、有记载的诗词约3218首，其中诗2867首、词351首，很大一部分是精品。

天涯何处无芳草。
春宵一刻值千金。
春江水暖鸭先知。
腹有诗书气自华。
老夫聊发少年狂。
人间有味是清欢。
此心安处是吾乡。
醉笑陪公三万场。

不识庐山真面目，只缘身在此山中。
欲把西湖比西子，淡妆浓抹总相宜。
且将新火试新茶。诗酒趁年华。
一点浩然气，千里快哉风。
人生如逆旅，我亦是行人。
但远山长，云山乱，晓山青。
……

你看，这许多的金句，几乎都是我们学生时代必考的吧？有的甚至会让你觉得：哇，原来这句话也是苏东坡说的呀！

再比如，这些常用的成语，也都是因为苏东坡才有的，包括胸有成竹、出人头地、大智若愚，等等。是不是没想到？

胸有成竹

河东狮吼

出人头地

大智若愚

明日黄花

坚忍不拔

雪泥鸿爪

海屋筹添

……

而且，苏东坡的创作风格跨越度之大，世所罕见。

1075年的时候，苏东坡写下了两首同为《江城子》的词，它们的风格差别之大，既可以是"十年生死两茫茫。不思量。自难忘……纵使相逢应不识，尘满面，鬓如霜"这种凄凉，还能是"老夫聊发少年狂……会挽雕弓如满月，西北望，射天狼"这种豪迈。

同一年，同一个词牌，并且都是有名到收录进语文课本里的必考古诗词，他对两种完全不同风格的驾驭能力，令人赞叹。

江城子·乙卯正月二十日夜记梦

十年生死两茫茫。不思量。自难忘。千里孤坟，无处话凄凉。纵使相逢应不识，尘满面，鬓如霜。

夜来幽梦忽还乡。小轩窗。正梳妆。相顾无言，惟有泪千行。料得年年肠断处，明月夜，短松冈。

江城子·密州出猎

老夫聊发少年狂。左牵黄。右擎苍。锦帽貂裘，千骑卷平冈。为报倾城随太守，亲射虎，看孙郎。

酒酣胸胆尚开张。鬓微霜。又何妨。持节云中，何日遣冯唐？会挽雕弓如满月，西北望，射天狼。

古代文学研究学者康震老师曾经举过一个很好的例子。他对比了苏东坡和李白，同样写一个题材，这两个人完全就是神仙打架名场面。

李白的诗歌很厉害了吧？你看他写庐山："飞流直下三千尺，疑是银河落九天。"这种直上九重天的气魄，到头了吧？不可能还有人能把庐山风景写得比他更精彩了！

但你看苏东坡怎么写庐山："横看成岭侧成峰，远近高低各不同。不识庐山真面目，只缘身在此山中。"另辟蹊径，借庐山写出了一个绝妙的哲理。

这应该就是庐山题诗里最有名的两首了。

但苏东坡还有一个更厉害的地方。

他除了会写诗，还有一点是李白比不上的，那就是他在政治上要更有作为。

中国有名的文人，很多其实在仕途上都走得不远，李白、陶渊明都是。但是苏东坡不一样，他二十六岁的时候就以北宋开国百年第一的成绩空降陕西宝鸡，当了凤翔府签判，相当于现在的"市委秘书长兼市政府秘书长"的角色。他还做过八任地方"市长"，即密州知州、徐州知州、湖州知州、登州知州、杭州知州、颍州知州、扬州知州、定州知州，是这八个地方政府的"一把手"。而且，他后来在朝廷还做过礼部尚书，相当于"教育部、宣传部、外交部、文旅部部长"，还做过兵部尚书，差一点就做宰相了。

他还是当时的士林领袖，文化影响力首屈一指，跟很多单打独斗的文人是不一样的。他门下的学生黄庭坚、秦观、晁补之、张耒，合称"苏门四学士"，哪一个拿出来不是响当当的人物？但是他们居然都以苏东坡为师。

▲《西园雅集图》局部 [北宋] 李公麟　台北"故宫博物院"藏

要知道,宋朝可是中国文化史的巅峰时代啊。陈寅恪先生说:"华夏民族之文化,历数千载之演进,造极于赵宋之世。"

宋朝,尤其是仁宗朝,出了多少名人:范仲淹、欧阳修、王安石、司马光、苏辙、苏洵、曾巩……唐宋八大家里就有六个在仁宗朝,更不用说人们非常熟悉的包青天、杨家将等人。北宋理学五子周敦颐、程颢和程颐等,也都在这一时期崭露头角。此外,活字印刷术、火药、指南针,四大发明中有"三大"也在仁宗朝得到广泛应用和发展。

在这个遍地都是金子的时代,苏东坡的光芒一点都没有被别人盖过，反而成了这堆金子中最耀眼的一颗。

他在北宋朝廷和民间的影响力之大，简直可以用"国民老公"来形容。上自皇帝太后，下到黎民百姓，只要他的文章一出来，必定是全城追捧。

他因为乌台诗案差点被杀头的时候，太皇太后正重病着，皇帝就说："不然我大赦天下给您祈福吧。"太皇太后说："我不需要你大赦天下人，我只求你放了苏东坡。"

宋人笔记《瓮牖闲评》中记载，苏东坡被贬到黄州去的时候，据说邻居中有个聪慧的女子，每天就在窗下听他读书。后来，人家跟她说："你年龄也到了，该嫁了。"她说："如果要嫁，就嫁学问如苏东坡那样的人。"结果，她因为没找到这样的人，活活等到老死。

苏东坡不仅得女人喜欢，也得男人喜欢。

另外一本宋人笔记《师友谈记》里就说了这样的故事：有一位姓章的丑哥们儿娶了一个漂亮老婆，却放着这样的老婆热炕头在一边，天天晚上通宵读苏东坡文集，老婆实在受不了了，就说："不然你去跟苏东坡文集睡觉吧！我实在受不了了，离婚！"结果两个人真的离了。后来他逢人便调侃说："我跟我老婆离婚，是因为苏东坡呀。"

甚至连他的政敌王安石，都对他的文章爱不释手。每次有人从黄州来，王安石必定要问他："子瞻近日有何妙语？"就是问苏子瞻最近又有什么好作品了。

说到这里，不知道你会不会跟我一起，赞叹苏东坡在文化上无与伦比的成就。他可以说是中国古代最后一个全能型文人。

但是，我们今天为什么爱苏东坡？肯定不只因为他是"学霸"，是"文坛天神"，更多还是因为，他身上有着浓重的人间烟火气。

一个大文豪，一个八任"市长"，一个"教育部、宣传部、外交部、文旅部部长"，居然还是一个美食家，传闻中国历史上有六十余道菜因他而生。

他还是个教育家，被贬到海南的时候，那里还很蛮荒落后，结果他却培养出了海南历史上第一位举人。

他还是个工程师、修堤专家，时至今日，杭州西湖、惠州西湖都留下了他主持修建的苏堤。

他还做了很多开创性的事情。当年他主政杭州的时候，便开创了中国最早的民间救济医院，在那个瘟疫横行的年代里救活了许多人……

古往今来，有多少人爱苏东坡，这个数量应该连他自己都想不到。我想我们之所以喜欢他，是因为他有着远比其他中国文人更为宽广的人生尺度，上可以陪玉皇大帝，下可以陪卑田院乞儿。在这个尺度上，他活出了不同境遇里的丰富滋味，就像学者祝勇老师说的，每个中国人，都会在这些不同的境遇里，和他相遇。

你一点都没有觉得他离你很远，你的孤独、豪迈、挫败、挣扎、洒脱，他都有。这些滋味从他的诗词里、从他的书画作品里、从他的美食里长出来，所以你才觉得他亲近，觉得他就是那个"人生如逆旅，我亦是行人"里，和你同行的人。

千百年以后,李白被人称为"诗仙",这是按照分类领域里的成就给予他的美称。

但人们叫苏东坡什么仙?

坡仙。

他已经没有办法单独拿某个领域来框住了。

他就是他自己,也是在人生中行走的我们。

第一章

惊讶 / 你为什么想要自杀

引子：那一晚，苏东坡想要自杀

公元 1079 年秋天的一个晚上，太湖上波光粼粼，月色如画。

鲈乡亭边停着一艘小船，船边站着大文豪苏东坡，此刻，他只有一个念头，就是自杀。

他是被押解回京的。前一天他还是万民爱戴的湖州"市长"，而现在，却变成了生死未卜的朝廷钦犯。

他被人告发，说他的文字是在讥讽当时的皇帝。

但是文字这种东西，你怎么解读都可以。

苏东坡没有想到，自己有一天会因言获罪。

他曾经是整个国家最耀眼的那颗星，他的文章一写出来，上自皇帝太后，下至文人百姓，争相抢阅，但凡读过点书的女子，都希望自己能嫁给他。要是他活在现在，那一定是"文坛顶流""国民老公"。

如果我们不知道他曾经有多么风光，就不知道这一次苦难对他的打击有多大，以至于他甚至想跳湖而死，一了百了。

一　他是北宋开国百年第一

开局就是巅峰，真的是好事吗？

苏东坡生在一个好时代，好家庭。

宋仁宗时期可以说是整个北宋最繁盛的时候，皇帝仁政亲民，殿下人才济济。中国四大发明中的三项，即火药、指南针、印刷术，都在此时得到广泛应用和发展。唐宋八大家里的欧阳修、王安石、曾巩、苏洵、苏轼、苏辙，六个都在宋朝，并且全在仁宗朝。后来苏东坡自己也说，宋仁宗时期的人才，足够子孙三世之用。

盛世之下，苏东坡的家庭条件也是让人羡慕的。他爷爷曾在当地务农，家中仓廪充实，吃穿不愁；他母亲，也是当地巨富之女，饱读诗书。当父亲出门游学的时候，母亲就在家教他和弟弟读书。

苏东坡二十一岁那年，和弟弟跟着父亲从老家眉山出发，前往京城参加科举考试。那一年的科举，可以说是中国千年科举制度下最出彩的一届，考出了八位文坛大家和九位宰相级别的人才,以及宋学四派中三派的始祖和七个新法干将,覆盖了当时文学、哲学、军事、政治领域里最尖端的人才。

而苏东坡其中一门科目"论"的考卷,让当时的主考官欧阳修大为惊艳。

我们来看一下苏东坡的"高考作文"。

当时的"作文题目"是(我猜的):

> 《尚书》里说:"罪疑惟轻,功疑惟重。"请根据上述材料,结合你的感受和思考,展开讨论,不少于800字。文体不限,诗歌除外。

"罪疑惟轻",意思就是如果无法判断一个人的罪行是轻还是重,那就从轻处罚。

"功疑惟重",如果无法判断一个人的功劳是大是小,那就往大了奖励。

苏东坡会怎么答?

他写下了《刑赏忠厚之至论》,全文洋洋洒洒,我们现如今不一定看得懂。没关系,我们只要知道,这张答卷让欧阳修拍大腿叫绝,正想给他第一名的时候,转念一想:能写出这么优秀答卷的人,全天下也只有我的学生曾巩了。如果真是曾巩,我给他第一,会不会被人说闲话呢?

不行,我还是避嫌吧。

于是,苏东坡就这样和第一名失之交臂。

这个故事脍炙人口,很多人知道。

但，你会不会好奇，为什么苏东坡值得别人给他第一名？

我们来对比一下他和欧阳修的得意门生曾巩的文章。

同样是这个作文题目，曾巩作答的《刑赏论》，也是很多字，也不怎么读得懂。

两个人都主张：刑罚只是工具，更重要的是"企业文化"，是仁德。

曾巩在《刑赏论》里说的是，要教化百姓，要让君德和士德互补，要上下交修。

> 以圣神渊懿之德而为君于上，以道德修明之士而为其公卿百官于下，以上下交修而尽天下之谋虑，以公听并观而尽天下之情伪。

而苏东坡在《刑赏忠厚之至论》里则说的是，只要君主给天下做出表率就可以。

你是什么样，你的世界自然就是什么样。

> 以君子长者之道待天下，使天下相率而归于君子长者之道，故曰：忠厚之至也。

孔子的《论语》里说到仁的最高境界：修己以安百姓。

曾巩说的是要教别人，苏东坡说的是要修自己。

谁的境界更高一点呢？

值得一提的是，当写下这两篇文章的时候，曾巩三十九岁，而苏东坡，只有二十二岁。

所以你就能明白，为什么当时的主考官，也是仁宗朝的文坛领袖欧阳修，撕开糊在考生名字上的弥封条，看到"眉山苏轼"四个字的时候，有多么懊悔，又有多么兴奋。

他在写给点检试卷官梅尧臣的信上说：

> 读轼书，不觉汗出，快哉！快哉！老夫当避路，放他出一头地也！可喜！可喜！

据南宋笔记《曲洧旧闻》记载，他甚至跟自己的孩子说："三十年后，没人记得你老爹，但是他们都会记得苏轼。"

> 东坡诗文，落笔辄为人所传诵。每一篇到，欧阳公为终日喜，前后类如此。一日与棐论文及坡，公叹曰："汝记吾言，三十年后，世上人更不道著我也！"

苏东坡的名声从此宣扬开来。

这就好比你是一个小城市普通学校的考生，今天参加了一个天才云集的全国高考状元王中王比赛，参赛者都是各个学校走出来的英杰，然后你的作文被余华疯狂点赞，余华老师说你能接过他的棒，成为未来的文坛砥柱！

而那个时候你才二十出头。

你，一战封神。但，这还不是最神的。

四年后，苏东坡和弟弟苏辙再接再厉，参加了北宋最高等级，也是最难的考试——制科考试。

正是这一战，苏东坡一举拿下了北宋开国百年以来的——成绩第一。

你知道这个考试有多难吗？

如果说科举是高考，那制科妥妥的就是奥数。

不仅在参赛资格上做了很大的限制，录取人数比例也仅仅是科举人数的千分之一。

并且，题目绝对是"变态难"的级别。

你看考试范围："九经、十七史、七书、《国语》《荀子》《扬子》《管子》《文中子》，正文及注疏内出。且有明题、暗题。"也就是，这些大部头的经典、经典的文字注释，包括对这些注释的解释，还有不同朝代的人对这些解释的解释，都要考！而且没有划重点，全是重点。

什么叫明题和暗题呢？明题还会跟你说出自哪里，暗题就是——我说半句话，你就得写上出自哪本书、上下文是什么、注释是什么、你的理解是什么。

给你六大题，相当于写六篇论文，而且只有一天一夜的答题时间。

这场考试里，苏东坡得到的评价是"文义粲然"，并且拿了三等的成绩。

你说才三等，为什么是第一？

因为，第一等和第二等就是个虚设，说着玩的，最高的就是第三等。

制科（制举）考试

参试资格		考试内容和要求	考试题目范围
身份方面	太常博士以上不得应制举。	阁试（初试）：阁试一场，论六首，合格为"通"，不合格为"粗""不"。 合格要求： 1. 三千字以上为合格，即每篇限五百字以上成；一日内完成。 2. 论引上下文不全，所引不尽谓之粗。 3. 四通以上为合格，仍分五等，入四等以上召赴殿试。	九经（《周易》《尚书》《诗经》《周礼》《仪礼》《礼记》《春秋左氏传》《春秋公羊传》《春秋谷梁传》)、十七史（《史记》《汉书》《后汉书》《三国志》《晋书》《宋书》《南齐书》《梁书》《陈书》《魏书》《北齐书》《周书》《隋书》《南史》《北史》《新唐书》《新五代史》)、七书（《孙子》《吴子》《六韬》《司马法》《黄石公三略》《尉缭子》《李卫公问对》)、《国语》《荀子》《扬子》《管子》《文中子》正文及注疏内出，内一篇暗数、一篇明数。
	幕职州县官，未满三年者，不许应举。		
	现任及应该移入沿边不搬家地分及川、广、福建等处，未任满一任者，不许应举。		
	其高蹈丘园、沉沦草泽、茂材异等三科，凡进士、诸科取解不获者，不得应举。		
品行方面	不曾犯赃罪及私罪情轻者，方许应举。		
	诏举贤良方正而下九科，亦令采察文行，若不如所举，并坐举者。		

词业方面	应制举人，须先缴进所业策论五十篇，经有关部门"看详"，即审查合格，方许应举。	殿试（皇帝亲试）：制策一道，限三千字以上成。	皇祐元年（1051），仁宗诏撰策题官，要求先问治乱安危大体，其余所问经史名数，自依旧制。当年殿试，连发七问，皆有关"知人""安民""礼、乐、刑、政"等时务。
	委实文行可称、词理优长者，方可具名奏闻。		
官员奏举	需待制以上保明奏举，不允许自举。		

关于考试结果：
两宋 300 余年期间，制举之诏虽然经常颁下，但是御试仅仅举行过 22 次，制举入等者不过 41 人次。

* 表格根据上海人民出版社 2017 年 4 月版张希清《中国科举制度通史·宋代卷》（全二册）整理而成。

《宋史·苏轼传》里说：

> 自宋初以来，制策入三等，惟吴育与轼而已。

北宋开国到现在，就两个三等的，而且三等还分甲乙，就跟我们现在普通话考试一样，一级甲等，一级乙等。另一个吴育是乙等，所以，苏东坡自然就是当之无愧的第一。

宋仁宗读了苏东坡兄弟俩的文章之后，欣喜地对皇后说："朕今日为子孙得两宰相矣。"

于是，二十六岁的苏东坡以百年第一的成绩空降陕西宝鸡，授大理评事，签书凤翔府签判，不太确切的比喻，就相当于现在的"宝鸡市委秘书长兼市政府秘书长"。

他的文采名满天下，所有人都认为，这将是北宋朝廷冉冉升起的一颗新星。

那么，这个天之骄子究竟经历了怎样的滑坡，为什么会落得个想要跳船自杀的下场？

而他，又是怎么重生成我们熟知的那个大文豪的呢？

下一篇，苏东坡的职场初遇。

二　职场不是爽文，再牛的心气也要被调教

其实要感谢那些曾点拨过我们的长辈。

你在工作中，有没有遇见过那种老是跟你过不去的上司？

苏东坡的第一份正式工作，是在陕西凤翔，任大理评事、签书凤翔府节度判官厅公事，就是知府的秘书。那个时候的苏东坡，刚参加完制科考试，是北宋开国百年第一，名震京师，风头正盛。他以京官的身份出任地方长官的"秘书"，刚过去的时候，顶头上司宋选对他也不错。想一想，刚入职场，起点不低，名声也有，工作环境也挺和谐，各方面条件都算是优越了。

就这样顺利干了两年左右，宋选走了，来了一位新领导，还是苏东坡的老乡，眉州青神人陈希亮。

但这位哥的个性，不太好相处。

据说他个子不高，脸瘦瘦的，还有点黑。面目严肃冷峻，平生不露喜怒之色，而且说话都是直来直去的，非常坦率，也喜欢当面批评别人，所以王公贵族都很怕他。

当时士大夫们相邀出游、设宴饮酒，听说陈希亮来了，大家就感觉，席间言谈笑语少了点滋味，到最后纷纷离席而去。

有这么个上司,如果是你,会不会觉得很难受?

苏东坡还是那种特别开朗、不拘小节的个性,他就更难受了。他总觉得陈希亮在给他"穿小鞋"。

当年他参加制科考试,考的是"贤良方正能直言极谏科",所以凤翔府的这些同事都叫他"苏贤良",也不知道是真的敬重他,还是来拍马屁的。不管怎么样,苏东坡很受用啊,也没让人改口。

陈希亮来了以后,听说了这件事,大怒。

他说:"府判官就是府判官,有什么贤良不贤良的?"然后把那个当他面叫苏东坡"苏贤良"的人拖过来打了一顿板子。这个板子虽然打的是别人的屁股,但扇的可是苏东坡的脸啊。

我们知道苏东坡不拘小节,可陈希亮是一板一眼的人啊。作为"秘书",最重要的就是文书工作。按道理说,苏东坡本来就是以文章名盖天下的人,写文章一般不成问题,但是文书和文章可不太一样。苏东坡起草的文件,陈希亮每次都是拿笔一改再改,反反复复让他重写,搞得苏东坡特别心塞。

而且陈希亮的规矩定得非常明确,他还"抓考勤"。

苏东坡是个相对散漫的人,他心情本来就不爽,于是,常常不按"考勤"走。该要去赴领导的例行宴会,他也不去。甚至是七月十五中元节这样的大宴会,苏东坡都不出现。

这不是明摆着让领导难堪吗?

于是因为这件事,苏东坡被"罚铜八斤"。

其实这些事一件一件掰开来说,都不算是什么致命的事,但就是这种时不时出现的磕磕绊绊,像一把钝刀,把年轻气盛的苏东坡，磨得特别不舒服。

他当时写了一首诗，借由别人拜访陈希亮的故事，来侧面描述自己的心境。

客位假寐
因谒凤翔府守陈公弼

> 谒入不得去，兀坐如枯株。
> 岂惟主忘客，今我亦忘吾。
> 同僚不解事，愠色见髯须。
> 虽无性命忧，且复忍须臾。

虽然没有性命之忧，但是时时刻刻都得忍着啊。

这就好像一辆新车行驶在宽敞的大道上，原以为畅通无阻，结果时不时就来个红灯拦一下，让人始终无法提速。

对一个风头正盛的年轻人来说，这种日子，真的过得很不痛快。

终于有一天，苏东坡找到了一个让自己出气的机会。

陈希亮在任上的时候，建了一个凌虚台，他让苏东坡写一篇《凌虚台记》。一般来说，这种记主要是把事情的前因后果交代清楚，然后夸奖一下建台之人，表达一下愿斯台永存的美好愿望……大部分人写的都是这些内容。

可是苏东坡的这篇《凌虚台记》，写得真是——阴阳怪气。

他说，太守呢，最开始还不知道这附近有山。在这个台还没修建之前，陈太守就拄着拐杖、穿着布鞋在山下闲游，看到山峰高于树林之上，呈现出重重叠叠的样子，像是有人在墙外行走，看见墙里高人发髻的形状一样。

> 四方之山，莫高于终南。而都邑之丽山者，莫近于扶风。以至近求最高，其势必得。而太守之居，未尝知有山焉。虽非事之所以损益，而物理有不当然者，此凌虚之所为筑也。方其未筑也，太守陈公杖履逍遥于其下，见山之出于林木之上者，累累如人之旅行于墙外而见其髻也。曰，是必有异。使工凿其前为方池，以其土筑台，高出于屋之危而止。然后人之至于其上者，恍然不知台之高，而以为山之踊跃奋迅而出也。公曰："是宜名凌虚。"以告其从事苏轼，而求文以为记。

不知有高山，不知有高人。

如果说这个开头只是个暗戳戳的隐喻的话，那么后面的文字，苏东坡着实有点杠了。

他跟太守说：事物的兴盛和衰败，是无法预料的。从前这里是长满荒草的野地，还有毒蛇和狐狸，那个时候，咱们怎么知道今天会建出个凌虚台呢？同理，兴衰有常，再过许多年，这个高台会不会又重新变成长满荒草的野地呢？不好说。你看，这座台的东边就是当年春秋时期秦穆公的两座宫殿遗址，南边还有汉武帝两座宫殿的遗址，北边是隋朝和唐朝两个宫殿的遗址。回想它们一时兴盛，宏伟绮丽，坚固而不可动摇，不也化作一堆黄土吗，何况这一座高台呢？

轼复于公曰："物之废兴成毁，不可得而知也。昔者荒草野田，霜露之所蒙翳，狐虺之所窜伏，方是时，岂知有凌虚台耶？废兴成毁相寻于无穷，则台之复为荒草野田，皆不可知也。尝试与公登台而望，其东则秦穆之祈年、橐泉也，其南则汉武之长杨、五柞，而其北则隋之仁寿、唐之九成也。计其一时之盛，宏杰诡丽，坚固而不可动者，岂特百倍于台而已哉！"

他越写越直白，到最后恨不得把矛盾全部暴露出来。

他说：一座高台啊，尚且不足以长久留存，更何况人世得失？三十年河东，三十年河西，如果有人想要以高台夸耀于世而自我满足，那就大错特错了。

"然而数世之后，欲求其仿佛，而破瓦颓垣无复存者，既已化为禾黍荆棘丘墟陇亩矣，而况于此台欤？夫台犹不足恃以长久，而况于人事之得丧，忽往而忽来者欤？而或者欲以夸世而自足，则过矣。盖世有足恃者，而不在乎台之存亡也。"

这是一篇看似颇有道理，却处处含沙射影，到最后直接针尖对麦芒的文章。感觉苏东坡像是要把自己这么久以来累积的不爽,都发泄出来一样。

是的,年轻人抒发不爽可以理解,但我们代入一下,如果你是上司,做了一些功绩,想要让你的下属来记录一下,结果收到了这篇文章……你作何感想?

陈希亮看了这篇文章,笑了笑,跟身边的幕僚说:"我跟苏轼是老乡,跟他爸也熟,算起来,还比他爸大一辈。我亲近他爸,就像是看儿子一样。所以看他,就像看孙子一样。我看他年少成名,心气太盛,所以平日里对他严苛一些,是希望他不要自满。没想到这孙子还不开心了。"

然后,他嘱咐幕僚,将这篇文章不改一个字,全部刻成碑文,立在台前,永久留存。

史书上没有记载苏东坡知道这件事以后的反应,但十八年后,苏东坡打破了自己不为人立传的规矩,为陈希亮写了一篇落落长的《陈公弼传》。

他详细记录了陈希亮从政三十多年以来,秉公执法,明察秋毫,开仓赈民,为百姓办事,严惩贪官污吏,架设汴河飞桥,每次任满离境时,父老们都洒泪相送的事迹。

当回忆起自己与陈公共事的往事时,他说:"那个时候,我年轻气盛,少不更事,经常跟陈公争论,以至于言辞激烈,面红耳赤,现在想想,很是后悔。"

> 而轼官于凤翔,实从公二年。方是时,年少气盛,
> 愚不更事,屡与公争议,至形于言色,已而悔之。

苏东坡为陈希亮写下这篇传记的时候，是元丰四年（1081）。当时，他刚进入被贬黄州的第二个年头。经历了乌台诗案的惨痛教训，当他再回过头想起自己职场初期那段轻狂傲慢的经历时，才有了这样深沉的感受啊。

我想起自己刚开始参加工作的时候，好像也是这样横冲直撞，那个时候一心只想展现自己的才华，见到不平的人和事，也完全不会柔和地处理，直到一次次撞了南墙，才明白强大处下、上善若水的意义。

我在讲《庄子·逍遥游》的视频里曾经说过《易经·乾卦》的第一爻：初九，潜龙勿用。

有才要练，要稳住自己的心性，才能厚积薄发。

也许曾经遇见过的、那些刁难我们的上司，也是上天派来雕琢我们心性的贵人。雕琢的过程肯定是煎熬的，但说不定通过这个考验之后，会有更大的礼物呢。

三　乌台诗案，一场注定会发生的灾难

究竟是什么在决定我们的命运？

是什么正在决定我们的命运？

乌台诗案——苏东坡人生最重要的转折点，也是我们本章开头说到的，让他差点想要跳湖自尽，差点就扛不住的一场人生灾难。

乌台就是御史台，之所以叫"乌台"，是因为御史台中有柏树，常有一群一群的乌鸦栖居其上。我们想象一下它们乌泱泱飞起来的画面，那感觉着实有点瘆人。

而之所以叫"乌台诗案"，就是因为这件事，是在御史台上班的监察御史何正臣等人发起的弹劾，他们说，苏东坡在给皇帝的《湖州谢上表》里有不当的言语，好像在讥讽朝政。

知其愚不适时，难以追陪新进；察其老不生事，或能牧养小民。

皇帝说："真的吗？"

他们说:"真的,而且你看,他写的诗,这句这句,他写给别人的信,这句这句,通通都是在讽刺皇上您啊!"

皇帝说:"那就押解回京来审问吧。"

以前,我们大多会认为,乌台诗案是苏东坡被小人陷害,是他因言获罪,且是强扣在他身上莫须有的罪名,但如果我们把他的人生拆开来更细致地去看,就会发现:

命运其实没有偶然,我们走的每一步,早就已经写在了我们未曾觉察的潜意识里。

而换一种角度来看乌台诗案,对我来说意义最大的地方在于,通过他人的经历,去思考自己的人生。

我们在前面提到过,苏东坡的开局特别好。

他先是以一篇《刑赏忠厚之至论》的答卷,打动了当时礼部省试的主考官欧阳修,甚至让他在给点检试卷官梅尧臣的信里,说出"读轼书,不觉汗出,快哉!快哉!老夫当避路,放他出一头地也"这样的话,并且认为,三十年后的文坛,没人会记得他,但是大家都会记得苏轼。

进士及第后,苏东坡又在欧阳修的引荐下结识了韩琦、富弼这些他小时候只能在书里看见的当朝大英雄、大圣贤,并且,他们都以国士的礼节待他。他当时的文章,一写出来就全城传诵。

四年后的制科考试,他更是以北宋开国百年第一的成绩名震京城,宋仁宗开心地对曹皇后说:"朕今日为子孙得两宰相矣。"

我们设想一下,一个初出茅庐、二十几岁的青年,从眉山小城来到繁华的京城,都还没怎么见过世面,就用自己的才华征服了当朝最高统治者,结识了朝廷最核心的机要大员,他们都欣赏他、看好他。

任何一个人在这样一飞冲天的情况下,怎么可能不内心骄傲、春风得意、自命不凡呢?

但当他因父丧回乡丁忧三年,再回到京城后,世界不一样了。

王安石变法已经开始付诸实践,虽然苏轼兄弟也主张改革,但他们并不同意变法中的一些激进措施。

如果我们去看那个时候苏东坡写下的文章,再对比乌台诗案之后的黄州时期,乃至他重回京城之后所写的文章,就会发现,真的很不一样。

他在凤翔任上写下两千多字的《思治论》,开篇就是"方今天下何病哉",现在天下出了大病啊!并且痛斥当今的士人:你看看我,我看看你,都不肯有所作为,都因为想要自保而不再去立大志、谋大事。

> 方今天下何病哉?其始不立,其卒不成,惟其不成,是以厌之而愈不立也。凡人之情,一举而无功则疑,再则倦,三则去之矣。今世之士,所以相顾而莫肯为者,非其无有忠义慷慨之志也,又非其才术谋虑不若人也。患在苦其难成而不复立,不知其所以不成者,罪在于不立也。今立而成矣。

那个时候的他,是锋芒毕露的。看不惯的事,他就直接提出,从不讳言。

他看不惯王安石变法中兴学校变科举的做法，就写了《议学校贡举状》。

右臣伏以得人之道，在于知人，知人之法，在于责实。使君相有知人之才，朝廷有责实之政，则胥史皂隶，未尝无人，而况于学校贡举乎！虽因今之法，臣以为有余。使君相无知人之才，朝廷无责实之政，则公卿侍从，常患无人，况学校贡举乎？虽复古之制，臣以为不足矣。夫时有可否，物有废兴。方其所安，虽暴君不能废。及其既厌，虽圣人不能复。故风俗之变，法制随之……《书》曰："敷奏以言，明试以功。"自古尧舜以来，进人何尝不以言，试人何尝不以功乎？议者必欲以策论定贤愚、决能否，臣请有以质之。

他不认可宋神宗减价买灯的做法，就写下了《谏买浙灯状》。

然大孝在乎养志，百姓不可户晓，皆谓陛下以耳目不急之玩，而夺其口体必用之资。卖灯之民，例非豪户，举债出息，畜之弥年；衣食之计，望此旬日。陛下为民父母，唯可添价贵买，岂可减价贱酬？此事至小，体则甚大。凡陛下所以减价者，非欲以与此小民争此豪末，岂以其无用而厚费也？如知其无用，何必更索？恶其厚费，则如勿买。

当他发现神宗采纳了自己的意见后，深受鼓舞，于是写下了更为直白、全面批评新法的7500多字长文《上神宗皇帝书》。

> 臣之所欲言者三，愿陛下结人心、厚风俗、存纪纲而已。人莫不有所恃。人臣恃陛下之命，故能役使小民；恃陛下之法，故能胜服强暴。至于人主所恃者谁与？《书》曰："予临兆民，凛乎若朽索之驭六马。"言天下莫危于人主也。聚则为君民……唯商鞅变法，不顾人言，虽能骤致富强，亦以召怨天下，使其民知利而不知义，见刑而不见德，虽得天下，旋踵而失也。至于其身，亦卒不免；负罪出走，而诸侯不纳，车裂以徇，而秦人莫哀。君臣之间，岂愿如此？宋襄公虽行仁义，失众而亡。田常虽不义，得众而强。是以君子未论行事之是非，先观众心之向背……

这还不够，他继而写下《再上皇帝书》，言辞更加激进。

他说："陛下自去年以来推行的新政，都不是按照治世的方法去做的决策。"

他说："帝王改过自新，难道就是这样的吗？"

他说："今日之政，小用则小败，大用则大败，如果全力推行，那就离亡国不远了。"

他甚至在最后，用魏晋时期的奸臣贾充专权来影射当朝，就差报出王安石本人的"身份证号"了。

而且他不知道哪来的勇气，居然要挟皇帝说："现在天下的聪明人,都在观望陛下的态度,以此来决定自己的进退。"这意思就是,如果你不罢免王安石这个小人,那有很多"能人"可能就要离你而去了。

> 陛下自去岁以来,所行新政,皆不与治同道……帝王改过,岂如是哉?臣又闻陛下以为此法且可试之三路。臣以为此法譬之医者之用毒药,以人之死生,试其未效之方。三路之民,岂非陛下赤子,而可试以毒药乎!今日之政,小用则小败,大用则大败,若力行而不已,则乱亡随之……
>
> 昔贾充用事,天下忧恐,而庚纯、任恺戮力排之;及充出镇秦凉,忠臣义士,莫不相庆,屈指数日,以望维新之化。而冯统之徒更相告语曰:"贾公远放,吾等失势矣。"于是相与献谋而充复留。则晋氏之乱,成于此矣。自古惟小人为难去。何则?去一人而其党莫不破坏,是以为之计谋游说者众也。今天下贤者亦将以此观陛下,为进退之决。或再失望,则知几之士相率而逝矣。

我们且不论苏东坡的政见正确与否,而是站在人性的角度上,倘若你是王安石,你正锐意改革,要做一件大事,而在推进过程中,这个人总跟你公开唱反调,关键的是,他还有一定的影响力,请问:你是否会对他有所忌惮?

所以,在这个状况下,苏东坡的外放,就显得很合常理了。

从1071年到1079年这八年多的时间里，苏东坡历任杭州通判、密州知州、徐州知州、湖州知州，一个地方接一个地方地流转为官，就是无法重回朝堂。

北宋时期，官员外放通常有两种原因：一种是正常的职务调动，是为了锻炼官员的行政能力，累积施政经验，以获得回朝后更大的升迁；还有一种就是在政治斗争中，尤其是政见不合时的一种边缘化处理方式。

苏东坡，显然属于后者。

所以，他不开心啊！

我好歹也曾自许栋梁之材，想做出一番大事业。你不仅让我离开中央，而且离开就离开吧，却在离开之前给我罗织了一堆罪名，说我在服父丧返乡途中贩卖私盐，做生意，还向地方借用兵卒……

虽然这些到最后都查无实证，但正应了现代非常流行的那句话：伤害性不大，侮辱性极强。

并且，在不同地方为官的这十几年里，他在一线看见了新法在施行过程当中的利弊，对此就更有自己的看法了。

但是以他当时的官职，连京城都进不去，除了每到一个地方照例给皇帝的谢表，他几乎没有上呈天子的机会。

而当时，王安石罢相，宋神宗亲自主抓变法，谁反对，谁自然就成了炮灰。

今天我们大多数人只知道，他是因为《湖州谢上表》里发的牢骚被抓，由此引发的乌台诗案，但事实上，这仅仅是压垮骆驼的最后一根稻草。

他在十几年间的诗词文章里，那种不吐不快，但是又无法全然吐尽，只能明里暗里地讽刺、不爽，以及对自己的境遇表达不满的文字，简直给他的对手太多抓住"把柄"的机会了。

我们都知道，宋朝雕版印刷普及，民间出版开放，苏东坡的《元丰续添苏子瞻学士钱塘集》这本新刊发行之后，更是给他的对手们提供了一个绝佳的、收集他"罪证"的材料源。

很让人唏嘘的是，他因为印刷术的普及，诗作深入民间，成了一位百姓皆知的大名人，但也因此给自己带来了灾难。

苏东坡的乌台诗案是中国历史上第一起以出版物为罪证的著名文字案件，这帮御史从苏东坡的诗词文章里发现了一百多首他们认为存在政治问题的文字。

> 吴儿生长狎涛渊，冒利轻生不自怜。
> 东海若知明主意，应教斥卤变桑田。
> 赢得儿童语音好，一年强半在城中。
> 岂是闻《韶》解忘味，迩来三月食无盐。
> 读书万卷不读律，致君尧舜知无术。
> 根到九泉无曲处，世间惟有蛰龙知。
> ……

随便拉出几处，就足够让苏东坡被关几天"小黑屋"的。

今天，我们总觉得乌台诗案是苏东坡生命里很大的一个挫折，但当我们回溯他的人生，尤其是他参加工作之后这十几年的故事时，我们就会发现，他的个性，已经决定了乌台诗案是一场必然的灾难。

甚至我们把苏东坡的生命剧本拉得更长一点，就会发现，他后期被贬谪到惠州、儋州，也不是平白无故的。

他有过一句很准确的自我评价：

自笑平生为口忙。

他知道自己拦不住嘴。

而且，就算一次次被贬谪，生活给了他一次次的棒喝，他还是拦不住嘴。

说个题外话。

当他从黄州的低谷走出来以后，曾经有一次经过泗州，和太守郊游，逸兴遄飞地写下一首《行香子·与泗守过南山，晚归作》。

行香子·与泗守过南山，晚归作

北望平川。野水荒湾。共寻春、飞步屧颜。和风弄袖，香雾萦鬟。正酒酣时，人语笑，白云间。

飞鸿落照，相将归去，澹娟娟、玉宇清闲。何人无事，宴坐空山。望长桥上，灯火乱，使君还。

"望长桥上，灯火乱，使君还。"太守一看，坏了，赶紧跟苏东坡说："法律规定，在泗州夜经长桥者，徒刑二年，你还敢写成文字啊，赶紧收起来吧！"

苏东坡戏谑地说："我这一生，开口便是罪过，判起来何止两年。"

所以，我们改不掉的个性，其实，已经决定了我们的命运。

我想，乌台诗案中，苏东坡一定很后悔，自己当初为什么要口无遮拦。在一个接一个城市的外放和贬谪中，他也一定很憋屈，自己这一腔才华与报国热情无人欣赏。但走过之后再回望，也许没有这些灾难，也就不会有此后对待生命的释然和风轻云淡。

中国政治史上，想必不怎么会留下苏东坡的名字，但中国文化史上，苏东坡绝对是一座高峰。

然而，我有一个问题：

假如你是苏东坡，你提前看过自己此生这跌宕的、饱受磋磨的人生剧本，也知道这一次灾难也许会带给你另一个重生的机会，那么——

再选择一次的话，你，还会愿意再经历这一场灾难吗？

你，会希望改变自己的人生吗？

四　一百三十天高强度的精神折磨

> 若不了解他的最低谷，
> 便不能理解他为何能成为高峰。

元丰二年（1079）七月二十八，这日子可能和苏东坡相冲。那天他刚好逢休假，没去上班。

他的府衙里吵吵嚷嚷地来了一拨人。打头的那个，叫皇甫遵。

他受了新党骨干、御史中丞李定的派遣，前来拘捕时任湖州知州（相当于湖州地方行政"一把手"）的苏东坡。

只见皇甫遵径直走进府衙，穿戴整齐，靴袍加身，手持笏板，站在庭院中环顾四周。他的两边，站着身着白衣、头戴青巾、神色凶恶的两名御史台狱卒。

就这点人手，居然还搞得气焰嚣张："苏知州呢？让他出来！"

苏东坡对自己的命运其实已经提前有了预知。

可能也是上天对他不薄，想给他一点喘息的空间。当时，逮捕他的消息被他的好朋友、驸马都尉王诜先知道了，于是王诜让人快马加鞭跑去南都通知苏辙，苏辙又立即命人赶往湖州，把这个消息告诉了哥哥。

因为皇甫遵一行人行进迅速，本来消息是难以赶上的，但恰逢他儿子在途中生病，耽搁了半日，这才使得王诜的消息能提前一步让苏东坡知道。

然而即便如此，苏东坡还是着实被惊到了。

宋人孔平仲所著笔记《孔氏谈苑》，对这段故事的记载非常详细。

虽然这是一篇笔记性质的著作，难免加入个人主观的看法，但因为孔氏与苏东坡生活在同一时代，与苏子身边的人有所亲近，他的记述在一定程度上应是贴近当时的历史情境的，所以，我用了他所记载的这一段故事。

苏东坡吓得不敢露面，他活了四十多年，哪里见过这个阵仗啊！你想，他曾经是文章一出来就满大街疯传的北宋开国百年第一，他是民众爱戴的"市长"，是读书人谁都想结识的大文豪啊……

而现在，他要被抓了。

苏东坡战战兢兢，一时之间没了主意，他只听说皇帝震怒，要办他。

那……那我要穿什么衣服？我要不要跟家里人告个别？我……我会死吗？

他和副手祖无颇商议对策。祖无颇说："事已至此，别无选择，只能出去面对。"

至于要穿什么，苏东坡原本认为自己已经获罪，那就不宜着朝服相见，还是祖无颇镇定，他劝苏东坡："现在还未明确定罪，您依然是朝廷命官，那就应当按照正式场合，穿上朝服。"

苏东坡终于站到了庭院中，等待皇甫遵宣读公文。

结果皇甫遵阴沉着脸，一句话也不说。他身后那两名御史台狱卒也把朝廷的文书台牒藏在衣服里，就像藏着一把匕首那样。

院子里，死一般沉寂。

良久，苏东坡开口请求道："苏某历来给朝廷添了不少麻烦，今日之事想必是要赐死。死我自然不会推辞，但能不能允许我回家，跟家人告个别？"

皇甫遵似笑非笑："苏知州，不至于。"

还是祖无颇脑子好，他上前一步，询问道："太博肯定带来了文书，可否一看？"

皇甫遵斜眼问道："你是谁？"

祖无颇道："哦，我是这里的通判。"

于是，皇甫遵慢条斯理地把台牒交给祖无颇。

祖无颇打开一看，发现里面的内容只是普通的传唤使令而已，并没有直接定罪。

一封普通的传唤命令，何以让一个八品官员如此嚣张？

因为他是苏东坡啊，"大明星"从神坛上跌落，落到皇甫遵的手里，虽只是经办，但也许这是他一生中难得的，可以释放甚至放大他权力欲的时刻。

这种变态的得意，已经压不住了。

皇甫遵催促苏东坡启程，并让他带来的那两名狱卒上去看管他。祖无颇亲眼看着，一个在任的父母官，一个曾经耀眼过的"文坛明星"，现在就像犬鸡一样被人驱赶。湖州的老百姓听闻这个消息，都前来送行。不可否认看热闹的亦有之，但大部分人还是同情的。

许多人都哭了。

他们从湖州一路坐船北上，还有一队人马直接到苏东坡家里去抄家，把那些文字、书信全都翻出来。不仅如此，御史台还专门发文给各个地方政府，抄底苏东坡所有的关系链，那些跟他有来往的人，你们之间的通信全都交出来！在如此严厉的情况下，还有什么人敢隐讳，即使片言只字，也都一一缴纳。

一时间，人人自危。

押解苏东坡的船到了太湖，因为船舵有问题停下来修理，大半夜靠在鲈乡亭边，月明星稀，乌鹊南飞。

于是，就有了我们本章开头的那一幕。

苏东坡心想，这一去，事不可测，还不知道要连累多少朋友多少亲人。我这辈子所有的名誉，也许经此一难，便将毁于一旦，人生还有何望呢？不如，眼睛一闭，纵身入水，一了百了吧！

让我们做个假设，如果那天，苏东坡真的跳下去了……

也许我们今天就再不会有《赤壁赋》《后赤壁赋》，不会有"大江东去"的《念奴娇·赤壁怀古》，不会有天下第三行书《寒食帖》，不会有"也无风雨也无晴"的豁达，不会有"只缘身在此山中"的哲思，更不会有"东坡肉""东坡鱼"这些美食，甚至连"苏东坡"三个字都不会有……

因为那个时候，他还不叫苏东坡。

我们要庆幸的是，苏东坡最终没有自杀。

但那时候的他也并不知道，等待自己的将是长达一百三十天高强度的精神折磨。

他被关到了御史台的监狱里,按他自己的话说,伸手就能碰到墙壁,像坐在一个百尺高的井里。

> 去年御史府,举动触四壁。幽幽百尺井,仰天无一席。

起初,他们还比较客气,让苏东坡自己招供,有哪些文字是在讽刺朝政的。

苏东坡说:"那可能只有这里面有几句话欠妥。"

> 当月二十日,轼供状时,除《山村》诗外,其余文字并无干涉时事。

什么,只有这个吗?只有这个我怎么交差?

你好好想想啊,自己讲,坦白从宽,不要等我们找出来!

苏东坡想破脑袋,都想不出还有什么。

没有吗?没关系,有的是人举报你!

当时的副宰相王珪就有告发,苏东坡曾经给一位王姓秀才写过一首诗,说他家门前的两棵桧树根系缠绕,像是蛰龙一般。王珪就跟皇帝说:"陛下飞龙在天,轼以为不知己,而求之地下之蛰龙,非不臣而何?"

这不是有二心吗?

一时间,天下好事之人掀起一股"找苏东坡茬"的风潮,"大V"倒了,还不去蹭蹭流量吗?

安徽灵璧县有个芝麻绿豆官，说："皇上啊，我要揭发，苏东坡之前在我们这个园林里题写过一篇文章，其中有几句在劝人不必热衷做官，这种思想会使人们缺乏进取心啊，这个要不得啊！"

我们看看当时弹劾苏东坡的文字都是怎么写的。

御史中丞李定，开篇就写：苏轼这个人，本来就没什么学术造诣，而且滥得时名——仅凭偶然的机会获得了一时的名气，通过特殊的科举途径，才得以进入儒学馆任职。

他列举了苏东坡四条不可饶恕的罪状，其中写道：苏轼的文章虽然说得不中理，但是有煽动性啊！

御史舒亶更是直接列举了苏东坡诗文中疑似讥讽新法和皇帝的句子。

他说：陛下您给贫民发钱，帮助他们回乡从事农业生产，结果苏轼就在诗里说"赢得儿童语音好，一年强半在城中"，暗指这些政策成效有限，还是有多人留在了城市里；陛下您推动水利建设，结果苏轼还说风凉话"东海若知明主意，应教斥卤变桑田"，言下之意是您即便这样做了，也难以将盐碱地变成良田；陛下您严格管理盐务，他却抱怨最近的盐禁让民间产生了很多不便，您看他这句诗"岂是闻《韶》解忘味，迩来三月食无盐"……

舒亶还同时给皇帝呈上了苏东坡已印行的三卷诗集，并适时地跟了一句：苏轼这些言论，小则被雕版印刷，大则被刻石立碑，传播于国内国外，他还觉得自己挺有才华。

这些臣子太明白，对统治者而言，他所忌惮的并非反对之声,而是这些反对之声的发声者,是否有足够的影响力和煽动性。

就如同《元城先生语录》里对这件事的评价:

> 东坡何罪?独以名太高,与朝廷争胜耳。

事情到了这个地步,神宗皇帝从原本的犹豫,到最后不得不决定彻查。

于是这帮御史从苏东坡的诗词文章里,搜集了一百多处他们认为存在政治问题的文字。

在关押期间,苏东坡需要一处一处地交代、澄清:

这段文字是什么时候写的?给谁写的?为什么这么写?这样的感触从何而来?用了什么样的典故?为什么用这样的典故?它们是不是有什么内在含义?你是不是想要讥讽朝廷的新政……

且这些文字横跨时间长达三十年,令人咋舌。

对作者而言,也许很多文字是他当时情绪到了,写过也就忘了。

但那一刻的苏东坡却被命令:想,给我好好想!

南宋胡仔《苕溪渔隐丛话》里记载了一个故事,说乌台诗案的主要弹劾者李定,在审讯苏东坡的过程中,有一天突然跟身边人讲起这个案子。

他说:"三十年来所创作的文章诗词,包括所引用的经典传记,无论被问及哪一句,苏轼都能立即回答,没有一个字的差错。"

连一个如此想置他于死地的政敌,都不禁发出这样的感慨:

苏轼真是天下奇才啊！

乌台诗案是怎么审讯的呢？

这里就需要提到宋代的司法制度。

宋代的审讯和判决其实是由不同的官署来完成的：御史台负责调查、审讯，出具"供状"；大理寺则出具"判词"，也就是针对"供状"所述，找到当时相应的法律条文，来进行判决。而当御史台和大理寺意见发生矛盾的时候，就要交由"审刑院"来复核。

所以第一步，御史台的审讯就很重要。

怎么让你说实话，说到什么程度，这份供状怎么写，都关系到后面的结果。

苏东坡的这件案子，不仅仅涉及他本人，因为有大量的来往信件，所以每一位和他通信过的人，你们之间交往程度有多深，是不是也对新法颇有微词，是不是有什么不可告人的目的，甚至小到你们相互有没有什么礼物馈赠……这些细节，苏东坡都必须一一交代，不能有半点遗漏。

我们今天去看学界通常研究乌台诗案的重要史料——朋九万的《东坡乌台诗案》（本篇诗案始末细节均出于此），这份供状里的描述，足以让我们想象当时苏东坡身心受到的摧残。

——今年七月二十八日，中使皇甫遵到湖州勾摄轼前来，至八月十八日，赴御史台出头。当日准问目，方知奉圣旨根勘。当月二十日，轼供状时，除《山村》诗外，其余文字，并无干涉时事。二十二日，又虚称更无

> 往复诗等文字。二十四日，又虚称别无讥讽嘲咏诗赋等应系干涉文字。二十四日，又虚称即别不曾与文字往还。三十日，却供通自来与人有诗赋往还人数姓名。又不说曾有黄庭坚讥讽文字等因依。再勘方招外，其余前后供析语言因依等不同去处，委是忘记，误有供通，即非讳避。

苏东坡一开始并不想连累别人，于是中间有很多省略，也就是供状中所言的"虚称"。

但是二十日"虚称"，二十二日"虚称"，二十四日"又虚称"，三十日才交代了若干人，中间还少说了黄庭坚。一直到最后，"再勘方招"。

还有他的《杭州观潮五首》。供状里说，二十二日"虚称"，二十四日"再勘，方招"。

> 轼八月二十二日在台，虚称言盐法之为害等情由，逐次隐讳，不说情实。二十四日再勘，方招。

还有他和司马光的交往。供状里说，司马光对新法有意见，但是却没有公开表态。九月三日的审讯，"虚称"，直到再次审讯，"再勘方招"。

> 司马光字君实，曾言新法不便，与轼意合。既言终当进用，亦是讥讽朝廷。新法不便，终当用司马光，光

却喑哑不言，意望依前攻击。九月三日准问目，供讫，不合虚称无有讥讽，再勘方招，其诗不系降到册子内。

一次次从"虚称"到"再勘方招"，这中间发生过什么，我们很难知晓。

甚至为了一首曾经寄给当时驸马都尉王诜的《开运盐河诗》，苏东坡从九月二十三到二十七日之间，被足足问了五天，"方具实招"。

这五天里究竟发生过什么，他们是如何一步步逼问，一步步施压，甚至有没有动过刑，我们已经不得而知了。

当时，在苏东坡的牢狱边上，关着另一位士大夫，叫苏颂。他后来写诗形容当年他看到、听到的苏东坡在牢里的遭遇。

却怜比户吴兴守，诟辱通宵不忍闻。

一个堂堂太守，一个风度翩翩的文豪，被诟辱通宵。

他们没日没夜地提审，不给苏东坡喘息的机会，大声辱骂，精神施压，那些加诸他身上的恶言恶行，让旁观者都闻之不忍。

如此反反复复高强度的精神折磨，苏东坡已濒临崩溃。他不知道自己是否还能活到明天，就更不用说对出狱抱有期待了。

他想过绝食求死，也偷偷把日常服用的青金丹藏了一些起来，准备哪一天如果受不了这样的侮辱，就一次性把它们都吞了，超量服用，以求自尽。

当时苏东坡的大儿子苏迈每天给父亲送饭过来,父子俩就悄悄约定,平常就送蔬菜和肉类,一旦得到不好的消息,就送条鱼作为暗号。

结果某一天,苏迈因为钱花光了,去找人借钱,就请了一位亲戚代送餐食。这位亲戚也许是想改善一下苏东坡的伙食,于是烹了一尾鲜鱼送去。

苏东坡以为死期将至,一下子绝望了。

他写了两首绝笔诗,诗里尽是对家人的挂念和愧疚,以及对他们未尽之责的遗憾。

予以事系御史台狱,狱吏稍见侵,
自度不能堪,死狱中,不得一别子由,
故作二诗授狱卒梁成,以遗子由

其一

圣主如天万物春,小臣愚暗自亡身。
百年未满先偿债,十口无归更累人。
是处青山可埋骨,他时夜雨独伤神。
与君今世为兄弟,又结来生未了因。

其二

柏台霜气夜凄凄,风动琅珰月向低。
梦绕云山心似鹿,魂惊汤火命如鸡。

眼中犀角真吾子，身后牛衣愧老妻。
百岁神游定何处，桐乡知葬浙江西。

自注：狱中闻杭、湖间民为余作解厄道场累月，故有此句。

这两首诗写得字字泣血，我把它们糅合成两段不一定能达意的译文：

贤明的君主如春天般照耀万物（这句颇有劫后的复杂情绪，我猜想他可能知道自己的诗在身后会被皇帝知道，因此这么写），而我这个愚昧的小臣却只顾自身安危。御史台的夜晚寒气如霜，风吹动铁链声声凄凉。月色苍茫，我在半梦半醒中，思绪飘向了远方。我看见自己的性命就像在火上烧烤一样煎熬，梦中那个眼神锐利的少年，是我的孩子啊，那个身穿麻布粗衣的妇人，是我的老妻啊……我愧对你们！

我可能要提前离开这个世界了，可怜一家十几口无处可归，平添他人负担。子由我弟，百年以后，把我葬在浙江西边的桐乡吧，我听说那里的人们听闻我入狱，都在为我祈祷。其实贤弟，哪里都有一抔黄土能埋葬我，只可惜到了风雨之夜，只能留你独自伤悲了。我愿来生与你做兄弟，再续我们未竟的情谊。

说到这里，我们不禁想问：苏东坡，真的会死吗？

要庆幸的是，这个世界还是好人多。

在苏东坡下狱期间，一场针对他的营救也在紧张地进行中。

首先就是弟弟苏辙。他哀求皇帝说，愿意用自己所有的官职，来换取哥哥的一条命。

> 惟兄弟之亲，试求哀于陛下而已。臣窃哀其志，不胜手足之情……欲乞纳在身官，以赎兄轼……但得免下狱死，为幸。

当年仁宗在制科考试之后，兴奋地跟自己的皇后说："朕今日为子孙得两宰相矣。"这句话，皇后一直记着。神宗时期，曹皇后已是太皇太后，她当时病重，皇帝希望用天下大赦来给她祈福。老人家说："不需要大赦天下凶恶之人，我只希望你放了苏东坡。"

甚至当年苏东坡的政敌们也纷纷上书。

王安石已经退休南京，也写信给皇帝说：

> 岂有圣世而杀才士者乎？

舆论分成两派，但真正的裁决，还需要走司法程序。

苏东坡从八月十八日被关进御史台的监狱，二十日便开始正式提讯，一直到十二月的时候，案件才进入判决阶段。

大理寺的初判，是"当徒二年，会赦当原"——相当于有期徒刑两年，但因为朝廷发出赦令，他的罪可以赦免——也就是说，不用罚了。

这个判决，直接让御史台跳脚：

难道我们这几个月没日没夜的活儿都白干了吗？！

于是，御史中丞李定、御史舒亶直接找到皇帝，他们并没有反对司法判决，而是向皇帝强调了苏东坡的犯罪动机，以及苏东坡本人可能造成的影响力。如果这件事就这么算了，那其他人会怎么看？反对新法的人，是不是都让他们畅所欲言？

话说到这里，我们已经很明白，乌台诗案本身所代表的政治意义，已经不仅仅涉及苏东坡本人，御史台一方面反对大理寺的判决，要求审刑院复核；另一方面，他们继续提审苏东坡，挖掘他更多的罪证。

于是我们在供状中，不仅看见了苏东坡的各类往来文字，甚至还看见了许多他和别人，比如驸马都尉王诜的礼物和财物往来。里面非常琐碎地记录了他们互赠的东西，官酒、果子、弓箭、茶药、纸笔、墨砚……甚至包括苏东坡向王诜借的钱。

原本是诗案，却渐渐牵扯其他的部分，似乎是要将苏东坡与王诜的亲密关系给坐实。因为当时有规矩，士大夫不能跟皇亲国戚往来过于密切，但苏东坡与王诜私交如此之好，不免会让人产生联想。

这个案件本身，已经不仅仅是为了扳倒苏东坡，也是想借东坡之事，将所有反对新党之人，一网打尽。

目的达到了吗？

我们看看审刑院复核之后，最终的判决结果。

简而言之，就是当徒二年，会赦当原，再加一个皇帝"特责"。

基本上等于维持原判，但皇帝不爽（其实主要是考虑政治影响），所以特别加了一个惩罚——

奉圣旨：苏轼可责授检校水部员外郎，充黄州团练副使，本州安置，不得签书公事。

至此，给苏东坡泼了一身脏水的乌台诗案，终于告一段落。

在诗案中被牵连的有很多人。驸马王诜被革除官爵，贬到均州；苏辙也被降职，贬到筠州；王巩，就是苏东坡为他的歌女柔奴写下"此心安处是吾乡"的那位好友，也被发配西南。其余人等，如张方平、司马光、范镇、黄庭坚，重者罚铜三十斤，轻者罚铜二十斤。

不得不说，乌台诗案是苏东坡人生绝对的转折点。

他的人生也因为这场灾难，被分成了两个阶段。

在四十四岁以前，是万人仰慕，是北宋新星；在四十四岁以后，是"人生如逆旅，我亦是行人"，是"回首向来萧瑟处，归去，也无风雨也无晴"，是"试问岭南应不好。却道。此心安处是吾乡"。

苏东坡被迫在苦难的生活里扎根下去，却没想到的是，那里，长出了一棵艺术的参天大树。

资料出处：

1. ［北宋］苏轼《张文定公墓志铭》《刑赏忠厚之至论》《陈公弼传》《客位假寐》《凌虚台记》《湖州谢上表》《范文正公集叙》《思治论》《议学校贡举状》《谏买浙灯状》《上神宗皇帝书》《再上皇帝书》《行香子·与泗守过南山，晚归作》《晓至巴河口迎子由》《予以事系御史台狱，狱吏稍见侵，自度不能堪，死狱中，不得一别子由，故作二诗授狱卒梁成，以遗子由》
2. ［北宋］苏辙《为兄轼下狱上书》
3. ［北宋］曾巩《刑赏论》
4. ［北宋］欧阳修《与梅圣俞》
5. ［北宋］孔平仲《孔氏谈苑》
6. ［北宋］叶梦得《石林诗话》
7. ［南宋］邵博《邵氏闻见后录》
8. ［南宋］朱弁《曲洧旧闻》
9. ［南宋］胡仔《苕溪渔隐丛话》
10. ［南宋］周必大《二老堂诗话》
11. ［南宋］陈鹄《耆旧续闻》
12. ［宋代］朋九万《东坡乌台诗案及其他二种》
13. ［元代］脱脱等人《宋史·苏轼传》

第二章

敬佩

／在廢墟中,如何重建自己的人生

引子：面对挫折，他真的豁达吗？

每当说到苏东坡，加诸他身上的关键词可能是豁达、超脱、吃货、社牛，在哪里跌倒就在哪里躺下，以及那句很有名的"人生缘何不快乐，只因未读苏东坡"。

好像在我们的印象中，苏东坡就是天性豁达的。

但，真的可能吗？

设想一下，当一个人从云端跌入低谷，在没死的前提下，第一反应是什么？

疼啊！

所以，了解他有多疼，他陷入过多么凄惨的绝望中，他又是如何在破碎之后一点一点缝合自己的，我们才能明白，他最终走向豁达的那种力量，有多不容易。

其实我还有一句潜台词：

他能做到，我们，也未必不能。

一　他哪里是一开始就豁达的

初到黄州，寂寞沙洲冷。
熬，是低谷期的必修课。

宋神宗元丰三年（1080）年初，对苏东坡来说，那年的冬天，显得格外寒冷。

他在御史台被关了一百三十天，受尽了各种精神折磨，甚至一度觉得自己必死无疑。

天可怜见，也许是因为北宋有不杀士大夫的传统，也许是因为皇帝认为他罪不至死，总之，他从声势浩大的乌台诗案中，侥幸捡回了一条命。

确切地说，是半条命。

另外半条，已经被吓没了。

劫后逢生，当时的苏东坡是什么心情呢？

我们看他刚出狱的时候写下的这两首诗。

十二月二十八日，
蒙恩责授检校水部员外郎、黄州团练副使，
复用前韵二首

其一

百日归期恰及春,余年乐事最关身。
出门便旋风吹面,走马联翩鹊啅人。
却对酒杯浑似梦,试拈诗笔已如神。
此灾何必深追咎,窃禄从来岂有因。

其二

平生文字为吾累,此去声名不厌低。
塞上纵归他日马,城东不斗少年鸡。
休官彭泽贫无酒,隐几维摩病有妻。
堪笑睢阳老从事,为余投檄向江西。

自注:子由闻予下狱,乞以官爵赎予罪,贬筠州监酒。

他说:经过百日的等待,终于盼来了春天。现在想想,生命中最要紧的,不过就是自己是否还能健康而快乐地活着。走出狱门,一切都是那么新鲜。春风照拂,喜鹊鸣叫,端起酒杯,我感觉自己好像经历了一场大梦。文思泉涌,想提笔作诗,但对于这一次的灾难,过去就过去了,何必再深究原因呢?一切都是侥幸所得,本来就没有什么必然的因果。

他说:我写的这些东西,虽然给我带来了麻烦,即便名声受损,地位降低,我也不在意了。将来即便有机会像苏武回归中原那样,东山再起,我也不想再卷进那些无谓的争斗。我现在啊,就像陶渊明辞官,虽然清贫,甚至无酒可饮,但还有妻子儿女陪伴在病榻之旁。为了我,弟弟子由甚至愿意放弃自己的官职,被贬江西。

我们能感觉到,苏东坡的心情是复杂的。

一方面为自己大难不死而庆幸,对人生的期待值,已从曾经的建功立业,到如今只盼着能健康地活着。另一方面,安抚他内心的,是家人的不离不弃,是弟弟对他以命相挺的情谊。

按道理说,他是满足的。

但你要说他完全满足了,好像又没有。在内心深处,他对功名事业,似乎隐隐还有一点点希望的火苗,这从他写给皇帝的《到黄州谢表》里,也能窥见分毫。

庶几余生,未为弃物。若获尽力鞭棰之下,必将捐躯矢石之间。指天誓心,有死无易。臣无任。

他依然在向皇帝表达自己的忠心和志向:如果陛下您还需要我,我将万死不辞。

我们一点点将苏东坡的人生展开,就会发现,他的这些思想斗争,其实从来没有停歇过。

朝堂与生活,尘世与超脱,在矛盾中,苏东坡也精神内耗啊!

当我们真正走进这个人的世界,你会发现,他和我们普通人是一样的,所以他的人格才显得这么亲切而鲜活。

说回来他的 1080 年。

正月初一，苏东坡把家眷留在了河南商丘，让弟弟苏辙帮忙照顾。他自己带着大儿子苏迈，跟着御史台派来押解他的衙役，几个人沿着一条破败的驿道，走向他人生中第一个重要的贬谪地——黄州。

黄州，地处长江中游北岸，水路交通便利，控制了黄州，就意味着掌握了长江中游的一个关键节点。再加上黄州当地农业发达，物产丰富，本身就是一个很好的粮草供应地区。因此，无论对军事还是运输而言，黄州都有着重要的战略意义，自古就是兵家必争之地。

仗打得多了，城市就很难发展得起来。在黄冈市东坡文化研究会组编的《东坡黄州五年间》这本书里，这么描述当时的黄州城：（黄州）因荒僻、经济落后，属于僻陋之地，被定位为下州。黄州城的市容市貌比较简朴，仿佛就是个大村庄，田园风光浓郁。

苏东坡刚到黄州的时候，虽然已是二月初一，但寒冬的气息还没有完全过去。天灰蒙蒙的，凛冽的江风夹杂着水汽，冻入骨髓。

他被安排到一座名为"定惠院"的小寺庙里，和僧人同吃同住。作为一个犯人，他也无法随身携带太多的行李，生活条件自是艰苦。

但比这更令他难受的是无聊。

或者更确切地说，是困顿，是迷茫，是大难之后的虚无感。

试想一下，一个前半生都活在掌声里的"文坛顶流"，一下子成了一个满身脏水，连朋友都怕被他连累的阶下之囚，当原本的生命目标被抽离的时候，那个不知道前路在何方，甚至不知道今天要做什么的苏东坡，如何能不困顿、不迷茫、不空虚呢？

他就像是一只惊弓之鸟，生怕再说错什么话，又被关到那个监牢里去。他不敢吟诗作词，也不敢给朋友写信，就算写了，也没有回信。是啊，他已经连累了那么多朋友，还有一些朋友甚至背叛、出卖了他，他还能相信谁呢？

平生亲友无一字见及，有书与之亦不答，自幸庶几免矣。

无事可做，无友可会，衣食简单，酒也不敢多喝，他能做的，就是蒙头大睡，辗转反侧，昏昏沉沉，一觉到傍晚，然后强起出门，趁着夜色，去散会儿步。

二月二十六日，雨中熟睡。
至晚，强起出门。还，作此诗。
意思殊昏昏也

卯酒困三杯，午餐便一肉。
雨声来不断，睡味清且熟。
昏昏觉还卧，展转无由足。
强起出门行，孤梦犹可续。
泥深竹鸡语，村暗鸠妇哭。
明朝看此诗，睡语应难读。

百无聊赖的人生，天荒地老的孤独。

如果要用一个字来形容他刚到黄州时的心境，我想，可能就是——冷。

卜算子·黄州定惠院寓居作

缺月挂疏桐，漏断人初静。谁见幽人独往来，缥缈孤鸿影。

惊起却回头，有恨无人省。拣尽寒枝不肯栖，寂寞沙洲冷。

缺月、残更、幽人、孤鸿、寒枝拣尽、沙洲寂寞，词里的每一个字，都透着彻骨的寒冷。

夜深人静，更漏声尽，稀稀疏疏的梧桐树上，挂着一弯残月。月下这一人，就像孤雁一样寂寞。他内心翻腾着许多话语想表达，却无人可诉。

要随波逐流吗？要泯然众人吗？

他不甘心。但不甘心又能如何？

只能守着清高的心境，忍受沙洲的孤寂和寒冷。

我们今天回看苏东坡的人生，已经是一个完成时态了。

我们知道他会在黄州得到重生，我们知道他将会成为中国文化史的高峰，但彼时的苏东坡自己，并不知道；我们阅读苏东坡的人生，可以翻页，可以跳过，这一章节看不爽了可以忽略，但彼时的苏东坡自己，并不可以。

当我们行走于人生的途中，生命对我们而言，就是一个无法

拉动的进度条。

所以,即便我们知道,明天早上六点二十分,太阳会从东边升起,生命将会充满希望,但对不起哥们儿,现在是半夜十一点,我们只能数着时间,一秒、一秒地熬过去。

熬,是穿越苦难的必修课。

那么,苏东坡是怎么熬过去的呢?

别着急,曙光还没有这么快来。

在熬的过程中,他还需要经历非常重要的一关:

认命。

二 《寒食帖》,死灰吹不起的绝望

先认命,才能改命。

中国书法史上,有三大行书。

其中一篇,就是苏东坡的《寒食帖》。

《寒食帖》中的两首诗,是苏东坡被贬黄州时心境的写照。

寒食帖
其一

自我来黄州,已过三寒食。
年年欲惜春,春去不容惜。
今年又苦雨,两月秋萧瑟。
卧闻海棠花,泥污燕支雪。
闇中偷负去,夜半真有力。
何殊病少年,病起须已白。

其二

春江欲入户，雨势来不已。
小屋如渔舟，濛濛水云里。
空庖煮寒菜，破灶烧湿苇。
那知是寒食，但见乌衔纸。
君门深九重，坟墓在万里。
也拟哭途穷，死灰吹不起。

这两首诗，要结合着他的书法一起看。

看他的运笔，看他的停顿，看他的涂改；看他的全篇布局，看他哪些字大，哪些字小，哪些字写得潦草，哪些字又触目惊心……进而便能看见他内在的痛苦、思绪的往复。

也正因为这是一篇草稿，因此他的心事是不加修饰的，就像一个人赤诚地在你面前展开他自己一样。

这是苏东坡来到黄州的第三年。

他写下这两首诗的时候，正是寒食节。

之所以叫"寒食"，当然是相对"热食"而言，这是民间为了纪念春秋时期坚决不受官职而隐居深山，最后被活活烧死的介子推而设的节日。

寒食节期间，是禁止生火做饭的。因此，人们会在节前提前准备好冷食，比如青团、青粳饭、春酒等。在宋朝，寒食节连着清明，算是一个大的节日，踏青出游、祭扫祖先、家族团聚等一系列活动，使得它很类似于我们现在的"黄金周"。

按道理说，这原是个很隆重的节假日，但苏东坡在做什么呢？

他拖着病体，从床上艰难地爬起来。

黄州的春雨已经下了两个月，江水高涨得就像要冲进屋子一样。苏东坡感觉自己像住在一叶渔舟之上，漂流在苍茫的烟海之中。

美丽的海棠被风雨无情打落，花瓣在污泥中显得残红狼藉。年年都在惋惜春光逝去，花红凋零，但时光流逝又是如此半点不由人。

苏东坡看了看自己这潦草的样子，无奈感慨，花红尚且留不住，更何况人呢？

病起发须白，面对自己的憔悴和衰老，他也无能为力啊。

这天气又潮又冻，不知道的，还以为身处萧瑟的秋天。厨房里空荡荡的，本来想煮点蔬菜，却发现一口破灶里，芦苇还是湿乎乎的。看见乌鸦衔着纸钱飞过，这才突然想起，今天是寒食了。

又是一年寒食节。

这一年年的，希望在哪里呢？

想要报效国家，可是连朝廷的门都进不去；想要祭扫祖先，可是父母的坟墓远在万里。

穷途末路之中，好想效仿阮籍大哭一场啊！

可是心如死灰，连哭的力气也没有。

假设你刚刚认识苏东坡的时候，读的就是他的这篇《寒食帖》，你还会觉得"人生缘何不快乐，只因未读苏东坡"吗？

在我们的印象中，他似乎一直都很乐观，他的诗句里，哪怕是遇见挫折，最后总有聊以自慰或者自我鼓励的言语，但这两首即兴创作的诗，却让人看不见一点希望。

我们再来看这篇帖。

我曾经在《大话中国艺术史》这本书里讲过这篇书法作品，其实对大部分不那么熟悉书法的人而言，很难第一眼就会觉得它是好字。

苏东坡是书法家，他有很多作品也是书法名篇，比如笔力遒劲的《司马温公神道碑》，比如老练自由的《渡海帖》，但为什么它们在书法史上的地位，就是不如这一篇《寒食帖》呢？

我们把它放大来看。

重点，看它的变化感。

一个是布局的变化。

通篇疏密相间——

什么地方紧凑？

他讲到雨水几乎要冲进房子的时候，他讲到房子就像一艘小船摇摇欲坠的时候。

什么地方疏离？

他讲到空空如也的破灶台的时候，他讲到乌鸦叼着烧给死人的纸钱飞过的时候。

倘若我们把这些画面配上音乐，前者是不是危险的、急促的？后者是不是苍凉的、寂寥的？

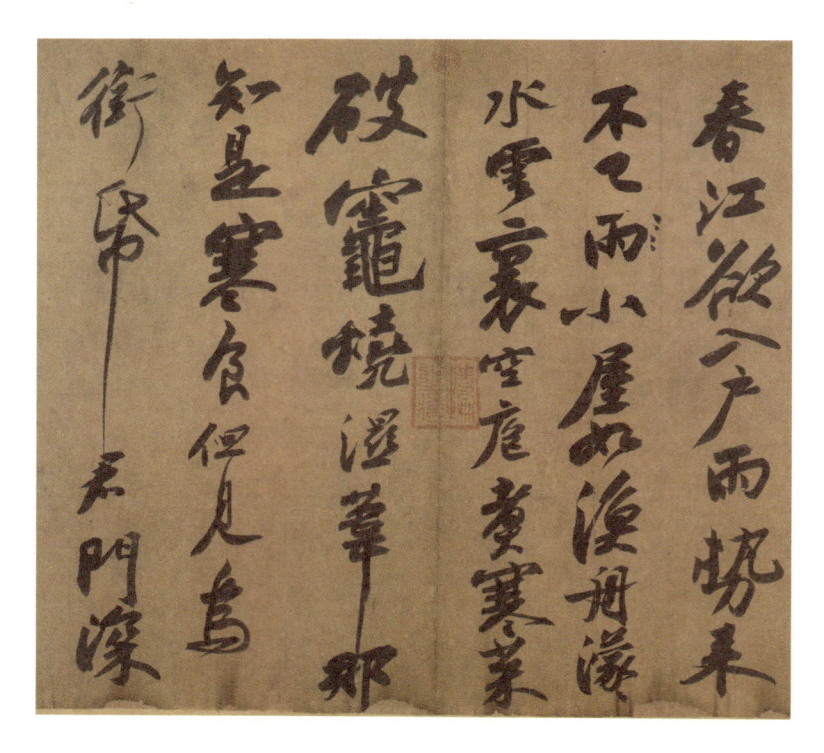

▲ 疏离：

空庖煮寒菜，破灶烧湿苇。
那知是寒食，但见乌衔纸。

▲ 紧凑：

春江欲入户，雨势来不已。
小屋如渔舟，濛濛水云里。

再来，我们看它字形的变化。
它的字大小错落有致——
什么地方小？
比如"君门深九重"的"君"。

什么地方大？

比如"坟墓在万里"的"墓"。

随心所写的东西，是骗不了人的。

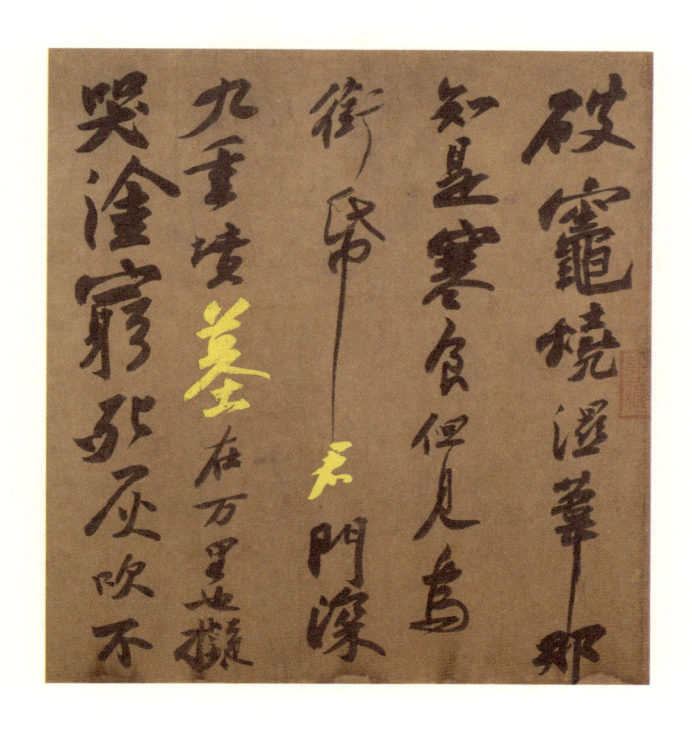

在苏东坡的心中，君门已经很远很远了，就像最后一点火星子，还在苟延残喘。

而坟墓，家人的坟墓，在那一刻，要远远超越君主在他心中的分量。

我们还可以看它的用墨。

同样是长长的悬针——

什么地方是润笔?

比如开头的"年",它像是故事开端娓娓道来的低吟。

什么地方是枯笔?

比如后边的"纸",它像是故事高潮时声嘶力竭的锐响。

而这种润枯结合的用墨方式,就让作品在变化中显出层次感。

我们要知道的是,这是一篇随兴所至的草稿,它没有事先精密的设计和布局,他是想到哪写到哪,觉得自己用词不好,就在旁边点上几个点,也不涂改,就这样把自己最初的心事,一览无余地展现在我们面前。

于是千年后的我们,看见了他在风中拖着病体的落魄与凄凉，听见了他穷途末路的那一声长长的叹息。

艺术的最高境界，是道术合一。有深厚的技巧和功底，却又能毫不卖弄，让这些技巧的变化信手拈来，如入化境。

我们所知的许多书法家，未必是大文豪；许多大文豪，未必书法超群。这种一气呵成的、诗书双绝的作品，试问放眼整个书法史乃至文化史，有几人能做到？

我与《寒食帖》，有过一次极为难得的偶遇。几年前我去台北"故宫博物院"，《寒食帖》的真迹正在展出，当时我完全没有预料到，此生居然能和它相遇！

当我静静地站在展厅里，离它很近很近的时候，我甚至能看见它的折痕，它在颠沛流离中烟熏火燎的痕迹。那一刻我完全定住了，我热泪盈眶，我舍不得走。

有一种说法，《卜算子·黄州定惠院寓居作》和《寒食帖》的创作时间，是同一年。

如果说，《卜算子·黄州定惠院寓居作》的关键词，是"寂寞沙洲冷"的"冷"，那么《寒食帖》的关键词，应该是"心如死灰"的"死"。

苏东坡在这篇帖子里，完全放任了自己潮水一般的情绪，他的理想、他的生活、他的身体、他的心态……好像在那一刻，都崩塌了。

是啊，当我们跌入谷底，经历大的挫折和磨难的时候，可不就是崩塌吗？那些曾经建构起来的三观的崩塌，那些社会关系的崩塌，甚至是对于人生意义感的崩塌。

但若没有崩塌,又如何重建呢?

没有"置之死地",如何"后生"呢?

一个人成长的关键,就是看他在价值体系崩塌之后,在人生满地残渣的时候,有没有能力重新建构起来。

苏东坡一定是有的。

他做的第一件事,就是默坐省察,将过去清零。

三　焚香沐浴，静坐常思己过

> 度过低谷法宝之一：
> 默坐省察，将过去清零才能重新出发。

苏东坡是怎么活过来的呢？

总结起来十个字五件事：**默坐**，**洗澡**，**种地**，**美食**，**朋友**。

它们之间其实是有一点先后关系的。我们接下来这几篇，会慢慢展开说。而他走出困境的这段经历，我在去年进入低谷期的时候发现，居然同样适用于我们普通人。

在本章第一节我们说到，苏东坡每日百无聊赖，睡到昏昏沉沉，生命一下子没有了方向和目标。

定惠院的住持不忍看他这样消沉下去，于是在竹林中找了一间禅房给他用。他写过一首《定惠院颙师为余竹下开啸轩》，我想，那应该是他在禅房中静坐所悟。

定惠院颙师为余竹下开啸轩

啼鴂催天明，喧喧相诋谯。暗虿泣夜永，唧唧自相吊。

071

饮风蝉至洁，长吟不改调。食土蚓无肠，亦自终夕叫。
莺贪声最鄙，鹊喜意可料。皆缘不平鸣，恸哭等嬉笑。
阮生已粗率，孙子亦未妙。道人开此轩，清坐默自照。
冲风振河海，不能号无穷。累尽吾何言，风来竹自啸。

当我们的心进入安静状态的时候，似乎世间好多原本被我们忽略的声音，都进来了。

苏东坡听见了杜鹃的啼鸣，嘈杂得好像在相互指责；他还听见了蟋蟀的叫声，悠长得好像在自我哀怨；蝉儿吸风饮露，吟唱如此高洁；蚯蚓吞食泥土，兀自发出声响；莺鸟鄙俗，喜鹊欢快……这一切声音的背后，各有各的情感。

然后他讲到了阮籍和孙登的典故。

这个故事很经典，被记录在《晋书·阮籍传》中。

竹林七贤之一的阮籍，擅长长啸。

长啸是古代文人一种非常雅致的、表达志向、抒发情感的方式，类似于口哨，但又不同于口哨，它的声音是悠长的、清越的、响亮的。诸葛亮、王维、李白等人，或擅长抱膝长啸，或喜欢弹琴复长啸。可见，长啸在文人雅士心目中，是非常高级的。

阮籍就很会长啸，所以大家都羡慕他。他听说有一位世外高人叫孙登，他更擅长此技，于是一直想找机会去拜访他，跟他请教。

但他们见面时，无论阮籍问孙登什么重大的历史问题和哲学问题，还是更宏大的太古玄寂之道，他都沉默不语。

阮籍于是只好祭出了自己的泼天大招：长啸。

孙登还是不说话。

这就很尴尬了。

于是阮籍只好默默转头下山。正当他走到半山腰的时候，突然听见了一个奇迹般的声音。

那个声音如鸾凤和鸣，如天乐开奏，云起雪飞，响彻山林。

他这辈子从来没听过这样的天籁。

他知道，那正是孙登的长啸。

孙登是用长啸之声，在回答他全部的问题，用一种圣洁、清雅而又辉煌的方式，去完成两个高士之间的交流。

而今，苏东坡用了这样一个典故，并且评价说：阮籍的行为虽然显得粗犷直率，但孙登的应对也非尽善尽美。

一个被后世文人向往的故事，在他的眼里居然并非完美。

那什么才是他心中认为最完美的呢？

他在诗中隐隐提到了一个人，那就是庄子。

庄子在《齐物论》里有一个非常经典的对于"天籁"的解释。简而言之，天籁就是上天吹动万物而发出的声音。它比人籁、地籁更高级的是，上天是没有偏私的，它对众生一视同仁，所以，它的声音是没有喜怒哀乐之分的。

而人，要超脱物外，唯一的办法就是，让事物回归事物本身，不因它而牵动情绪。

苏东坡在诗的最后说：

道人我在这间静室中，独自静坐，默默自省，外界即便是狂风震撼，又与我何干呢？

风起，竹林自然有萧瑟之声；风停，则一切万籁俱寂。

无论外境如何变化，我心，如如不动。

虽然苏东坡住在定惠院中,但闲不住的他还是喜欢到处走走。那段日子里,他去得最多的,是城南的安国寺。
他还写了一篇《黄州安国寺记》。

> 得城南精舍曰安国寺,有茂林修竹,陂池亭榭。间一二日辄往,焚香默坐,深自省察,则物我相忘,身心皆空,求罪垢所从生而不可得。一念清净,染污自落,表里翛然,无所附丽。私窃乐之。旦往而暮还者,五年于此矣。

每隔一两天,他就会过去一趟,烧火取暖,煎茗煮茶,焚香沐浴,默坐自省。
他甚至专门为在安国寺的沐浴写了一首诗:

安国寺浴

老来百事懒,身垢犹念浴。衰发不到耳,尚烦月一沐。
山城足薪炭,烟雾蒙汤谷。尘垢能几何,翛然脱羁梏。
披衣坐小阁,散发临修竹。心困万缘空,身安一床足。
岂惟忘净秽,兼以洗荣辱。默归毋多谈,此理观要熟。

沐浴,是一种很好的身心疗愈方式。
它通过温热的水打开毛孔,扩张血管,加快我们的血液循环;同时,温水的包围感不仅有助于缓解我们肌肉的紧张和僵硬，也能促使大脑释放血清素和多巴胺，还可以刺激免疫系统，提高身体对疾病的抵抗能力。

这是一种从身体到心灵的放松。

苏东坡很喜欢沐浴，元丰七年（1084）他从黄州去汝州赴任时，途经泗州的公共澡堂，进去搓了个澡，他都能就此写出一首颇值得玩味的《如梦令（水垢何曾相受）》：

如梦令

水垢何曾相受。细看两俱无有。
寄语揩背人，尽日劳君挥肘。
轻手。轻手。居士本来无垢。

师傅，劳您费心擦背了。哎哟喂您可轻点，轻点儿啊，居士我本来就无垢。

我想他可能不仅仅把沐浴当成洗澡，而是一种内观。

沐浴完后，披上干净的衣服，散开头发，点燃香炉，安静地坐着。

这个时候的默坐，好像是在抖落你一身的风尘，通过一种回归身体、观察呼吸的方式，让那些浮华的杂念自然剥落，最终听见来自我们内心的声音。

我发现身边有很多朋友，人生到了某个阶段之后，都会爱上这种默坐或冥想的方式，好像通过这种方式在给人生做减法。

不仅如此，苏东坡还有自己独特的呼吸方法。林语堂《苏东坡传》里说到，苏东坡的呼吸法，是集中注意力时，凝神于鼻尖，然后控制呼吸，吸、停、呼的比例是1∶2∶2。

也就是说如果吸气五秒，那就停十秒，呼气十秒。

最重要的是内观，如实地体察自己的身体和心灵。

你也可以试试看。

我们现在已经无法确定，苏东坡在那段焚香默坐的时光中，究竟悟出了什么，但从那段时间他给朋友的信中，也许可以窥见一些他的自我反思：

> 轼少年时，读书作文，专为应举而已。既及进士第，贪得不已，又举制策，其实何所有？而其科号为直言极谏，故每纷然诵说古今，考论是非，以应其名耳。人苦不自知，既以此得，因以为实能之，故譊譊至今，坐此得罪几死，所谓齐虏以口舌得官，真可笑也……得罪以来，深自闭塞，扁舟草履，放浪山水间，与樵渔杂处，往往为醉人所推骂。辄自喜渐不为人识，平生亲友无一字见及，有书与之亦不答，自幸庶几免矣。

他在《答李端叔书》里说自己因为当年制科考得太好，起点太高，所以自命不凡，以为自己有经天纬地之才，直到摔了这么一个大跟头，差点丧命，才开始深深懊悔和反省。

他说："获罪以后，我长时间独处，常常穿着草鞋，驾一叶扁舟，放浪形骸于山水之间，与樵夫渔民相处，路上碰见醉汉推揉诟骂，我也不在意。"

以前享受着虚名带来的荣耀，现在反而很高兴自己渐渐不被人认识。

自喜渐不为人识——这一点要做到其实很不容易。

设想一下，你曾经是万众瞩目的大明星，上自皇帝太后，下至民间文人甚至百姓，基本都喜欢你，最次也知道你，你的作品一出来，大家就争相传阅，甚至听说你来，很多人都要跑出来一睹你的风采。

你红了很多年。

突然有一天，你成了囚犯。

清高的知识分子，在生死面前瞬间没有了尊严。别人泼向你的脏水，你无法辩解。甚至为了活命，你还得往自己身上泼脏水。

人情冷暖，世态炎凉，这下都经历了。

你回到人群中，才发现自己其实真的很普通。你与渔夫樵夫皆为众生，你与醉汉有着同样的苦难。

你才终于明白，人生有此劫难，正在于自己曾经把自己想得太特别、太伟大了。

罢了，也算是洗脱出一个新的人生，重新出发吧。

放下过往的荣耀与骄傲，将它们清零，才有重生的机会。

苏轼死去了，苏东坡即将重生。

而他重生的法宝，是两个字，是我认为历史上很多高傲的文人都不具备的两个字，那就是——

生活。

四　他开始回归最日常的生活

度过低谷法宝之二：
回到生活的每一件小事中。

元丰三年（1080）五月二十九，这是苏东坡到黄州以来最开心的一天。因为，苏辙带着苏东坡的一家老小，过来和他团聚了。

这一天，苏东坡起了个大早，带着大儿子苏迈，赶到离黄州二十多里地的巴河口去迎接他们。

他已经孤独太久，亲人的到来不仅慰藉了他的心灵，还有这个知心的弟弟可以互诉衷肠。

他感觉自己有很多话想要跟弟弟倾诉，从在御史台监狱里的懊悔和痛苦，到刚到黄州时的所见所闻、所思所感。

他甚至有一个计划，想买下一片林地，这个打算他也想和弟弟一起商量。

晓至巴河口迎子由

去年御史府，举动触四壁。幽幽百尺井，仰天无一席。
隔墙闻歌呼，自恨计之失。留诗不忍写，苦泪渍纸笔。

> 余生复何幸,乐事有今日。江流镜面净,烟雨轻羃羃。
> 孤舟如凫鹥,点破千顷碧。闻君在磁湖,欲见隔咫尺。
> 朝来好风色,旗脚西北掷。行当中流见,笑眼清光溢。
> 此邦疑可老,修竹带泉石。欲买柯氏林,兹谋待君必。

这次兄弟相见,真真是百感交集。

虽只有匆匆十天,但苏东坡还是兴奋地拉着弟弟,像一个导游那样带着他在黄州及周边四处逛逛。

他们去了赤壁,去了江对岸的武昌,去了寒溪西山,写下相互应和的诗词,如同当年他们出川时,父亲让他们沿途写诗一样。

苏辙走后,苏东坡需要安顿自己的家眷了。

一家十几口人,定惠院肯定是住不下了,在鄂州知州朱寿昌以及黄州太守陈君式的帮助下,苏东坡一家搬到了临皋亭。

临皋亭原本是官驿,现在暂借给他们一家人住,已经是行了莫大的便利。

但紧接着,苏东坡就需要面临一个非常现实又棘手的问题:没钱。

这一大家子十几口人要养,他们没上班没工作,都指望着苏东坡。可怜苏东坡之前生活不愁吃穿,也从不持家,他在写给章惇的信里说自己"俸入所得,随手辄尽",意思就是工资发下来,随手就花光。

他被贬谪黄州,"责授检校水部员外郎、黄州团练副使",但这就是个虚职，实际上只发一半的薪水，剩下的一半则折作实物补贴。

他在《初到黄州》这首诗里最后两句"只惭无补丝毫事，尚费官家压酒囊"，证明他领取的补贴，就是用来酿酒的粮食袋，也不是什么值钱的物件。

一大家子的生活费，还得靠自己。

他写给秦观的信里，很详细地描述了自己是怎么省钱的。

他把家里的存款盘了一下，如果要撑够一年，那么一个月只能花 4500 文钱。

4500 文，相当于现在的 3000 多元。

3000 多元，十几口人，怎么活？

于是，苏东坡把这笔钱分成了三十份，挂在房梁上，每天清晨取一份，也就是一天最多花 150 文钱，坚决不超支。如果省着点刚好没用完，那就把剩下的钱存起来，以待宾客。

但光节流，也不是办法，还得开源啊。

于是，来到黄州的第二年，苏东坡的老朋友马梦得找了关系，为他申请了一块地来耕种。

因为地处城东高坡上，所以，苏东坡才给自己起了一个号，叫"东坡居士"。

这块地大概有五十亩，是黄州城内一个废弃的营地，天然条件不是很好。因为荒废很久了，所以杂草丛生，到处都是荆棘瓦砾，光是清理垦辟的工作，就累都累死了。

东坡八首

余在黄州二年，日以困匮，故人马正卿哀余乏食，为于郡中请故营地数十亩，使得躬耕其中。地既久荒，为茨棘瓦砾之场，而岁又大旱，垦辟之劳，筋力殆尽。释耒而叹，乃作是诗，自愍其勤，庶几来岁之入，以忘其劳焉。

其一

废垒无人顾，颓垣满蓬蒿。
谁能捐筋力，岁晚不偿劳。
独有孤旅人，天穷无所逃。
端来拾瓦砾，岁旱土不膏。
崎岖草棘中，欲刮一寸毛。
喟然释耒叹，我廪何时高。

苏东坡一边写诗来安慰自己，一边想办法。他一把火烧掉了枯草，看见了地皮。没想到在这片荒地里居然还藏着一口暗井，太好了，天不绝我，这下灌溉的问题就解决了。

其二

荒田虽浪莽，高庳各有适。

下隰种粳稌，东原莳枣栗。
江南有蜀士，桑果已许乞。
好竹不难栽，但恐鞭横逸。
仍须卜佳处，规以安我室。
家僮烧枯草，走报暗井出。
一饱未敢期，瓢饮已可必。

然后他开始对这片地进行规划，低洼湿润的地方种上主食稻子、麦子，高地就种枣树、栗子树。当地的农民也很热情，跑来帮他一起种地，教他怎么撒种子，怎么除蝗虫。

农民生活经验丰富，还跟苏东坡说："你别让苗叶长得太旺啦，如果要丰收，就得让牛羊上去踩踏。"

这完全是苏东坡原本知识范围以外的事情，他觉得实在是太有趣啦。他一边感谢农夫，一边说："等我吃饱饭的时候，一定不会忘记你的恩情。"

其五

良农惜地力，幸此十年荒。
桑柘未及成，一麦庶可望。
投种未逾月，覆块已苍苍。
农父告我言，勿使苗叶昌。
若欲富饼饵，要须纵牛羊。
再拜谢苦言，得饱不敢忘。

劳作，锻炼了身体的力量感。背沐阳光，脚踩大地。当苏东坡开始关注天地，关注万物生长时；当他赶在清明前播种水稻，在初夏时节分秧时；当他在泥土里寻找芹菜残留的根茎，在月光下观察晶莹剔透的露珠时；当他想象着春鸠能成为盘中的佳肴，想象着丰收时节新米蒸煮成饭时……他似乎已经看见了竹篱间，那绿黄相间的果实垂于屋檐下。

他说自己"劳苦之中，亦自有乐事"。

原来，身体力行的劳动，能一扫精神的阴霾与抑郁。

这份快乐，是如此的饱满和扎实。

其四

种稻清明前，乐事我能数。
毛空暗春泽，针水闻好语。
分秧及初夏，渐喜风叶举。
月明看露上，——珠垂缕。
秋来霜穗重，颠倒相撑拄。
但闻畦陇间，蚱蜢如风雨。
新春便入甑，玉粒照筐筥。
我久食官仓，红腐等泥土。
行当知此味，口腹吾已许。

我们在本章第二节讲过《寒食帖》。

蒋勋老师在讲《寒食帖》的时候，曾说到里边"花"字和

"泥"字牵丝牵在一起。

他说，苏东坡意识到了，你当花你就娇贵，你就下不来，而当花落到泥土间，才能真正扎根。

我们要感谢黄州城东的那个高坡，是它让"苏轼"成了"苏东坡"，是它让中国文化史上留下了一个比肩日月、旷达千古的有趣灵魂。

当然，苏东坡之所以能成为苏东坡，肯定不单纯只是因为种地，更有种地之后来的美食和朋友。但我想说的是，当文人苏轼变成农民苏东坡，他的人生经验，便开始有了传统文人不太有的那一面——烟火气。

不是有句话吗——人间烟火气，最抚凡人心。

当我们豪情万丈，当我们陷入迷茫，当我们走过兜兜转转的人生时，或许最后才会发现，人生最重要的，也仅仅是睡个好觉、吃顿饱饭。

最后，我想拿二十世纪最伟大的现代诗人之一穆旦在《冥想》里的一个片段，来应和那个时候的苏东坡，也来慰藉有时会被人生困住的我们。

> 把生命的突泉捧在我手里，
> 我只觉得它来得新鲜，
> 是浓烈的酒，清新的泡沫，
> 注入我的奔波、劳作、冒险。
> 仿佛前人从未经临的园地，
> 就要展现在我的面前。

但如今，突然面对着坟墓，
我冷眼向过去稍稍回顾，
只见它曲折灌溉的悲喜，
都消失在一片亘古的荒漠，
这才知道我的全部努力，
不过完成了普通的生活。

五　他不是天然的美食家，是美食治愈了他

度过低谷法宝之三：
人间烟火气，最抚凡人心。

我们都知道苏东坡是个"美食博主"，人生一直被贬，却一直在吃。有人统计过，说中国历史上有六十多道菜都是因他而生，包括我们今天特别熟悉的东坡肉、东坡鱼、东坡肘子、东坡豆腐等等。

那你知道苏东坡为什么是个吃货吗？

其实是因为——穷。

他对美食所有的钻研和创造，都源于当时非常有限的条件，让他只能选择别人看不上的食材和最朴素的调料。

比如东坡肉。

他在黄州的时候，猪肉非常便宜。因为当时的猪没有骟过，膻味比较重，不太受欢迎。富人呢，瞧不起，不愿意吃；穷人呢，又不知道怎么煮。

苏东坡可是无肉不欢的，于是他就开始研究，做了很多次实验，看看怎么煮才能鲜香、软烂、下饭，而且不腻。没想到后来真的让他找到了一个方法，那就是少放点水，然后用柴火烧，要

用那种不冒火苗的小火煨炖。

这个菜就是得有耐心,要等它自己慢慢熟,不要催它。火候足了,自然美味。早晨起来打上两碗,哇,非常下饭!

他甚至把这个做法写成了一篇短文:

猪肉颂

净洗锅,少著水,柴头罨烟焰不起。待他自熟莫催他,火候足时他自美。黄州好猪肉,价贱如泥土。贵人不肯吃,贫人不解煮。早晨起来打两碗,饱得自家君莫管。

每次我看到这篇短文的名字,都会觉得,太好了。

猪肉——一件最平常的东西,都值得拿来歌颂。

如果你翻阅苏东坡的诗词,你就会发现这个人的诗词里,有许多想吃这个、想吃那个的愿望。

你看这一首,想吃河豚:

惠崇春江晚景二首
其一

竹外桃花三两枝,春江水暖鸭先知。
蒌蒿满地芦芽短,正是河豚欲上时。

这首,想吃芹菜烩斑鸠:

东坡八首
之三

自昔有微泉,来从远岭背。
穿城过聚落,流恶壮蓬艾。
去为柯氏陂,十亩鱼虾会。
岁旱泉亦竭,枯萍黏破块。
昨夜南山云,雨到一犁外。
泫然寻故渎,知我理荒荟。
泥芹有宿根,一寸嗟独在。
雪芽何时动,春鸠行可脍。

这首,橘子真美味:

浣溪沙·咏橘

菊暗荷枯一夜霜。新苞绿叶照林光。竹篱茅舍出青黄。

香雾噀人惊半破,清泉流齿怯初尝。吴姬三日手犹香。

这首,荔枝吃到撑:

食荔枝二首
其二

罗浮山下四时春，卢橘杨梅次第新。
日啖荔枝三百颗，不辞长作岭南人。

有的时候，吃多了就容易生病。

有一次，苏东坡得了红眼病，去看医生。医生跟他讲，最近吃清淡一点，不要吃肉了。

苏东坡回到家里，开饭了，哇，肉好香，好想吃一口啊。可是你看，他在《东坡志林》里是怎么说的：

我是想听医生的话，但我的嘴不答应啊。我的嘴跟我说：你是眼睛有病，关我嘴什么事。啧，吃！

余患赤目，或言不可食脍。余欲听之，而口不可。曰："我与子为口，彼与子为眼，彼何厚？我何薄？以彼患而废我食，不可。"

他无肉不欢，就算是没钱，买不起肉了，也要想尽办法，通过研究各种吃法，来满足自己的口腹之欲。

有人说，苏东坡是羊蝎子的祖宗。

他被贬到惠州的时候，当地的羊肉只有那些当官的、大户的才吃得上，他买不起，只能买点羊脊骨回去，骨头缝里有一些没剔干净的肉，他就开始研究这东西的吃法。

他先是把羊脊骨煮熟，趁热捞出把水滴干，然后拿酒来浸泡，再撒上薄薄的一层盐，最后拿去烤，烤到嗞嗞微焦的时候，就可以吃了。

哇，太好吃了，酥脆焦嫩，吃起来还有点像在吃螃蟹。

他还把做法写下来寄给弟弟苏辙，在信里调侃他说："老弟啊，你吃了三年公款大餐，大鱼大肉，估计都咬不到骨头，哪里像我能吃到这等好味道。所以啊，我写这封信跟你嘚瑟一下，不是寻你开心啊，你照着做，是真好吃。不过我只偷偷告诉你一个人。这个吃法一旦流行开来，那些狗可就要不开心了。"

当然，这里说的狗，也是代指那帮打压他的人。

颇有点自嘲和讽刺的味道。

再后来，他再次被贬，去了海南。

那个时候的海南非常荒凉，还停留在比较原始的状态，而且还有茫茫大海相隔，被贬到那里，几乎等于判了死刑。

他在海南食无肉，病无药，居无室，出无友，而且吃不上饭，米还需要借船漂洋过海送来，就跟珍珠一样珍贵。

北船不到米如珠，醉饱萧条半月无。

苏东坡饿了很久的肚子，很惨。但从某一天开始，他突然开心了。为什么？

因为他发现了烤生蚝。

他把小个的生蚝剖开，把肉和汁水跟酒一起煮，大个的生蚝就烤熟了吃,从来没有过的美味啊!他写给儿子的信里说:你千万别把这件事宣扬出去啊,我怕朝廷里那帮小人听了,都想跑来海南跟我抢吃的。

甚至在物质条件最艰难,苏东坡什么也吃不上的时候,他也能靠想象来喂饱自己。

在最饿的时候,他写出了一篇关于美食的最好的文章:

老饕赋

庖丁鼓刀,易牙烹熬。水欲新而釜欲洁,火恶陈而薪恶劳。九蒸暴而日燥,百上下而汤鏖。尝项上之一脔,嚼霜前之两螯。烂樱珠之煎蜜,滃杏酪之蒸羔。蛤半熟而含酒,蟹微生而带糟。盖聚物之夭美,以养吾之老饕。婉彼姬姜,颜如李桃。弹湘妃之玉瑟,鼓帝子之云璈。命仙人之萼绿华,舞古曲之郁轮袍。引南海之玻璃,酌凉州之蒲萄。愿先生之耆寿,分余沥于两髦。候红潮于玉颊,惊暖响于檀槽。忽累珠之妙唱,抽独茧之长缫。闵手倦而少休,疑吻燥而当膏。倒一缸之雪乳,列百柂之琼艘。各眼滟于秋水,咸骨醉于春醪。美人告去,已而云散,先生方兀然而禅逃。响松风于蟹眼,浮雪花于兔毫。先生一笑而起,渺海阔而天高。

你看他想象自己是怎么吃饭的:吃肉,我只选小猪,猪颈后部那一小块最好的肉;吃螃蟹,我只选霜冻前最肥美的,吃它的两个大钳子；把樱桃煮烂成蜜，用杏仁浆做成精美的糕点；蛤蜊要半熟的时候就着酒吃，蟹要微生的时候和酒糟一起蒸；酒到微醺处，被绝妙的歌声惊醒，倒一缸雪乳般的香茗，春意盎然，大家都要醉了；美人歌舞散去，趁着水煮出松风的韵律，用兔毫盏盛一碗雪花茶，先生一笑而起，顿觉海阔天空。

在苏东坡起起落落的人生里，吃，应该带给了他精神上最大的慰藉。因为唇齿之间还能尝到的世间百味，都在提醒我们：活着真好。

人生在世，不是所有人都适合奋斗。也许苏东坡看到了，热爱生活，远比成功更加重要。就像元代诗人张养浩的《山坡羊（一个犁牛半块田）》里写到的那种生活，虽然不求功名，却也幸福满满。

我想把这首诗分享给你：

山坡羊

一个犁牛半块田，收也凭天，荒也凭天。
粗茶淡饭饱三餐，早也香甜，晚也香甜。
布衣得暖胜丝绵，长也可穿，短也可穿。
草舍茅屋有几间，行也安然，待也安然。
雨过天青驾小船，鱼在一边，酒在一边。
夜归儿女话灯前，今也有言，古也有言。
日上三竿我独眠，谁是神仙，我是神仙。
南山空谷书一卷，疯也痴癫，狂也痴癫。

六　交朋友，打开人生新境界

> 度过低谷法宝之四：
> 志趣相投的朋友，能拉你一把。

要是有机会，我真想跟苏东坡交朋友。

可能你会问，苏东坡看得上我吗？

欸，你还别说，苏东坡交朋友，不像很多文人大家那样清高，他完全没有门第之见。

一个"国民老公"级别的北宋明星、文坛顶流，他在黄州的朋友是：乐科长、杨道士、崔琴师、铁粉马梦得、老乡王文甫、开药店的郭大夫、卖酒的潘老板和他侄儿潘秀才，以及"热心市民"古先生。

他是怎么交到这些朋友的呢？

话说，他刚被贬到黄州的时候，乌台诗案的阴云还没有散去。他无事可做，无友可会，因为他是"因言获罪"，所以也不敢再乱说话、乱写东西，唯一能做的，就是喝一点酒，然后在那个阴雨连绵的寒冬一觉睡到傍晚。很奇怪，越睡越没精神，估计是湿气太重。于是，他拖着依旧疲惫的身体强起出门走走。这样的日子乍一听好像感觉还不错啊，实现了睡眠自由。但是一天两天没问题，一个月两个月，人就废了。

人毕竟是群居动物，还是需要来自同伴的温暖。这个时候，给苏东坡带来第一份温暖的朋友，是一个同样被贬的小吏，叫乐京。他原来是个县令，因为反对新法，从"县长"直接降到了"科长"。

同是天涯沦落人，他们两个人都有相同的政治遭遇，自然也就同病相怜，一起饮酒作诗，结伴出游。

苏东坡这个人交朋友有个优点，就是——"不要脸"。

他从来不怕麻烦朋友。你有没有发现，有的时候太客气了反而做不成朋友，总觉得隔层纱，不亲近。有时候，朋友就是麻烦出来的。所以不要怕欠人情，你麻烦他，他麻烦你，一来二去，后边谁也记不清了，大家就成朋友了。

你看苏东坡脸皮有多厚，他可从来不怕欠别人人情。

他认识了一个叫王文甫的老乡。王老乡说：你也种地啊，那我家里有一些桑树秧苗可以送给你。然后两个人就成朋友了。后来呢，又认识了一个杨道士，说他会酿酒。苏东坡爱喝两口，于是又天天缠着他教自己酿酒。再后来，更厉害了，直接认识了河对岸樊口酒馆的潘老板，酿都不用酿了，有现成的，于是他就不辞辛苦、"不怀好意"地，坐船颠簸到对岸酒馆，去跟潘老板聊天，聊晚了甚至直接睡在人家家里。

当然，他也不是总麻烦别人，朋友嘛，肯定是要互相"贡献"的。潘老板有个侄儿叫潘大临，是个秀才，平常会教苏东坡怎么打鱼。他有个心愿，想考取更大的功名，苏东坡就跟他说：

"那我兼任你的半个老师吧!"

可能你会说,苏东坡文章写得好,是一个大文豪,但教人能行吗?

欸,人家还真是个好老师。后来苏东坡被贬海南的时候,海南本是个不毛之地,结果他到了以后,竟然培养出了海南历史上第一位举人。

苏东坡真的有花心思教人家读书,不仅给人辅导功课,还在考前给人做心理疏通。

蝶恋花·送潘大临

别酒劝君君一醉。清润潘郎,又是何郎婿。记取钗头新利市。莫将分付东邻子。

回首长安佳丽地。三十年前,我是风流帅。为向青楼寻旧事。花枝缺处余名字。

要为你送行了,你看这小鲜肉,是谁家的乘龙快婿啊?去京城不要怕,京城也曾是你叔我的地盘。三十年前,我是风流帅!

他不仅爱夸自己,还特别爱损别人。而且很奇怪,越损朋友还越多。

我们后面会专门有一个章节,来展开说说他和他的这帮损友的趣事,这里就不赘述了。

他不仅损朋友,还损朋友的老婆。

他的朋友陈季常(陈希亮儿子)有个彪悍的老婆。有一次,苏东坡在陈季常家里，两人聊高兴了，他老婆在房间里左等右等，怎么还不睡觉，气死了，出来一看，还在聊！她大喊一声，陈季常吓得连拐杖都扔了。

苏东坡就把这个事写成了一首诗《寄吴德仁兼简陈季常》来取笑他，诗里是这样说的：

> 龙丘居士亦可怜，谈空说有夜不眠。
> 忽闻河东狮子吼，拄杖落手心茫然。

"河东狮吼"这个成语，就是这么来的。

其实如果我们仔细观察，就会发现，越亲密的朋友，才越会这样损来损去。

你听人家打电话的时候，如果讲"喂，你好"，这肯定是不熟的；如果一接电话就说"喂"，或者直接一句粗话就过去了，这肯定是好朋友。

而且，苏东坡交朋友完全不挑。

在他看来，生命都是平等的，所有人都是可爱的。

他在黄州的时候，每天早上起来，如果没人来做客，他就出门自己去找客人，无论高低贵贱，任何职业都能跟人聊得来。有人担心说："您是读书人，我们没读过书，怕跟您聊不上。"苏东坡说："没事，随便聊，实在不行就跟我讲个鬼故事吧。"于是大家都聊得很开心。

你看宋人叶梦得在《避暑录话》里是怎么说的：

于是闻者无不绝倒，皆尽欢而后去。

苏东坡到黄州当农民后的第二年，在东坡旁边买了一座废弃的园子，并盖了一间屋子，起名"雪堂"。自此之后，雪堂不仅成了他在黄州的固定住所，还是他读书会客的地方，我们也可以把它理解成：苏东坡艺术家工作室。

斯是陋室，惟吾德馨。

自雪堂建成，来访的客人络绎不绝，雪堂几乎成了黄州的"文化会客厅"。

其中一位客人，便是后来同为北宋四大书法家之一的米芾。

他在黄州第一次见到苏东坡，相谈甚欢。两个人都喜欢写字画画，都喜欢收藏，就更有聊不完的话了。

他们喝酒、赏画，苏东坡聊嗨了以后，还把自己珍藏多年的吴道子的《释迦成佛图》，拿出来给大家赏玩，并且乘兴来了一次让在场的人都难忘的"才艺表演"。

后来，米芾在《画史》里回忆那一天——

酒兴正浓的时候，苏东坡忽然对他说："你把这张纸贴到墙壁上。"

那是一张珍贵的观音纸。

只见苏东坡起身，就着墙在纸上挥毫泼墨，两枝竹子、一棵枯树、一块怪石，一气呵成。

米芾疑问道："你画竹子，咋不逐节画呢？"

苏东坡回答："你见过竹子逐节长的吗？"

苏东坡爱竹，也爱画竹。

他曾说:"可使食无肉,不可居无竹。无肉令人瘦,无竹令人俗。"

他画竹,强调"意在笔先",就是不仅仅描摹竹子的外在形态,更倾向于表现竹子内在的生命力。

他有一个至交好友叫文与可,也以画竹闻名。米芾亲眼所见之后,感慨道:"苏东坡这种意境高于技巧的表达,既与文与可相同,又继承和超越了文与可,他们像是在艺术之坛上共奉一瓣馨香。"

苏东坡这幅酒后的竹作,当然就被米芾收藏了。后来,他们的另外一位共同好友,驸马王诜把画借走了,而且不还。米芾还非常怨念地在文章里记上了一笔。

从白丁到秀才,从道士到僧人,从农民渔夫到酒馆老板,从太守到文人,苏东坡的交友面之广,在中国文化史上应该也难有人能出其右。

他有一句名言,"上可以陪玉皇大帝,下可以陪卑田院乞儿",并且,"眼前见天下无一个不好人"。

我觉得这就是他的生命尺度。

朋友之间的来往,交换的不仅是情谊本身,还有流动的生命力。

他之所以比我们更宽广,就在于与这些不同阶层的朋友的交往,也让他体验着不同的角色,感受着不一样的生命力。

他是农夫,是渔民,是教人读书的先生,是村口聊鬼故事的大爷,是会讲段子的说书人,也是大文豪、大艺术家,每个角色都构成了他,构成了今天我们说不尽的他。

资料出处：

1. [北宋]苏轼《十二月二十八日，蒙恩责授检校水部员外郎、黄州团练副使，复用前韵二首》《到黄州谢表》《二月二十六日，雨中熟睡。至晚，强起出门。还，作此诗。意思殊昏昏也》《卜算子·黄州定惠院寓居作》《寒食帖》《定惠院颙师为余竹下开啸轩》《黄州安国寺记》《安国寺浴》《如梦令（水垢何曾相受）》《答李端叔书》《晓至巴河口迎子由》《初到黄州》《答秦太虚》《东坡八首》《猪肉颂》《惠崇春江晚景》《浣溪沙·咏橘》《食荔枝二首》《东坡志林》《与子由弟书（惠州）》《与王敏仲》《与程秀才》《纵笔三首（其三）》《献蚝帖》《老饕赋》《蝶恋花·送潘大临》《寄吴德仁兼简陈季常》
2. [唐代]房玄龄等人《晋书·阮籍传》
3. [北宋]叶梦得《避暑录话》
4. [北宋]米芾《画史》
5. 黄冈市东坡文化研究会《东坡黄州五年间》

第三章

深识

原来你是这样养成的

引子：了解苏东坡的家，才更明白他的豁达从何而来

我们是否想过一个问题：

苏东坡这种天真、好玩、豁达的性格，是从哪里来的？肯定不是凭空产生的。

于是，我就查了一下苏东坡的祖宗和家人们，然后有了一个让我恍然大悟的发现：

苏东坡之所以能成为苏东坡，很大程度上是因为两个字：

家风。

心理学"三大巨头"之一的奥地利精神病学家阿德勒有一句名言："幸运的人一生都被童年治愈，不幸的人一生都在治愈童年。"

老天爷真的很偏爱苏东坡。他就属于那个一生都被童年治愈的人。

他的性格基底里，有着很浓烈的家乡和家族印记。

所以，若要真正走进苏东坡，我们就需要走进他的故乡，走进他的家。

一　家乡眉山——至少，我们还有生活

世界再大，其实走不出一个故乡。

苏东坡的足迹遍及北宋的大半疆域。有人统计过，至今仍有 18 个城市留有他的遗迹，全长达到 3700 多公里。

但无论哪个城市，都没有它重要——眉山。

因为这是苏东坡的故乡。

到底什么样的水土，能养出这个千年一遇的大文豪？

眉山，是位于四川乐山和成都之间的一座小城，宋时与彭山、丹棱、青神三县同属古眉州所辖，岷江水从这里流过，遍地是稻田、果园和菜园。在唐朝时期，眉山是川西南的粮仓和蚕乡，因为有岷江之便，它也是川西南最大的物资集散中心。

蜀道之难，难于上青天。但也因为蜀道难，所以四川，历史上天然就像一个小王国，远离中原的战乱纷扰，保留了自己的一方净土。

唐朝及五代时期，为了躲避关中与中原地区的战乱，不少人开始向蜀中移民。苏东坡的先祖苏味道，正是在唐武则天时期被贬为眉州刺史而举家迁至眉山的。

北宋收川之后，一直到南宋灭亡，这三百年间，眉山还是相对安宁稳定的。无论是辽国还是西夏，包括金，宋朝与它们的战争，都没有波及眉山。

农业的发达，物资的丰盛，环境的相对安定，带来了人民生活的安逸。

两宋时期，眉山的文化教育是空前繁荣的。发达的雕版印刷业，曾让眉山成为全国三大印刷中心之一。整个宋朝，眉山共有886人考取进士，形成了一个"宋代眉山进士群体现象"，连宋仁宗都说"天下好学之士皆出眉山"。

而眉山为何会有"八百进士"如此辉煌的历史，其实跟苏东坡的伯父苏涣有关。

苏东坡出生的时候，眉山还并不能算是真正意义上的诗书之城。宋仁宗天圣二年（1024），苏涣成了眉山地区较早的一位进士，这在当时是一个轰动全城的事件。越来越多的眉山读书人因此备受鼓舞，这极大地提振了他们参加科举考试的热情和信心，眉山的治学之风由此兴盛。

苏东坡的父亲苏洵，虽然走的不是科举之路，但他的文化素养却远远超过了许多当地学子，他志不在本地，反而是花了大量的时间在外游历交友，然后把外面的见闻，带回这座小城来。儿时的苏东坡在这样的家庭氛围下耳濡目染，年少便有大心气。

小时候，父亲送他去学堂读书，刚好某天京城来了个人，跟他的老师张易简交谈，说仁宗皇帝决心改革朝政。当时"庆历新政"期间出了几个很有名的人物，范仲淹、韩琦、富弼，还有欧阳修等人。有个叫石介的人,特意写了《庆历圣德诗》来歌颂和传播这件事。

这个人把石介的这首诗念给了张易简听,没想到旁边有人先鼓掌叫好起来。

张老师一看,是小苏轼啊。

小苏轼就问:"老师,这些人都是谁啊?"

张老师说:"你小孩子家家的,懂什么?不要问了。"

没想到,苏轼说了一句令张老师意想不到的话:

此天人也耶,则不敢知;若亦人耳,何为其不可!

他们是天人吗?如果是,我不敢问。如果他们和我们一样,都是人,我为什么不能知道呢?

这让张老师大为震惊。

张老师就跟苏轼说了,他们都是谁,他们在朝中做出了什么样的贡献。

小苏轼静静地听着。

他也许不知道,老师的这番话就像一颗种子一样,已经在他的心里发芽了。

他希望有一天,能从眉山走出去,走到这个朝堂里最耀眼的地方,也成为跟这些人一样的星星。

走出眉山,是少年苏东坡的愿望。

十七岁的中秋节夜里,他和弟弟苏辙,还有其他三位同学,跑到连鳌山许愿,希望自己能在科考中独占鳌头。

"连鳌山下论诗文,但愿他日得连鳌。"

兴致来了,苏东坡顾不上去书房里拿笔墨纸砚,用简易的"扫帚笔",蘸上泥浆,大笔一挥,在山坡上写下了"连鳌山"三个字。

每一个字,都有三米多宽,而且下笔干脆利落,丝毫没有拖泥带水,非常笃定。

也许,内心越坚定,越容易心想事成吧。

1057年,这几位当年一起许愿的同窗,还真的都中了进士,金榜题名。

那一年,眉山这座小城的考中者就有13人,占当年全国进士总数388人的3.4%左右。当地文风之盛,已初现端倪。

父亲苏洵是欣慰的,他原本的打算,就是带着孩子们通过科举之路,走出眉山小城,去往更大的舞台。

进士及第的苏轼、苏辙兄弟,在服母丧结束后,跟着父亲苏洵离家,再度赴京。这一次,他们带上了家小,举家搬迁。眉山,从此在他们的人生里,变成了"故乡"。

当站在船头,看着眉山小城被自己甩在身后时,苏东坡写下了他的第一首怀乡诗:

初发嘉州

朝发鼓阗阗,西风猎画旗。
故乡飘已远,往意浩无边。
锦水细不见,蛮江清可怜。

奔腾过佛脚，旷荡造平川。
野市有禅客，钓台寻暮烟。
相期定先到，久立水潺潺。

清晨的击鼓声声，西风掠过画旗。故乡随着船儿的飘荡已渐行渐远，我要去的地方无边无际。

我在心中暗自期许，定要先于他人到达目的地，于是，我长久地站立在潺潺流水旁，静待下一段旅程的开启。

整首诗虽然在怀恋故土，却气韵洒脱，豪情万丈。

他就像是一个正在长大的孩子，要离开母亲的怀抱。他们当时已经名动京师，前程大好，那个青年苏东坡，正希望走得远一点，站得高一点。他对外面的世界充满了好奇和期待，大丈夫志在四方，岂可空老于林泉之下？

我想，所有立志离开故乡，去追逐更大世界的人，也许都是这样的想法。

十多年后，苏东坡由杭州调往密州。

临行前，他在《南乡子·和杨元素》中，给朋友留下了这样一句话：

何日功成名遂了，还乡。醉笑陪公三万场。

那个时候，故乡对苏东坡而言，从一个遥远的记忆，变成了一个未来的目标。

一个他衣锦还乡的愿望。

人到底什么时候，才会真正开始怀念故乡呢？

遇到挫折。

乌台诗案后，苏东坡被贬黄州，虽然挂着虚职，但相当于一介平民。他需要面对的，是四十四岁以前都不需要考虑的生活温饱问题。

朋友帮他申请到城东一块废弃的营地，曾经拿来写千古文章的双手，这一次，要拿来种地，讨生活。他想起了故乡眉山，仓廪充实，竹木繁茂，哪怕人群熙熙攘攘，大家的神情也是慢慢悠悠的。

故乡浓重的生活气息，唤醒了他对烟火气的渴望。

来到黄州第四年的正月，苏东坡见到了眉山老乡巢谷，其字元修。老乡见老乡，两眼泪汪汪。他们一开口聊的，就是他们都很喜欢的家乡美食——巢菜。听说巢谷就要回老家，苏东坡还专门写了首《元修菜》，托他回去带包巢菜籽，他要在东坡种上。而且，他还用了足足180个字，将巢菜长在哪里、长什么样、要怎么种、怎么摘、怎么煮，通通介绍了一遍。最后，他还担心菜籽在来的路上，会因为不透气而影响发芽，特别交代要"囊盛勿函封"，跟元修说："你一定千万绝对要用布囊装！"

这时候，距离苏东坡离开老家眉山，已经过去了十四年。

故乡，在他的印象里，已经从那个曾想挣脱的怀抱，变成了一种具象的思念。

都说苏东坡是吃货，但如果有一天，你踏上眉山这片土地，也许就能明白，为什么他会是个吃货。

这座城市的烟火气，实在令人难忘。

它的消费水平不高，但娱乐生活很丰富。我第一次在眉山三苏祠拍摄结束时，正是下午六点，三苏祠门口的大广场上，百来号人整齐划一地跳起了广场舞，那阵势真是热闹非凡。一到晚上，东坡水街的火锅店里飘来阵阵香气，水上圆形大舞台几乎天天有节目，水榭两岸用餐观礼的食客们隔空互动，整座城市像是变成了一个大型的联欢晚会现场。

据眉山当地人说，四川少阳而多雾，所以一出太阳，许多眉山的小店老板甚至会歇业一天，搬着凳子出门晒太阳，唠闲话。

这种烟火气息延续了上千年，所以当理想碰壁的苏东坡后退一步的时候，兜住他心灵的，就是他曾熟悉的烟火气。

这种烟火气里，有熟悉的食物的味道，也有童年待过的小小屋檐、听过的琅琅书声。

黄州之后，当他再一次回到京城，回到庙堂之上，回到权力中心时，按道理说，他应该感觉能实现自己儿时的抱负了才对，可是我们去看他那个时期的诗词文章，却反而有许多怀念家乡的句子。

比如有一天，苏东坡做了一个梦。

在梦里，他回到了眉山纱縠行老宅，他们兄弟俩读书的来风轩。

梦南轩

元祐八年八月十一日，将朝，尚早，假寐，梦归榖行宅,遍历蔬园中。已而坐于南轩,见庄客数人,方运土塞小池。土中得两芦菔根,客喜食之。予取笔作一篇文,有数句云:"坐于南轩,对修竹数百,野鸟数千。"既觉,惘然怀思久之。南轩,先君名之曰"来风"者也。

他常常会想起那座屋子,甚至晚年到了海南,听见他的小儿子在屋里读书的声音,都会让他想起儿时,父亲母亲也是这样,喜欢听他们的琅琅书声。

和陶《郭主簿》
其一

今日复何日,高槐布初阴。
良辰非虚名,清和盈我襟。
孺子卷书坐,诵诗如鼓琴。
却去四十年,玉颜如汝今。
闭户未尝出,出为邻里钦。
家世事酌古,百史手自斟。
当年二老人,喜我作此音。
淮德入我梦,角羁未胜簪。
孺子笑问我,君何念之深。

苏东坡在眉山生活了差不多二十五年,可以说超过三分之一的人生都在这里度过，除了后来两次回乡奔丧守孝，他离开以后就再没有回去过了。但眉山这个地方，一直都活在苏东坡的诗文里，在他含有"梦"字的352首诗词里。

也许，故乡眉山，对走出眉山的苏东坡而言，是他精神最后的退路。

三苏祠里有棵荔枝树，是他眉山老家的朋友蔡子华种的，就等着他哪天回来可以一起尝尝。一年一年过去，荔枝开花结果，他也两鬓斑白。一直到离世，这个心愿都没有完成。

寄蔡子华

故人送我东来时，手栽荔子待我归。
荔子已丹吾发白，犹作江南未归客。
江南春尽水如天，肠断西湖春水船。
想见青衣江畔路，白鱼紫笋不论钱。
霜髯三老如霜桧，旧交零落今谁辈。
莫从唐举问封侯，但遣麻姑更爬背。

苏东坡再没有回来。

但，我总觉得，或许自始至终，他就从未"离开"。

无论在什么样的境遇里，故乡好像一直都在，是心心念念的元修菜、荔枝树，是在老宅里的来风轩和书声琅琅……在他的记忆里，眉山也不"大"，只是些细碎的小事和具体的生活。但恰恰就是这些充满烟火气的瞬间，让苏东坡即便身处人生的低谷里，也不至于心灰意冷。因为，总有个地方可以收留他。总有一个叫"眉山"的地方，是他心中尚未崩坏的净土，保有最初意气风发的少年。

年少时，我们总梦想要走遍全世界。但随着你见过的风景越多，或许只有在短暂回忆故乡的美好里，才会觉得自己并不孤单。于是，直到最后才发现——
世界之大，眉山不过如此。
可世界之大，也不过一个眉山而已。

二 爷爷苏序——这样的爷爷，才能养出这样的孙子

最好的传家宝是以身作则。

如果要我说，苏东坡的性格最像谁，我觉得，可能不是他爹或者他娘，而是他爷爷。

他爷爷去世时，苏东坡只有十二岁。他们之间的交集不算多，但当我们了解了他爷爷的故事之后，真的会有一种感受：

这样的爷爷，才能养出这样的孙子！

苏东坡的曾祖父叫苏杲，是眉山苏家里最有影响力的一支。所谓影响力，不是因为他们当了多大的官，也不是因为他们多有钱，而是因为他们淡泊、豁达、乐善好施的家风，为乡亲们所称道。

从苏洵写的《族谱后录下篇》里，我们可以知道，苏杲因为善于理财，家道殷富，最初还是有点积蓄的。后来宋朝大军破蜀，建都汴京，蜀国的达官贵人纷纷去都城买房子，重建家业。这一来，眉山这里的房子和田地不就空了许多吗？所以当时房价还比较便宜。

于是有人就劝苏杲说:"赶紧占便宜抄底啊,以后可以炒高了卖!"

苏杲不干,他说了一句话:"我怕连累我的孩子。"

这句话听起来可能有点莫名其妙,但看看接下来的这些故事,也许我们可以从中体会到一些什么。

苏杲总共生了九个儿子,但最后只活下来一个,就是苏东坡的爷爷苏序。他当然特别疼爱这个孩子,但他最后给孩子留下了什么呢?

两顷薄田和几间破房子。

你说不对啊,他不是之前挺有钱的吗?

那些钱啊,都施舍出去了。

苏杲曾经说过一句话:"如果我有多余的钱财而不施舍出去,就一定会招来别人对我的算计。而如果施舍之后我又大张旗鼓地让人知道,那别人会说我贪图虚名。"

于是,苏杲在临死之前,几乎没有什么财产留给孩子。

那至少留点人脉来帮扶和关照一下孩子吧?

也没有。

据说苏杲临死的时候,他妻子问他:"我们孤儿寡母,你不把孩子托付给兄弟吗?"苏杲说:"孩子如果有出息,即便不是我兄弟也会亲近他;如果他没出息,即便是我的亲兄弟也会扔下他不管的。"

所以,他最后留给孩子什么呢?

一种言传身教的东西:财散德聚,自强万强。

苏杲这种为人处世的作风，延续到了他的儿子苏序，也就是苏东坡爷爷的身上。

而且我认为，苏序做得比他的父亲还要好。

虽然苏杲最后留给苏序的财富很少很少，但很奇怪，苏家人好像一直都不缺钱，而且还老有余财。这证明他们的赚钱能力肯定是不错的。

等到苏序家里田地多了以后，他就学他的父亲，把这些田地拿出去，接济一些挨饿的穷苦人。

注意：他父亲是送，他是卖。

为什么卖比送，要好呢？

因为，卖是一种平等的商业交易，如果白送，反而像居高临下的施舍。

他肯定是以很低的价格卖给他们的，但这种给法又让人维持了一种体面。而且，在粮食丰收以后人家要偿还时，他却选择了拒绝。

他说："我当时卖给你，不是为了接济你，只是我有自己的考虑。"

你看，这又让被帮助的人，内心不会产生被施舍的愧疚感。

其实有的时候，救助者这个角色是很"不对"的。你救助我，本质上会让我自然而然地觉得自己是受害者，是要被接济的，某种层面上就是加深了"你高我低""我们不平等"的这种观念。

但苏老爷子的这两个举动，其实是把人拉回平等的关系上来。

这是做善事的最高境界：用平等心来对待。

甚至对儿子，他也是一样的平等。

我们以前读《三字经》的时候，有这么一句：苏老泉，二十七，始发愤，读书籍。

说的是谁呢？是苏东坡的爹，也是苏老爷子最小的一个儿子——苏洵。

苏洵小时候不愿意读应试书籍，简直是个科举考试中的"废柴青年"。十九岁的时候娶了当地首富的女儿，都成家立业了，还是不好好读书；孩子都生了，还是不好好读书；母亲都去世了，还是不好好读书。

而且苏家三个儿子里，老二都中进士都当官了，要是平常家庭，肯定会天天对比：你看看你哥，再看看你！

但是苏老爷子没有。

别人都看不下去了，就一直跟老爷子说这事儿。

你看老爷子怎么说："吾儿是一个还需要让人担心不学习的人吗？"

这一句是多么大的信任啊！

要有多么大的平等心，才能放下对孩子的期待，不干涉，不评价，给予他如此巨大的空间去成长。

果不其然，苏洵继而奋起读书，而且还教他两个儿子苏轼和苏辙读书，最后三个人成了唐宋八大家里唯一的一家人。

不只是对晚辈、对不如他的人保持平等心，甚至对上级、对权威，苏序也是一样的。

苏洵对父亲的印象是个性简单，没什么架子，交朋友不论贵贱（是不是跟我们之前说到的苏东坡交友很像？）。

而且他举了一个例子，说老爷子啊，见到士大夫都非常恭顺礼敬，一开始大家还以为他谄媚，但是看见他见到乡村野老也这样，才恍然大悟：这个人无论对上对下，态度都是一样的。

那年，二儿子苏涣中进士后被封了官。老爷子正喝酒呢，封官文书来了，官服、官帽、上朝用的笏板，都到了。哇，天大的荣耀啊！对眉山这个很久都没出过一个科考人才的小地方来说，那绝对是祖坟冒青烟的事儿。

来报信的官员赶到的时候，到处找不到老爷子。人们问，老爷子去哪了？不应该在家里张灯结彩，请客吃席，然后携家带口出来迎接吗？

没有，老爷子到郊外喝酒去了。

官员就骑马嘚嘚嘚赶到郊外。老爷子正喝酒吃肉呢，眯眼一看：咦，来人了。再蹲在地上，摊开文书一看：咦，我儿子当官了。哈哈笑了两声，他把吃剩的牛肉拿官服一包，扔到袋子里，骑着毛驴回家嘚瑟去了。

对上不谄媚，对下不孤傲。

所以你就能明白，为什么苏东坡交朋友如此没有门第之见，上可以陪玉皇大帝，下可以陪卑田院乞儿。

我觉得，这种平等心是苏家骨子里代代流传的。

为什么会有平等心？

我认为，是因为他们没有匮乏感。

你会发现苏家这几代人，都是在一个极有爱的环境里长大的，他们被人理解过，被人抱持过，所以也乐于把这份理解和抱持播撒出去。

并且，这种给予，是不求回报的。

但凡内在匮乏的人，所有给出去的东西，背后都有一个隐含的乞求：我对你好，是希望你也对我好。

只有内在没有匮乏感，才会不求回报。他们的爱是自然外溢的，所以才能有平等心：我不谄媚权威，我也不求我帮助的人会来感激我，我甚至都不想让他们知道我在帮助他们。也因为我没有匮乏感，所以我能安住和满足当下，多余的钱，就给需要它的人，多余的田地，也分给需要它的人。

所以，当我看到苏东坡的祖先们是如何处世为人的之后，再看苏东坡时，我真的有一种很强烈的感觉：高祖积德，乃有此子。

这已经不单纯是原生家庭的事情了，而是历经好几代人最后植入到血液里的东西。

这是一种家风，是由祖祖辈辈以身作则活出来的品质。

这些品质润物细无声地代代流传，最终，所有的人都会因为身上流着这样的血而感到无比荣耀。

三　父亲苏洵——看似陪伴最少，实则影响至深

一个好父亲，只需要成为他自己。

父亲，是孩子的第一个英雄。

这一篇，我们来讲讲苏东坡的父亲——苏洵。

唐宋八大家里，苏家就占了三个。苏洵、苏轼、苏辙，一门三父子。而在这八位大家里，苏洵的"学历"是垫底的，他并不像另外七个人那样，都考中过进士。他屡次科考都落榜，以布衣之身闻名天下，成为当时名士将相的座上宾。

关于一个父亲在孩子的生命历程中应该扮演什么样的角色，我一直在思考这个问题，尤其是当自己成为母亲以后，经常会看到大家在讨论父爱缺失这个话题。

的确，很多男性忙于工作，真的很难抽出足够的时间来陪伴孩子，那在这种情况下，一个好父亲，可能会是怎样的呢？

我在苏洵身上，找到了一些答案。

在苏东坡的童年时光里，苏洵经常在外游历，早期几乎不着家，从某种意义上来说，儿时的苏东坡的确是有点缺失父爱的。可是我还是觉得，苏洵是个好父亲。如果没有苏洵给苏东坡打的

那个底，苏东坡不一定能成为后来的苏东坡。

而我认为，他给苏东坡打得最好的底，就是告诉他：世界很大。

《三字经》里有一个关于苏洵的典故，叫"苏老泉，二十七，始发愤，读书籍"。我们可能会觉得，苏洵是不是以前都不读书，到二十七了才醒悟啊？

其实不是。他不是不读书，而是不喜欢读"声律、属对之学"，就是科举考试需要读的那些应试类书籍。他从小自命不凡，那个时候他的父亲苏序健在，家里还有点资产，于是呢，他就像早年的李白一样，任侠天下，游历名山大川。

苏洵这一辈连他在内，家里一共有三个男丁，他上面还有两个哥哥。其中二哥苏涣很厉害，在苏洵十六岁的时候，苏涣就考中了进士。那个时候可不得了，小地方走出了位"大学霸"，大家都觉得，这是我们家乡的骄傲啊！当苏涣以进士的身份得到官位回到眉州的时候，眉州的老百姓们都跑出来争相观看，盛况空前，大家都很兴奋！自那以后，眉州求学的人一天天增加。这件事，也带动了蜀地治学之风。

苏东坡在文章《苏廷评行状》中是这样记录的：

> 闻之，自五代崩乱，蜀之学者衰少，又皆怀慕亲戚乡党，不肯出仕。公始命其子涣就学，所以劝导成就者，无所不至。及涣以进士得官西归，父老纵观以为荣，教其子孙者皆法苏氏。自是眉之学者日益，至千余人。

按道理说，哥哥这么优秀，作为弟弟肯定多少有点压力吧！但苏洵还是不爱读书。

其实在苏涣中进士三年后，他也去考了一次，没中。我找了他两个版本的年表，那几年他除了娶老婆生女儿，女儿夭折以后又生了一个儿子，就没什么其他的记载。成家、立业，按道理这对那个时期的男子来说，应该是头等大事，更何况像苏洵这样自视甚高的人。可是那个时候，他还是看起来一事无成。

他生命中有以下几个重要的节点。

他在给欧阳修的第一封信里说：我二十五岁的时候，始知读书，才知道开始好好学习。而在欧阳修给苏洵写的墓志铭中，提到苏洵到了二十七岁时：始大发愤，开始刻苦读书。

接下来十几年，他考了两回，屡试不中。

一直到三十九岁那年，他悉焚旧稿，把自己以前写的几百篇文章都烧了，然后做了一个惊世骇俗的决定：放弃科举，绝意功名，自托学术。

哥们儿都快四十了，那个时候的苏东坡也已经十二岁了，作为父亲，不仅没有世俗上的功名，还长年不着家。如果我们从这个角度上看，苏洵实在算不得传统意义上的好父亲。

但为什么我说苏洵对苏东坡而言，还是很重要的呢？

因为童年苏东坡的初始格局和胸怀，主要是父亲奠定的。

苏洵当年东出巫峡，西越秦岭，登峨眉，游荆州，访京城好友，与士大夫交游，每次回到家以后，总会给苏轼、苏辙兄弟俩讲外出的见闻。

我们可以想象一下，稚气未脱的两个小孩，在白墙黑瓦下，听父亲讲外出的故事，描述这个小城之外的风景……苏洵有一首诗特别好，叫《忆山送人》，他讲述了自己外出的所见所闻：

少年喜奇迹，落拓鞍马间。
纵目视天下，爱此宇宙宽。

我每次看到这首诗开头的这四句，就会想到苏东坡《赤壁赋》里的"寄蜉蝣于天地，渺沧海之一粟"，虽然人的肉身之于天地而言是非常渺小的，但我们心灵却可以装得下整个宇宙。

苏东坡早年送别自己的朋友去京师之前，给他写了一首诗《送宋君用游辇下》，里面也说：

赖尔溪中物，虽困有远谋。
不似沼沚间，四合狱万鲰。
纵知有江湖，绵绵隔山丘。
人生岂异此，穷达皆有由。

要超越小溪，去往大江大海，哪怕前路蜿蜒曲折，也可以尽享人生穷达。

那种开阔自由的胸襟，那种对世界的热爱和探索，是父亲早年给他种下的一颗种子。

我不相信一个视野狭隘的父亲，能养出一个心胸辽阔的孩子。

苏洵对苏东坡的影响还不仅仅是让他明白世界之大，更赋予

他生命意义和精神层次上的双重广阔。

我们刚说到，苏洵三十九岁那年做的一个非常重要的决定，就是烧掉自己之前写的文章，然后不再参加科举，关起门来潜心研究学问。这是非常大胆而有魄力的一个举动。

你想，他都快四十岁了，苏东坡四十岁时写的词，都已经是"老夫聊发少年狂"，在当时，四十岁已经是"老夫"了。

打个不太恰当的比喻，就相当于我高考考了很多年，就是没考上，一直到人过中年还没找到工作，然后我决定，四十岁归零，人生从头再来，读书人要过的这一关我不走了，我要自学成才。

这得有多大的魄力啊！

苏洵用了五六年的时间，潜心研究六经和百家学说，考证古今太平与动乱、成功与失败，以及圣贤们的出仕与入仕，吸收涵养，得其精华，所以我们看他后期的那些文章，包括我们语文课本里学过的《六国论》，且不深究他的政见如何，在论兵、论战、论人才、论治国方略上，我们单看他的那种胸襟和气魄：以布衣之身，谋天下之事，从欧阳修到张方平到雷简夫，都赞叹不已，说他堪称王佐之才、帝王之师。

我们知道苏轼、苏辙兄弟俩是科举路上出来的，但他们的父亲没有走这条路，却也在学术上获得了同样的成功。

他用自己的经历，向孩子们展现了人生的另一种辽阔。

我每次看苏东坡的文章，不得不说，他有很多的洞见。可能一部分来自他的天赋，但我认为还有相当一部分来自他的父亲。

我们看苏洵的很多文章，他的观点之于那个时代而言，都是非常新颖超前的。

比如当时的主流思想认为，士大夫应该义在前，利在后，要重义轻利，但苏洵不这么想。他的文章《利者义之和论》就认为义和利都要保证，如果只有大义而不满足个体的基本利益诉求，那就是卫道士，最后只会危害国家。所以既要有强烈的道德感，又要有对个体利益的维护，这才兼具了德性和人性。

这个思想深深影响了苏东坡，包括后期他跟王安石政见不合，就是因为他认为，"义"和"利"不是对立的，而应该是融会和谐的。

苏洵这种既有大局观，又有对微观个体的生命关怀的观点，对苏东坡的影响是很深远的。在苏东坡早年的文章里，就已经透出了他对人性丰富的捕捉。

十岁的时候，父亲让他写《夏侯太初论》，他说："一个勇敢的人，有勇气摔碎价值连城的美玉，却很可能被瓦盆的破裂声吓一大跳；敢于和猛虎搏击，却可能在野蜂毒蝎面前惨然失色。"

> 人能碎千金之璧，不能无失声于破釜；能搏猛虎，
> 不能无变色于蜂虿。

我们今天说苏东坡可爱，就是因为他是一个真实的"人"，是"真人"而非"圣人"，他身上有"人"的特质，很丰富，很鲜活。而这个初始的个性，和他的父亲是绝对分不开的。

在今天眉山的三苏祠里，有一个木假山堂，据说当年那个木假山是苏洵用昂贵的貂裘从一位溪边钓鱼翁那里换来的。天然的

楠木形成了逼真的三座山峰，苏洵很喜欢，把它摆在家里，还写了一篇《木假山记》。

它就跟《庄子》里头提到的大树一样，看起来没用，但无用之用，方为大用。它的姿态，象征着一种不卑不亢的人格，一种正直高洁的情操。

我们看苏轼和苏辙这一生在浮沉之中所体现出来的品格，真的一点都没有辜负他们的父亲。而他们的父亲虽然只活了五十八岁，真正陪伴他们的时间也只有不到二十年的人生后半程，但，他把自己活成了一座山峰。

他给他年幼的孩子们种下了一颗对世界充满好奇的种子。他带着他们走出这座小城，从岷江出发，去拥抱更广阔的天地。他也用自己的格局、眼界、胸怀、洞见，给予孩子心灵空间的丰富和精神世界的辽阔。

他只需要把自己活到极致，这两个优秀的孩子便会永远记得，父亲是他们的第一个英雄。

四　母亲程夫人——为什么她叫程夫人，而不是苏夫人

一个家庭的精神支柱，是母亲。

一门三父子，都是大文豪，苏洵、苏轼和苏辙是怎么做到的？

除了前面说的家风，我觉得还有一个非常重要的原因，就是因为这三个男人的背后，站着同一个女人，一个特别了不起的女人。她是苏洵的妻子，苏轼和苏辙的母亲——程夫人。

如果你今天去四川眉山，会发现眉山有四大主题公园，苏洵、苏轼、苏辙各自一个，第四个就是程夫人的。而且很有意思，你看人们叫她程夫人，而不是苏夫人。

这些都证明了，即便在那个封建的时代里，她也有着超乎她丈夫和孩子的，能独立被人铭记和赞颂的品质。

按照司马光给程夫人写的墓志铭来看，程夫人家境是很好的。她是眉山巨富、大理寺丞程文应的女儿，十八岁嫁给了苏洵。当时程家很富有，苏家就很一般。至于程家到底是怎么看上苏家的，是不是像司马相如和卓文君那样，我查了很多资料，都没找到确切的记载。

我猜测，可能是因为眉山苏家的确有很好的家风，在当地非

常有名望和影响力，要不然程家怎么愿意把女儿嫁给并不富裕的苏家？没道理啊，程家又不傻。其中，一定有比财富更被人看重的东西，那很有可能就是这个家的家风和名望。

程夫人嫁过来以后，因为娘家很有钱，很多人猜测她会不会因此傲慢。结果完全没有，她不仅不傲慢，也不埋怨。有人问她："你家里这么有钱，凭借你爸妈对你的疼爱，假如你去找他们资助，应该不会不答应。为什么你甘心跟着苏家过苦日子呢？"

她说："是的，如果我去请求父母，他们的确会答应。但我不想让人觉得，我丈夫是个向别人求取财物来养活妻儿的人。"

这跟卓文君就完全是不一样的境界了！

你还记得吗？卓文君当年跟司马相如结婚以后，两个人也是穷得叮当响，他们是怎么做的呢？开一家酒店，卓文君当街卖酒，司马相如则穿着大短裤在跑腿洗碗，而且还大张旗鼓地让人知道。卓文君的"土豪"爹最后脸上挂不住了，只好分给他们家奴一百人，钱一百万，还有其他嫁妆一大堆，让他们实现了一夜暴富的愿望。

相比之下，程夫人就显得独立很多。她嫁人后就几乎没从家里拿过钱。

那么问题来了，他们夫妻俩怎么过生活呢？

可能我们会想：啊，那就靠老公努力呗。

倒霉的是，程夫人遇到的这个老公，苏洵，在当时简直是个"废柴青年"。

我们来看看苏洵的简历：

八岁，开始读书，学习断句和作诗文，还没学会，就直接放弃了。

八岁到十九岁，立志当少年"旅行博主"，拿着老爹给的钱，到处旅游和交朋友。

十九岁，娶了老婆，就是程夫人。

二十岁，程夫人生了一个女儿，但是孩子不久就夭折了。这个时候，苏洵还是"吊儿郎当"。

二十四岁，苏洵的母亲病故。苏洵……还在"吊儿郎当"，不读应试书，也没工作。

二十五岁，程夫人生了第二个女儿。欸，苏洵开始有点想要读书的感觉了。

二十六岁，程夫人生了大儿子景先。苏洵想要读书的感觉似乎不太强烈……

二十七岁，程夫人又生了一个女儿，八娘。天哪，程夫人一直在生。

二十八岁，程夫人又生了一个儿子，就是苏东坡。

也是这一年，苏洵入京参加礼部贡举科考，然后落榜了。

他开始痛自检讨，然后翻开自己的旧作，发现：天哪，我写的都是什么！

一把火烧了！然后立志，从今以后，要闭门谢客，好好读书！

啊，你会说，苏洵终于开化了！程夫人苦尽甘来了吧！

我们来看司马光给程夫人写的墓志铭。

苏洵慷慨激昂地跟她说："老婆，我想通了！我觉得我自己还是可以发奋读书的！我决定要花好几年去读书了！但是全家依赖我生活，如果我去读书，没钱养家怎么办？"

我们设身处地地想一下：两个人结婚快十年，我从嫁进门就没过过一天好日子，我舍弃了我的富家生活，为你操持家务，为你生了一堆孩子，你啥也没干，不读书，也没个正经功名，十年后你觉醒了，说要读书了，然后说你不养家了，问我怎么办？！

换作是我，我肯定说："滚！"

可是你看程夫人怎么说："我很早就想说这个事了，只是不想让你认为，你是因为我才去求学的。你如果有志向的话，那就让我来养家吧！"

这两句话里太有大智慧和力量了。

她说的是：我很早就想和你说，但我没说，我不希望你因为我才读书。

如果是平常夫妻，一定是：你怎么还不怎么怎么样，我怎么这么倒霉嫁给你，你就算为了这个家，也应该怎么怎么样！

但她没有。即便她想说这句话很久了，也只是在等他开口，等他自己愿意。她不希望强加自己的任何意愿给对方。

看到这里，我想你可能会觉得这个女人太傻、太隐忍、太软弱了吧？

可就像我们前面说到的，苏洵的爸爸，苏序老爷子，也是这样"纵而不问"的。

我相信，无论是苏老爷子还是程夫人，他们一定是看见了苏洵"吊儿郎当"的背后，那种性格的底色，那个宏大的志向。他们相信这块顽石磨砺之后，会是一块宝玉，所以他们愿意等待，愿意给出巨大的空间。

如果说，程夫人对丈夫一点怨言都没有，我想，可能太过理想化了。但有一点至少是非常了不起的，那就是：

哪怕你这个时候才幡然醒悟，找到你人生的动力，我都愿意给出我的接纳、我的支持。

并且，是行动上的支持。

没人养家，我来养。

而且，程夫人绝对不傻，也绝对不软弱。没几年，人家居然真靠做生意成了一个富裕的家庭。甚至，苏家在纱縠行的宅子，还是程夫人赚钱买下来的。

此等女子，的确是天下难找。

当苏洵几年之后成了大儒，又去当"旅行博主"，到处结交"大V"了，程夫人也没有任何怨言，甚至承担起了教子读书的责任。

她跟苏轼、苏辙兄弟俩说："你们读书，不应该只是效仿同辈人，只知道自己是个读书人。"

她希望他们能有更宏大的志向、更坚毅的内心。

她常拿一些有名节的古人来勉励他们。

《宋史·苏轼传》里讲过一个故事，说程夫人有一次跟苏东坡兄弟俩讲《后汉书》里的《范滂传》。范滂为人正直，为百姓谋福，但因为卷进东汉末年的党锢之祸，被人诬陷致死。临刑前，他去跟母亲告别，说："儿子今天要离开您了，希望您老人家不要过于悲伤。"

范滂的母亲擦干眼泪说："人都是要死的，名誉和长寿，二者不一定能兼得，你今天选择了名誉，获得了一个好名声，我还有什么好悲伤的呢?"

程夫人讲完这个故事,合上书本,不禁慨然叹息。

这个时候,苏东坡问了他母亲一句话:"母亲,我想成为范滂那样的人,可以吗?"

程夫人说:"你能做范滂那样的人,我难道就不能做范滂母亲那样的人吗?"

好一个侠肝义胆、有气量有心胸,也有承载力的母亲!

我们在苏序篇里讲到,这个家族身上,好像没有匮乏感,不仅自己多余的东西,可以随手散出去,而且所有的便宜,一概不占。

我们说到苏杲不占房子降价的便宜,其实苏东坡母亲也是一样的。

当年,程夫人在纱縠行开布帛铺子的时候,发生过一件事。两个丫鬟熨烫布帛时,踩陷了地面,陷洞深数尺,往洞里一看,有一个罐子,罐子上盖着一块乌木板。乌木是名贵木材,所以大家猜想,罐子里多半有宝贝。丫鬟正要打开的时候,苏东坡的母亲程夫人及时喝止了她们。她让人把东西重新埋回去,说:"这不是属于苏家的东西,谁都不准去挖。"

苏东坡就很好奇,到底是什么,想打开看,可想到母亲不让,就没敢动手。

后来,他任凤翔府签判,遇到了同样的事。他在自家院子里发现一棵下雪天却不积雪的大柳树,怀疑树底下是古人藏丹药的地方,正想挖开证实一下,可是他的妻子王弗却说:如果婆婆还健在，一定不会挖开的。"

这轻描淡写的一句话，就让苏东坡惭愧不已。

他把这个故事记录了下来，警醒自己，勉励后人。

一直到很多年以后，苏东坡写《赤壁赋》，里面有一句非常经典的话：

> 且夫天地之间，物各有主，苟非吾之所有，虽一毫而莫取。

他知道，天地之间，万物各有主宰者，不是我们应该有的，即使一分一毫，也不能求取。

这些根植在他内心的性格，其实是他的祖辈，他的原生家庭，以身作则流传下来的品质。

程夫人的故事讲完了，说到这里，我们可能会觉得，这种识大体明大义的女人，几乎不可能找得到，甚至会觉得，不说别的，先给我来个同款儿子，再来个潜力股老公，我也能活成程夫人这样！

但这样想的话，或许有些因果倒置。如果我们今天去深究三苏为什么能成为三苏，除了他们本身就有极聪慧的头脑，又继承了很好的家风，其实还有一个很重要的原因，那就是他们背后站着一个极有承载力的女人。

这个女人从来不想：凭什么该我承受这么多？她也从来不说：你为什么不能为了我怎样怎样？她这辈子只做了一件事，就是承托。承托她的丈夫，她的孩子，她的家。

我们今天讲女性独立，的确有一种方向是，女人应该要有事业，要变强，甚至要比男人还强，这是一种刚性的力量，有其好的一面。

但我在想，是不是也有另外一种选择，是有人愿意做那个柔软的力量、承托的力量。就像是土壤承托大树那样，给大树源源不断生长的动力和养分。

即便她并不站在台前，并不像大树一样耀眼，但人们依然会忍不住赞叹，既赞叹大树伟岸的身躯，也赞叹大树脚下的土地。

我想，这才是她之所以叫程夫人，而不叫苏夫人的缘故吧。

五　弟弟苏辙——有这样一个弟弟，一生都不会孤独

> 比血缘更亲的，是心缘。

要讲苏辙了。

明明唐宋八大家苏家有三位，但风头好像都被苏东坡一个人占了。实际上，苏辙的光芒一点都不逊色于哥哥。

当年兄弟俩进京赶考的时候，父亲苏洵专门带他们去拜访了当时成都的主政官张方平，张方平出题考了两兄弟，然后评价：

> 皆天才，长者明敏，尤可爱；然少者谨重，成就或过之。

他说中了，弟弟苏辙最后在政治上取得的成就真的比哥哥要高。

宋哲宗时期，苏辙从一个小县令当到尚书右丞、门下侍郎，相当于副宰相。南宋何万在《苏辙覆谥议》里写到，他为政期间，上能安邦定国，使朝廷有贤臣，边境得太平；下能一心为民，使百姓安居乐业，君子交相称赞。

其实苏东坡也一直觉得弟弟的文采要比自己好，只是弟弟比

较低调，所以世人总是误解，说弟弟不如他。

这句话也得到了苏东坡的学生秦观的认同，他说："我觉得老师说得对。"

就是这样一位才干和文采都不输给哥哥的苏辙，却甘愿为了哥哥遮敛自己的锋芒，做哥哥坚定的追随者。

你看他们的字：

左边这张是苏东坡的，右边那张是苏辙的，像不像？

连字都能看到哥哥的痕迹。

网上总结苏辙的一生，就三个字：捞哥哥。

其实挺准确的，形容得也很有趣。但如果我们把这三个字展开来说，这对兄弟的情感其实是非常动人的。

▶《归安丘园帖》
[北宋] 苏轼　台北"故宫博物院"藏

从出生日期来看，苏东坡是 1037 年 1 月 8 日，苏辙是 1039 年 3 月 17 日，他们真实的年龄差只相差两岁多。

苏辙从小就跟在苏东坡屁股后面玩。他们和外婆家的表兄弟们一起爬到树上去摘橘子，到山上捡松果。他跟他哥读同一个学堂，后来也跟他哥一起，在家接受父亲苏洵的教育。他们跟着父亲出川进京，参加科举，同榜登科，四年后又同样参加制科考试，名动京城。

在人生前二十多年的时间里，这对兄弟一直形影不离，直到制科考试之后，苏东坡接到去陕西凤翔赴任的诏令，这对兄弟才第一次经历了别离。

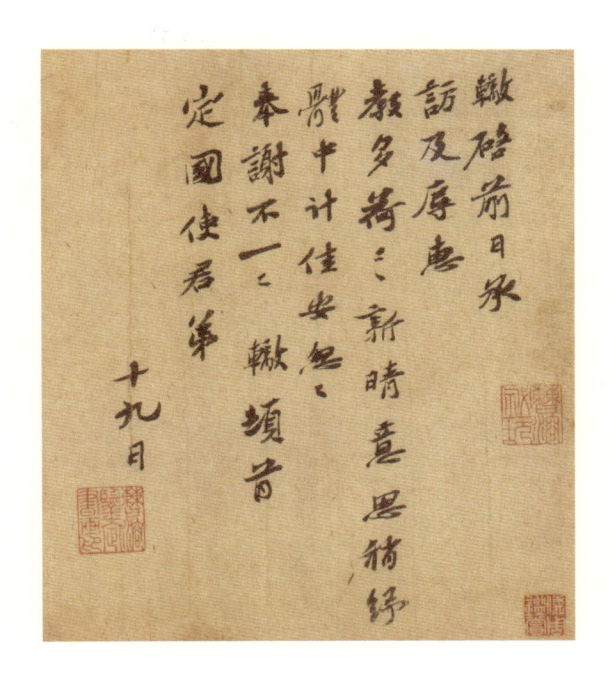

《苏辙致定国使君尺牍》
[北宋] 苏辙　台北「故宫博物院」藏

明明是仕途的开始,苏东坡却怎么也开心不起来。他骑着马,视线跟着马的行走高高低低地摇晃,他回头远远地看着弟弟苏辙,弟弟的帽子在他视线里,好像也高高低低地若隐若现着。

他用一首诗非常深情地记录了这一次别离,这首诗也开启他们兄弟之间几十年的通信。

他在诗里对弟弟说:我惦记着你这么冷的天还穿得这么少,大晚上自己骑马回去,不知道会不会冻着。我知道人生总有离别,只是害怕白驹过隙人世无常,不知道什么时候我们才可以实现一盏寒灯、夜雨对床的承诺?君知此意不可忘,你千万不要忘了呀。

辛丑十一月十九日,
既与子由别于郑州西门之外,马上赋诗一篇寄之

不饮胡为醉兀兀,此心已逐归鞍发。
归人犹自念庭闱,今我何以慰寂寞。
登高回首坡垄隔,但见乌帽出复没。
苦寒念尔衣裘薄,独骑瘦马踏残月。
路人行歌居人乐,童仆怪我苦凄恻。
亦知人生要有别,但恐岁月去飘忽。
寒灯相对记畴昔,夜雨何时听萧瑟。
君知此意不可忘,慎勿苦爱高官职。

自注:尝有夜雨对床之言,故云尔。

夜雨对床，这个典故出自唐朝诗人韦应物的诗句，说的是感情深厚的亲人重新相聚，哪怕外面风雨交加，也能安心对床而眠。

　　这也是他们兄弟俩在制科考试之前，寓居在京城的怀远驿时，在那个风雨大作的夜晚，在那个他们都还前途未卜的时刻，彼此许下的约定：**功成身退，夜雨对床**。

　　从此，这个承诺贯穿了他们之间几十年的通信，宦海沉浮，人世沧桑，他们始终如一。

　　如果我们翻开苏东坡的人生轨迹，就会发现他仕途中大部分的时间都是被外放做官的，而每换一个地方，他总要绕道，挤出时间，去看望弟弟。

　　虽然聚少离多，但兄弟之间的通信却一直没有中断过。子由是苏辙的字，苏东坡一生光是以"子由"为题的诗词，就超过了一百首，更不用说还有往来的文章、信札等。

　　这些文字里，有直接的思念——《颍州初别子由二首（其二）》：

　　　　近别不改容，远别涕沾胸。咫尺不相见，实与千里同。

有新发的感悟——《论修养帖寄子由》《与子由弟十首（其二）》：

　　　　任性逍遥，随缘放旷，但尽凡心，别无胜解。以我观之，凡心尽处，胜解卓然。
　　　　如人饮水，冷暖自知。死生可以相代，祸福可以相共，惟此一事，对面相分付不得。

有很多琐碎的事，比如我最近做了什么菜——《与子由弟十首（其七）》：

> 骨间亦有微肉，熟煮热漉出（不乘热出，则抱水不干）。渍酒中，点薄盐炙微燋食之。终日抉剔，得铢两于肯綮之间，意甚喜之。如食蟹螯，率数日辄一食，甚觉有补。

有什么酒的配方，还有一服药很管用我写给你——《寄子由三法·藏丹砂法》：

> 草药是覆盆子，亦神仙所饵。百日熬炼，草石之气，且相乳入。每日五更，以井华水服三丸。服竟，以意送至下丹田，心火温养，久之，意谓必有丝毫留者。积三百余服，恐必有刀圭留丹田。致一之道，初若眇昧，久乃有不可量者。兄老大无见解，直欲以拙守而致神仙，此大可笑，亦可取也。

还有我什么时候会去看你，你什么时候要来看我……

甚至，当苏东坡第一次外放杭州，当了杭州通判以后，三年都没有调动，却因为苏辙任职济南，他便上书朝廷，请求调任密州，原因仅仅是这样可以离弟弟近一点。

刚到密州的时候，苏东坡非常不习惯，因为各方面物质条件都比不上原来在杭州的时候。几年后，他把一座废弃的高台重新修建了一下,要起名时,就写信给弟弟,说:"这个名字你来起。"

苏辙为此专门写了一篇赋,在序言里引用了老子的话:"虽有荣观,燕处超然。"

就叫它"超然台"吧。

苏东坡有一篇很有名的《超然台记》,讲的就是"超然"二字对他人生境界的升华。不得不说,弟弟苏辙,是懂他的。

密州的时光,是苏东坡人生前半段文学创作的一个小高峰。"十年生死两茫茫""老夫聊发少年狂""且将新火试新茶。诗酒趁年华",包括我们都非常熟悉的,那首专门写给弟弟苏辙的千古名词《水调歌头(明月几时有)》,都集中创作于密州时期。

可惜好景不长,苏东坡调任湖州以后,乌台诗案就发生了。

那是苏东坡第一次感觉自己离死亡这么近。

诟辱通宵,一百三十天暗无天日的牢狱之灾,在那个最绝望的时刻,他想起的人,还是弟弟。

他托狱卒把自己写的两首诗带出去给弟弟,第一首读来真是字字泣血:

予以事系御史台狱,狱吏稍见侵,

自度不能堪,死狱中,不得一别子由,

故作二诗授狱卒梁成,以遗子由

其一

圣主如天万物春，小臣愚暗自亡身。
百年未满先偿债，十口无归更累人。
是处青山可埋骨，他时夜雨独伤神。
与君今世为兄弟，又结来生未了因。

那一刻，他还记得夜雨对床的承诺。

他对弟弟说：「我可能得先走一步了，我怕你想起这个承诺会独自伤神。今生我们有幸成为兄弟，希望来生能把这份缘再续下去。」

苏辙收到信后，心都要碎了。他上书哀求皇帝，说愿意把自己的官职全部交还，当一个平民，只求能换回哥哥的一条命。

后来的故事我们也都熟悉了。苏东坡大难不死，被贬黄州。但我们不一定熟悉的是，弟弟苏辙也受到牵连，被贬江西。当苏东坡被衙役押着一路往黄州走的时候，他的一家老小十几口人，全都托付给了弟弟苏辙。等苏辙到了江西，安顿好家人，他都来不及喘口气，又得护送哥哥一家老小去黄州。

我们在第二章里讲到，苏辙一行到达黄州的那一天，苏东坡起了个大早，赶到离黄州二十多里地的巴河口去迎接他们。他写了一首《晓至巴河口迎子由》，里面有一句：「余生复何幸，乐事有今日。」劫后重生，亲人复见，这是苏东坡出狱以来最开心的一天。

这对兄弟非常难得的一个点，就是他们的仕途几乎是同进同退的。而且从某种程度上说，苏辙对哥哥的关照，还要更多。

每当哥哥没钱的时候，哪怕自己生活条件也不好，苏辙都会拿出钱来资助哥哥。苏东坡被贬惠州的时候，穷得路费都凑不出来，还是苏辙倾其所有，资助了哥哥七千贯钱。

哥哥是个不拘小节的"热心市民"，每次被贬到一个地方，都要为民办好事，甚至不顾自己已经穷得不行的事实。

他当年在杭州修了个苏堤，后来去惠州的时候，也帮惠州人民修建了个堤。修堤要很多钱啊，当地政府都拿不出来，于是苏东坡就把当年皇帝赏赐的犀带也捐了出来。这还不够，于是他就写信给当时被贬到江西筠州的苏辙，希望弟弟也掏钱出来。不仅如此，他还动员弟媳妇把当时皇帝赏赐的黄金也拿出来。

要知道，苏辙也是穷的，那些财产，几乎就是苏辙一家开销的来源。但是苏辙二话不说，全部捐了——哥哥要做什么，我都支持。

有时候我会觉得，苏辙更像一个哥哥。

在苏东坡被贬海南，即将要过海之前，这两兄弟见了人生中的最后一面。

当时他们酒喝多了，苏东坡的痔疮旧病发作，怎么都睡不着。苏辙也是一夜未眠，他反复吟诵陶渊明的《止酒》诗，劝哥哥戒酒。

后来，苏东坡真的戒酒了。

苏东坡曾经在写给友人的诗里说：

> 我年二十无朋俦，当时四海一子由。

放眼四海，我就只有弟弟啊。

一直到临终，他还在对身边人说：

惟吾子由，自再贬及归，不复一见而诀，此痛难堪。

我唯一的遗憾，就是没见着弟弟，此痛难堪。

北归途中，在写给苏辙的书信里，他把自己的身后事交给了弟弟。

他说："我死以后，丧事从简，不要破费。"

他还在信的最后写了一句话：

千万勿相念，保爱保爱！

苏东坡去世以后，苏辙卖掉了自己的部分田产，不仅资助了哥哥的孩子，而且还把他们一大家人都接到身边，宋人笔记记载"二苏两房大小近百余口聚居"，都住在一起。

多年后，苏东坡生前在海南培养的第一个举人姜唐佐来看望苏辙。当年姜唐佐要去考试前，苏东坡写了一首诗送给他，诗没写完，苏东坡说："如果你考上了，我就把后面写完。"

苏辙看到哥哥留下的诗，放声大哭，写下《补子瞻赠姜唐佐秀才》。

我替我哥把这篇补上。

苏辙为苏东坡写了好几篇祭文，《祭亡兄端明文》《再祭亡兄端明文》，他说：

> 昔始宦游，诵韦氏诗。夜雨对床，后勿有违。

苏辙死后，被葬在了哥哥身边。

他们兄弟在此生结束之后，终于完成了"夜雨对床"的约定。

《宋史·苏辙传》里是这么评价这对兄弟的：

> 辙与兄进退出处，无不相同，患难之中，友爱弥笃，无少怨尤，近古罕见。

这个故事讲完了。我很感动。

苏东坡是幸运的，他拥有这样一位骨肉至亲，亲的不只是血缘，还有心灵。

有这样一个弟弟，一生都不会孤独。

六　苏氏家风——你相信这个世界是有限的，还是无限的

为什么我们现在很需要家风？

还是要有家风。

随着年龄增大，我越来越有这样强烈的感受。

当我们看到这一章节要结束的时候，回顾苏杲、苏序、苏洵、程夫人和苏辙，这四代人身上似乎有一种共同的气质，它们形成了苏家的人格底色。

我想，这个本身就很抽象，但是又真实可感的东西，也许就叫：家风。

有一次，我在朋友中问了一圈，说："你们对'家风'这两个字感兴趣吗？"

结完婚的人说感兴趣，觉得家风很重要。没结婚的人说没感觉，而且觉得这两个字听起来有点老气。

我说："那换种说法，当我们有了孩子，假设某一天我们要离开这个世界了，在这个关键时刻，我们需要留给孩子一句话，让他以后可以更好地活在这个世界上，你建议我跟他说什么？"

有小伙伴跟我说："你跟他说银行卡密码啊！"

是的，钱是很重要。但是钱，也会花光的呀。

就像我们前边讲到苏东坡的曾祖父苏杲的故事，他把多余的钱财都施舍出去了，直到临终的时候，留给儿子苏序的，就是两顷薄田和几间没有修葺过的破房子。

在他看来，如果孩子自己有出息，别人都会亲近他，他也能自己养活自己；但如果没有出息，钱财会花光，即便托付给自己的亲兄弟，也会被扔下不管。

所以，我们到底能留给子女什么呢？

我想，能留下的一定是某种信念感，某种价值观。

其实所谓"家风"，说的就是这个信念感，这个价值观。

它应该是一种精神动力，是一个人活在这世上的立身之本。

那么，培养出一门三大文豪的苏家，他们的家风，到底是什么？

我查过一些资料，甚至看到苏氏有一脉后人，曾经写过非常长的一段关于苏家家风的论述，比如乐善好施啊，忠君爱国啊，用了很多这种具有共同价值的词。但我总觉得，这些都还不够深刻。

家风不仅仅是一种行为，而且是潜藏在这种行为背后的，一个更底层的价值理念，是他们看待这个世界的态度。

正因为他们内心根植这样的价值观，所以他们才会做出这样的动作。

比如说"乐善好施"。这四个字看起来好像只是一个行为，似乎也并不难做，但是要从心里认可这个动作，并且由心而发地去做，却是极难极难的。

我们在本章苏序那一节里讲到，苏杲和苏序对贫苦百姓的接济。

苏杲是赠予，并且做好事不图名声，这已经很了不起了；但苏序，用了一种更加具有平等心的方式——他用很低的价格把田地卖给挨饿的穷苦人，并且拒绝别人的偿还。他说："我当时卖给你，不是为了接济你，只是我有自己的考虑。"这就让被接济的人内心没有愧疚感，维持了对方的体面。

所以，即便是"乐善好施"这四个字，不同的发心也会有不同的境界。

到了苏东坡这一代，就做得更洒脱了。老一辈们是把自己多余的钱财散出去，而苏东坡，是即便自己没有钱财，都会想尽各种办法来帮助别人。

苏东坡被贬黄州那几年里，当地有一年暴发了瘟疫。有个叫巢谷的老乡，刚好来黄州看他。巢谷有一剂"圣散子"药方，对治疗这个传染病很有用。巢谷本对这个药方秘而不传，只因与苏东坡是至交，才把这个方子告诉了他，并且要他指着江水发誓，说不可以透露给任何人。

苏东坡发誓了。可是眼看着瘟疫越来越严重，苏东坡耐不住了。他不顾自己曾经发过的誓言，把这个方子公布了出来，救了很多人。后来苏东坡主政杭州，在杭州发生瘟疫时再次拿出这个方子，他在文章里写：

> 圣散子主疾，功效非一。去年春，杭之民病，得此药全活者，不可胜数。

包括被贬惠州的时候，他也发挥了自己治水大师的才能，帮惠州西湖修了两桥一堤。他甚至还改进了广州城的供水计划，写了一份非常完整的方案，包括修建方法、修建预算、初期经费来源、运营经费来源、维修方法等等。

他把这份完整的方案告诉了当时的广州太守。

惟蒲涧山有滴水岩，水所从来高，可引入城，盖二十里以下尔。若于岩下作大石槽，以五管大竹续处，以麻缠之，漆涂之，随地高下，直入城中。又为一大石槽以受之，又以五管分引，散流城中，为小石槽以便汲者。不过用大竹万余竿，及二十里间，用葵茅苫盖，大约不过费数百千可成。然须于循州置少良田，令岁可得租课五七千者，令岁买大筋竹万竿，作筏下广州，以备不住抽换。又须于广州城中置少房钱，可以日掠二百，以备抽换之费。专差兵匠数人，巡觑修葺，则一城贫富同饮甘凉，其利便不在言也。

每竿上，须钻一小眼，如菉豆大，以小竹针窒之，以验通塞。道远日久，无不塞之理。若无以验之，则一竿之塞，辄累百竿矣。仍愿公擘画少钱，令岁入五十余竿竹，不住抽换，永不废。僭言，必不讶也。

有钱全出，没钱出力，即便自己已经不在其位，依然是"热心市民"。

前几篇，我们可能只讲到了苏东坡和他的家人做了很多好事，但为什么他们都这么热衷于给予和奉献呢？那个背后的信念是什么？

我后来发现，那是一种"打开"的能量。

这里面其实涉及一个很关键的问题，就是你看待这个世界的角度：

你相信这个世界是有限的，还是无限的？

这是两种不同的观念。

如果你觉得这个世界是有限的，那相信的就是"丛林法则"。丛林意识，是比较，是争夺，是弱肉强食的游戏，你得捂着自己，保护自己的东西不被别人抢走。

但如果你相信这个世界是无限的，那就是"花园法则"。花园意识是开放，是自我欣赏与相互欣赏，是允许生命的多样性。

而苏东坡这一家，你会看见他们的能量阀门是敞开的，当你给予出去，那个能量自然流动起来，而这个时候散出去，也是为了腾挪出位置，让别的好东西进来。

比如，这个世界的温暖和善意。

所以，苏东坡才会觉得"岭南万户皆春色，会有幽人客寓公"。

他才会觉得"眼前见天下无一个不好人"。

于是，我们才会看见他在《赤壁赋》里说：

> 且夫天地之间，物各有主，苟非吾之所有，虽一毫而莫取。

天地万物各有主人，我们没有拥有权，哪怕是我们的财富，也仅仅只是此刻属于我们，不是我们永远能拥有的。

但是——

> 惟江上之清风，与山间之明月，耳得之而为声，目遇之而成色，取之无禁，用之不竭，是造物者之无尽藏也，而吾与子之所共适。

这些都是造物者恩赐的无穷无尽的宝藏啊！我们虽然没有拥有权，我们无法拥有，但此刻，我们可以尽情享用。

我想，正是因为相信这个世界是无限的、开放的，正是因为这个底层的信念，才让苏家人如此没有匮乏感。多余的钱财，散出去；能帮助这个世界的能力，用出来。

苏家这几代人，收获了太多的尊敬、善意、友好、欢乐，这是比财富、田地、功名更珍贵的东西，是拥有它们都换不来的幸福感。

我想，这就是"人生缘何不快乐，只因未读苏东坡"的缘故。他的快乐，是开放的，是活泛的。

我想，这才是他们家的家族信念，是根植在他们内心、发散到他们行为里的东西。

所以说，家风可能真的不是某一种行动，或者束之高阁、写在墙上的口号，而是一种底层的价值观，这样它才能成为一个家族代代传承的立身之本。而随着我们的后代不断地去践行它，慢慢地，它会成为这个家族的魂，成为这个家族的血统，成为这个家族的精神图腾。

在本章结束之际,我有个小问题想问你。

其实,也是在问我自己——

如果今天,你要给你的下一代写一句话,它能成为你们家的家风,能成为你的孩子在这个世界上的立身之本,那么,你会写什么?

资料出处：

1. ［北宋］苏轼《范文正公集叙》《初发嘉州》《南乡子·和杨元素》《梦南轩》《和陶〈郭主簿〉其一》《寄蔡子华》《苏廷评行状》《送宋君用游輦下》《夏侯太初论》《记先夫人不发宿藏》《赤壁赋》《答张文潜县丞书》《辛丑十一月十九日，既与子由别于郑州西门之外，马上赋诗一篇寄之》《颍州初别子由二首（其二）》《论修养帖寄子由》《与子由弟十首（其二）》《与子由弟十首（其七）》《寄子由三法·藏丹砂法》《予以事系御史台狱，狱吏稍见侵，自度不能堪，死狱中，不得一别子由，故作二诗授狱卒梁成，以遗子由》《与子由弟·北归》《圣散子后叙》《与王敏仲》
2. ［北宋］苏洵《族谱后录下篇》《忆山送人》《上欧阳内翰第一书》
3. ［北宋］苏辙《超然台赋》《祭亡兄端明文》《再祭亡兄端明文》
4. ［北宋］欧阳修《故霸州文安县主簿苏君墓志铭并序》
5. ［北宋］张方平《文安先生墓表》
6. ［北宋］雷简夫《上张文定书》
7. ［北宋］司马光《武阳县君程氏墓志铭》
8. ［北宋］何薳《春渚纪闻》
9. ［北宋］秦观《答傅彬老简》
10. ［南宋］何万《苏辙覆谥议》
11. ［元代］脱脱等人《宋史·苏轼传》《宋史·苏辙传》

151

第四章

感慨

三段情感，加起来
就是完美的亲密关系

引子：爱情、生活、精神，在这三段亲密关系里你都得到了

苏东坡的生命里，有三个重要的女人。

王弗、王闰之、王朝云。

王弗是他的第一任妻子，十六岁的时候嫁给苏东坡，二十七岁就去世了。她陪伴东坡度过那青春年少、意气风发的时光，以至于她过世十年后，苏东坡依旧难以忘怀，在密州的寒冬深夜里，写下那首感天动地的悼亡词《江城子·乙卯正月二十日夜记梦》。

王弗去世以后，苏东坡在家人的安排下，娶了她的堂妹，同为青神人的王闰之。她陪伴苏东坡的时间最长，从苏东坡三十三岁到五十八岁——这也是他人生中经历最多坎坷和繁华的岁月：从他回到京城，因反对王安石变法而被外放开始，她陪着他辗转杭州、密州、徐州、湖州。在惊心动魄的乌台诗案之后，王闰之用母亲一般的坚韧和温情，抱持着黄州低谷期的苏东坡。而等到苏东坡重回朝堂，迎来政治生涯最辉煌的时刻，王闰之却撒手人寰了。

中年丧妻，他仿佛失去了人生的一大支柱。幸而，侍妾王朝云的不离不弃，以及知心的关怀、安静的守候，让暮年的苏东坡，有了精神的依托。

对一个人而言，年少时有爱情滋养，中年时有生活支撑，晚年时有精神陪伴，已是老天最大的眷顾。

那么，这三段感情，对他而言，有何不同？

她们，又是如何成就苏东坡的？

一 发妻王弗——我不经常想起你,但我从没有一刻忘记

刻骨铭心的爱情,其实很平淡。

江城子·乙卯正月二十日夜记梦

十年生死两茫茫。不思量。自难忘。千里孤坟,无处话凄凉。纵使相逢应不识,尘满面,鬓如霜。

夜来幽梦忽还乡。小轩窗。正梳妆。相顾无言,惟有泪千行。料得年年肠断处,明月夜,短松冈。

苏东坡的这首词是写给结发妻子王弗的。

她陪伴苏东坡的时间其实很短,十六岁嫁给他,二十七岁就去世了。在她去世十年后,一个寒冷的冬夜里,苏东坡梦见了她。

我们要注意,这首词的题目是《江城子·乙卯正月二十日夜记梦》。苏东坡写过很多关于记梦的词,光"梦"这个字就在他的诗词里出现了上百次,但在题目上这么清楚地记下是哪年哪月哪日梦的,却很少见。

可见这个日子，对苏东坡来说很重要。

这是 1075 年，苏东坡四十岁了，他对亡妻说：

十年生死两茫茫。

生死两别，我们之间隔着茫茫十年的悠长时光。

不思量。自难忘。

我不经常想起你，但我从来没有忘记。

王弗被埋葬在苏东坡的老家眉山。

她十年前死的时候，是在京城。那年苏东坡刚刚外派回京，在当时的"国家信访局"（登闻鼓院）工作。王弗去世以后，灵柩一直停在京城西门外。没想到第二年，苏东坡的父亲苏洵也走了。于是，他就扶着父亲和妻子的灵柩，回了眉山。

当我看到苏东坡为王弗写的墓志铭的时候，有一种强烈的感受，就是他们之间的感情很平凡。

他们的感情平凡到，好像是因为父亲也去世了，而父亲生前又有交代"你媳妇和你同甘共苦，以后不能忘了她，要把她葬在你母亲墓旁"，苏东坡这才遵从了父亲的指示，把妻子的灵柩也运回去。

整段墓志铭里，苏东坡情感最悲痛的地方，描述的却不是自己和王弗的感情，而是："你能在九泉之下跟着咱们的母亲，我却没有这种机会!呜呼哀哉!"

所以我一度不能理解,如果情感这么平凡,为什么他能写出如此情深义重的悼亡诗?

抱着这样的疑问,我去了一趟埋葬王弗的地方,以及她的老家眉山市青神县。

关于他们的相识,史书上没有明确的记载,但是民间还是留下了很多美好的传说。

我去青神的时候,当地人都说,这是苏东坡初恋的地方。

中岩寺有个唤鱼池,据说苏东坡当年在中岩书院学习,他的老师叫王方,就是王弗的父亲。那里有个鱼塘,说人只要拍一拍手,鱼儿就会游过来。但是这个鱼塘没名字,老师就问同学们,说:"谁能给它起个名啊?"

大家就开始争相发表高论:什么藏鱼池啊,引鱼池啊,等等。苏东坡就说:"这鱼啊,很了解主客之乐,唤之即来,挥之即去,就叫'唤鱼池'吧。"

恰好王方的女儿王弗听说了父亲的这个考题,在闺中也派人送来了一张纸条,大家打开一看:唤鱼池。

心有灵犀,天作之合。

这段姻缘,就被后人称为"唤鱼联姻"。

我们都喜欢这种剧本,上天好像在冥冥之中已经牵好了红线。我不知道千年以前,这个故事是不是这么浪漫,只是我看到苏东坡为王弗写的墓志铭里,有这么一句话,说妻子嫁过来以后,他居然都不知道,妻子还会读书。

"刚嫁来的时候,她没有告诉我她识字。她看到我读书的时候，就坐我身边，我读着读着偶尔忘记的时候，她居然都能记得那些内容。我就试探着问了她一些其他的书，她都能答得上来。我这才知道，她是一个聪敏而文静的女子啊。"

所以，这到底是自由恋爱，还是先婚后爱，时光太久远了，没有办法判断。

但有一点我很相信，就是那段时光，应该是苏东坡人生里最热烈、最灿烂，带着诗意和阳光的一段岁月。

十九岁，苏东坡进京赶考前，家里给他办了一场隆重的婚礼。那一年王弗十六岁，正值花季。两个青春洋溢的少年，正要开启他们新一段的人生。

据说，新婚之时，苏东坡写了一首词《南乡子·集句》，就是把古人的诗词摘下来集结成词。虽然不算原创，但是结合得真的很好。那种初尝温柔乡的感觉，再鲜衣怒马的少年，都抵挡不了血气方刚的冲动。

南乡子·集句

寒玉细凝肤（吴融）。清歌一曲倒金壶（郑谷）。冶叶倡条遍相识（李商隐），争如。豆蔻花梢二月初（杜牧）。

年少即须臾（白居易）。芳时偷得醉工夫（白居易）。罗帐细垂银烛背（韩偓），欢娱。豁得平生俊气无（杜牧）。

青春啊，青春真的太美好了。

有一个可以执子之手、与子偕老的爱人，然后就是，走出眉山这个小地方，去京城，见最好的人，让天下看到他的才华。

那个时候，苏东坡波澜壮阔的人生，才刚刚开始。

然后，就是科考卷子让欧阳修等大学士赞叹不已，就是制科入等让皇帝激动地说"朕今日为子孙得两宰相矣"的高度评价，就是一篇新文章出来必定全城传颂的红极一时，就是——一朝成名天下知。

古人说人生有四大喜，那时苏东坡就占了两样：洞房花烛夜，金榜题名时。

所以当时的苏东坡得有多狂啊，看不惯的人就直接写文章去"问候"，看不惯的事就一次一次给皇帝上表说出来。

那几年里，王弗跟着苏东坡，偶尔还会劝劝他。

苏东坡在给妻子的墓志铭里说，她有的时候会在屏风后面听他们聊天，然后等苏东坡回来以后，会复述他们的话，还会给出她的建议：

这个人太有偏见，你的意见本来就是正确的，为什么还要跟他们讨论呢？

这个人这么快就跟你称兄道弟了，明显就是对你有所求，来找你套近乎的，这种人不能成为长久的朋友。

苏东坡说，妻子的话，很多都被证实了。

但可惜的是，王弗跟着苏东坡从凤翔回京没多久，就去世了。

在妻子去世后的第二年，苏东坡的父亲也走了。

苏东坡扶着他们的灵柩回了眉山，一年半后离开，这辈子都没能再回去。

于是，在妻子死后第十年，苏东坡写下这样的句子：

> 千里孤坟，无处话凄凉。

这十年里，他也经历了很多。

王安石的新法一出，他就不断给皇帝上书反对。皇帝终于召见了他，想要起用他，可是数次被王安石阻止。

他一上书无门，二无法施展才华，只能被迫远离朝廷，到杭州赴任。而他的老师欧阳修也早已在几年前就离开朝廷，当个闲散官去了。

当年科举，在京城汇集的那一帮才子人杰，早已四散天涯，那个文坛盛世，也早已一去不复返。

苏东坡在杭州待了两年多，又被调到了密州。从那以后，在一个又一个地方流转，就成了他生命的主题。

他在杭州的时候见到了妻弟王缄。当时王缄从眉山去往杭州看他，临回去时，苏东坡依依不舍，写下了一首送别词。

临江仙·送王缄

> 忘却成都来十载，因君未免思量。凭将清泪洒江阳。故山知好在，孤客自悲凉。
>
> 坐上别愁君未见，归来欲断无肠。殷勤且更尽离觞。此身如传舍，何处是吾乡。

王缄的到来勾起了他对往昔无限的思念。那个时候父母还在，妻子也还在。

他说："我何尝不知道故乡的好啊，我在外飘零这么久，也许永远都回不去了。今日送上这离别的酒宴，请你把我的伤心之泪带回家乡，洒向江头凭吊吧！"

苏东坡知道，回不去了。

回不去的不仅仅是故乡，还有时光。

纵使相逢应不识，尘满面，鬓如霜。

即便我现在和你相逢，你也应该不认得我了吧！你离去的时候还是青春年少，而我现在，却两鬓斑白，容颜苍老。

这是整首词里最催人泪下的句子之一。

夜来幽梦忽还乡。小轩窗。正梳妆。

我又见到了你，那时候的你还是那么美好。

多少生死相隔的人，再见面，就只能在梦里。

也只有在梦里，才都是美好的记忆。

相顾无言，惟有泪千行。

这句之所以感动我们，是因为它讲的不仅仅是苏东坡的经历，也是世世代代流传的深沉的爱情。

你还记得《归来》这部电影吗？

陈道明扮演的陆焉识弹起妻子熟悉的旋律，想要唤醒她的记忆。镜头一点点推进，我们看见巩俐扮演的妻子仿佛有所触动。她伸手搭住了陆焉识的肩。陆焉识再也忍不住，开始抽泣起来。

整段没有一句台词。

它用了一段极长的留白，只讲述了一个情景，就是"相顾无言，惟有泪千行"。

九百多年前的苏东坡，和他们也是一样的。

苏东坡在做完了与亡妻重逢的这场梦之后，醒来说：

料得年年肠断处，明月夜，短松冈。

这个时候，我们再回过头去看这首词题目里的日期：正月二十日。

童云扬教授曾经把这首词之后，苏东坡每一首有明确记载的正月二十日的诗歌列了出来。

元丰四年（1081）：

正月二十日，往岐亭，
郡人潘、古、郭三人送余于女王城东禅庄院

十日春寒不出门，不知江柳已摇村。
稍闻决决流冰谷，尽放青青没烧痕。

数亩荒园留我住,半瓶浊酒待君温。
去年今日关山路,细雨梅花正断魂。

元丰五年(1082):

正月二十日,与潘、郭二生出郊寻春,忽记去年是日,同至女王城作诗,乃和前韵

东风未肯入东门,走马还寻去岁村。
人似秋鸿来有信,事如春梦了无痕。
江城白酒三杯酽,野老苍颜一笑温。
已约年年为此会,故人不用赋《招魂》。

元丰六年(1083):

六年正月二十日,复出东门,仍用前韵

乱山环合水侵门,身在淮南尽处村。
五亩渐成终老计,九重新埽旧巢痕。
岂惟见惯沙鸥熟,已觉来多钓石温。
长与东风约今日,暗香先返玉梅魂。

梅花断魂,故人招魂,暗香返魂。

他在思念谁？他没有说。

或许他也不打算说。

据说，当年王弗过世，他在妻子灵柩前烧香写的词，就是这首：

翻香令

金炉犹暖麝煤残。惜香更把宝钗翻。重闻处，余熏在，这一番、气味胜从前。

背人偷盖小蓬山。更将沉水暗同然。且图得，氲氲久，为情深、嫌怕断头烟。

在这首词里，他没有描写任何撕心裂肺的情感，好像只是淡淡地说："我趁着别人不知道，偷偷把沉香木加进了香炉里，只希望香能燃得彻底一点，因为我害怕一个很俗的预言，那就是断头香。"

这句话隐藏的意思是什么？

传说，如果烧了断头香，来生会与亲人离散。

这像是一个不明不白的规矩，或许苏东坡也怕人知道，自己会被这样的俗规所困，所以他只能背着人做，偷偷地做。

而这个傻傻的行为背后，是一腔莫大的深情：他想留下她。

他固执地希望，下辈子，还能再遇见她。

从十九岁刚刚成亲的春风得意，到三十岁事业启航的豪情万丈，那个可以被称为"青春"的岁月里，全都是她。

她就像是他青春里的一张书签，他在怀念她，又何尝不是在怀念那段再也回不来的时光呢？

回不去的她，回不去的爱情，回不去的青春，回不去的故乡，而这竟还隔着生和死两个世界之间一堵冰冷的墙。

韶华易逝已经让人感伤，生死离别更让人痛断肝肠，那是怎样一种追不回的遗憾啊！

为什么这首词能穿越千古感动无数人？

我觉得不仅仅是因为他们两个人的爱。

事实上，我们回看他们之间的情感，其实没有轰轰烈烈，没有感天动地，更多的，只是细水长流的温馨和陪伴。

它之所以感动我们，是因为苏东坡写出了那种，全人类都共有的：失去的遗憾。

不一定是因为这段爱情的波澜壮阔让人刻骨铭心，而是这份永失我爱的遗憾让人刻骨铭心。

二　继室王闰之——撑起苏东坡生活的，最重要的女人

没有生活的苟且，哪有诗和远方的田野？

我曾经特地去眉山青神县，为了找苏东坡生命里的一个女人。一个不那么被大家重视，却对苏东坡而言，我认为最不可失去的人。

那就是他的第二任妻子——王闰之。

其实很多人来青神，是来看苏东坡的第一任妻子王弗的，这里被誉为苏东坡的初恋地，有很多他和王弗的美丽传说。

事实上，他的第二任妻子王闰之，正是王弗的堂妹，同样是青神人。她陪伴苏东坡的时间，其实比王弗要长很多。

但很奇怪的是，我们到青神问了半天，却问不到一个明确记载的、有关王闰之的传说和遗迹。以至于我们想找个跟她有关的地方坐下来说点什么，都找不到。

苏东坡的人生里有过三个重要的女人，第一任妻子王弗，第二任妻子王闰之，还有他的侍妾王朝云。

他为王弗写下的那首千古第一悼亡词《江城子·乙卯正月二十日夜记梦》，是最深情的文字，所以我们都记得王弗。

他曾说"惟有朝云能识我",王朝云就像他的知己一样,他写给朝云的文字也是最多的,所以,我们也都记得王朝云。

唯独王闰之,她陪伴苏东坡二十五年,从家乡到京城,再到外放的杭州、密州、徐州、湖州,陪他走了大半个中国,也陪他度过了那一段最惨最难的黄州岁月,然后又陪他东山再起。

可以说,苏东坡人生最重要的几个阶段,都有她。

可是,她好像被湮没在了历史的尘埃里。我去翻了很多苏东坡文集里的诗词,就没怎么找到专门写给王闰之的,说想她啊,爱她啊,很少很少。

他曾在杭州收到王闰之的信,很开心,于是写了两首词。可是你看这两首词,明面上写的主要还是:好开心啊收到你的信,好怀念啊我的家乡……

减字木兰花·得书

晓来风细。不会鹊声来报喜。却羡寒梅。先觉春风一夜来。

香笺一纸。写尽回文机上意。欲卷重开。读遍千回与万回。

蝶恋花·送春

雨后春容清更丽。只有离人,幽恨终难洗。北固山前三面水。碧琼梳拥青螺髻。

一纸乡书来万里。问我何年,真个成归计。白首送春拼一醉。东风吹破千行泪。

好不容易找到一首直白一点的,写思念王闰之的《少年游·润州作》,但是你看,他却用的是老婆王闰之的口吻,全篇写的是王闰之怎么思念自己。

少年游·润州作

去年相送,余杭门外,飞雪似杨花。今年春尽,杨花似雪,犹不见还家。
对酒卷帘邀明月,风露透窗纱。恰似姮娥怜双燕,分明照、画梁斜。

她好像被夹在了苏东坡日常的文章和诗词里,偶尔提到一嘴,都显得稀松平常。

我就一直不明白,为什么她的存在感那么低?

后来,我专门去找了有关王闰之的资料,坦白地讲,我有点意外。

或许大多数人会觉得,作为北宋"文坛顶流"的另一半,要么沉鱼落雁,要么饱读诗书。

可我在有限的资料里,只看见苏东坡在哀悼王闰之的父亲,也就是写给他岳父的《祭王君锡丈人文》里,简单提及了王闰之的身份。

虽然带着一点自谦的意思，但基本可以判断，王闰之和当时很多青神的其他女人一样，只是一个擅长炊荼采桑的农妇。

　　惟公幼女，嗣执罍篚。恩厚义重，报宜有以。

北宋的女子基本十五六岁就出嫁，王闰之嫁给苏东坡的时候，已经二十一岁了。

可能在外人看来，一个乡下的农妇，嫁给当时已经名满天下、未来仕途看起来一片大好的北宋开国百年第一才子，这段婚姻多少有那么一点不相称。

但我却认为，这个看起来似乎特别普通的女人，恰恰是苏东坡一生中最重要的女人。

让我们回过头去，了解一下他们两个人在生活中相处的点点滴滴。

苏东坡的第一任妻子王弗离世的时候，生下的孩子苏迈只有七岁。幼子需要抚养，苏东坡又是一个忙于大事的人，很需要一个贤妻来帮助他料理家事。而王闰之，就是这样的人。

苏东坡曾经几次在文章里表达，王闰之无论对姐姐王弗生的孩子苏迈，还是自己后来所生的苏迨、苏过，都是一视同仁，皆如己出。

包括他写给王闰之的祭文《祭亡妻同安郡君文》中，也这样写道：

> 呜呼！昔通义君，没不待年。嗣为兄弟，莫如君贤。妇职既修，母仪甚敦。三子如一，爱出于天。

想一想，如果一代文豪家里是鸡飞狗跳的，哪里还有闲情逸致，在事业上开疆拓土，在文学里徜徉游戏呢？

当然，照顾好孩子，只是王闰之作为贤妻，很小的一个面向。

我之所以说，她对苏东坡很重要，很大一个原因就是，如果没有她，苏东坡人生最低谷的那一段岁月，还不知道要怎么熬出来。

在前面的篇章中，我们说到乌台诗案对苏东坡的影响，那个名满天下的才子，那个民众爱戴的"市长"，被人当众像狗像鸡一样驱赶，被关到那个暗无天日的监牢里，然后，诟辱通宵。

那一次，是皇帝要抓他。于是各个州郡的人听闻风声，都来落井下石。他们把载着苏东坡家属的小船围起来，然后开始搜查他的各种文字书籍，企图从中找到只言片语的"罪证"。

王闰之抱着孩子们，被吓得半死。等那些人一走，她怒骂道："这就是你喜欢写书的下场，书让你得到了什么呢，把我们吓成这样！"于是，她把那些书籍文字都拿来烧掉。

"十亡其七八"，就是烧掉了七八成。

也许你听起来会觉得很可惜，王闰之不懂那个文豪苏东坡的情怀。

但是我们回过头想想，那可是生死攸关的大事啊，但凡有一个字让别人抓到了把柄，就是百口莫辩、百身难赎啊！

我看到这一段时，感受到的是一种天然的母性力量。

王闰之一直都隐在苏东坡的后面，但当危难来临，她就像一只老母鸡护着自己的孩子一样，张开翅膀，去守护她的家。

我们也要庆幸的是，王闰之不是一个饱读诗书的人，否则她不可能这么干脆和果断地处理那些丈夫引以为豪的，甚至视为生命的文字。

苏东坡在牢里被关了一百三十天，受尽折磨。

从仲秋被关进去，放出来的时候，已经是萧索的寒冬了。

他最后得到的处罚是贬谪黄州，给个虚职，就地看管。

他是被衙役长途押解，从一个破败的驿道，一路走到黄州去的。没有家人，没有朋友，甚至没有住的地方。对从小不太需要考虑生活琐事的苏东坡来说，他必须长出一种自理能力，好让自己在灰暗的岁月里，能撑得下去。

还好，王闰之来了。

苏东坡的亲弟弟，也是他的人生知己——苏辙，在王闰之死后，为她写了两篇祭文。这是绝无仅有的。这也证明了他对这个嫂子的敬佩和爱戴，以及作为一家主母，王闰之之于苏东坡，甚至整个苏家的重要性。

在其中一篇祭文里，有这么一段话：

兄坐语言，收罥丛棘。窜逐邦城，无以自食。赐环而来，岁未及期。飞集西垣，遂入北扉。贫富戚忻，观者尽惊。嫂居其间，不改色声。冠服肴蔬，率从其先。性固有之，非学而然。

  他说当时的生活破败、阴郁，完全颠覆我们的想象，但是嫂子就像是一家之主一样，扛起了这一切。

  无论是吃穿住行，还是打理家务，她都遵循传统的礼节和先例，以不变应万变。

  苏辙感慨道："她这种处变不惊、坚持原则的品性，似乎是天生的，不是后天学习所能达到的境界。"

  苏东坡这个人很好客，朋友也不跟他客气，那个时候交通又不便利，大家远道而来见他一面，有的时候就直接住在他家了，比如他好朋友参寥子，一住就快一年，也不管人家生活是不是拮据。

  你是挺大方的，说让人住就让人住，但是这一切都得操持啊。背后任劳任怨的人，全是王闰之。

  来到黄州的第二年，依托好友马梦得多番努力，他们终于申请到一块地来耕种。

  有地种，就有粮食吃。

  于是文人苏轼成了农民苏东坡，一家老小开始了农耕生活。苏东坡挥汗如雨地在田间劳作，王闰之就提着瓦罐给他送饭。

  有一次，他们家耕地的牛病了。那是他们家仅存的一头牛啊，没有它，地怎么办呢？

  苏东坡慌了，请了兽医过来，但都医治不了。

  王闰之说："没事，我知道，它是发豆斑疮了，给它喝点青蒿粥就好了。"果然奏效。

  他们的生活是清苦的，田里收了大麦，卖价很低都没人要，只好自己煮。

孩子们说吃起来跟嚼虱子一样,怎么办呢?

于是苏东坡只好发挥他美食研究的特殊技能,把大麦、小豆杂在一起,和着吃。王闰之不仅不嫌弃,而且还大笑着宽慰苏东坡,说:"这就是新式样的二红饭啊!"

在苏东坡那篇非常有名的《后赤壁赋》里,他还说到了一个小细节。

苏东坡带着两个朋友去赤壁游玩,有菜却没有酒,他第一反应就是去找老婆王闰之。

果不其然,王闰之说:

> 我有斗酒,藏之久矣,以待子不时之须。

这原本是一个稀松平常的细节,但是我们细细琢磨,却会发现,这背后其实是一份丈夫对妻子的信任,也是一份妻子对丈夫的懂得。

也许王闰之不一定能理解苏东坡作为文人的那种生命思考,但她一定懂得,他在生活里需要什么样的温馨和润泽。

苏东坡其实是非常依赖王闰之的。

有一次,他的学生晁补之当了扬州通判,刚好苏东坡也要去扬州当太守,晁补之想来迎接他,苏东坡说:"这件事需要回家跟王闰之商量一下。"

> 且须还家与妇计,我本归路连西南。

他在写给友人的信里，对王闰之称赞有加，甚至引用古人的典故，就为了证明自己还好有这样贤惠的老婆，能让他没有后顾之忧。

子还可责同元亮，妻却差贤胜敬通。

在他的诗歌里，对王闰之的称呼，是"老妻"。

我们感受一下这个称呼——老妻，这个称呼，指向的不是风花雪月的诗歌，而是实实在在的生活。

王闰之的故事讲完了。

如果你问我，王闰之对苏东坡来说，到底意味着什么呢？

我觉得也许可以用一个比喻：粮食。

她是苏东坡的粮食，很普通，但是不可或缺。

我们可以离开大鱼大肉，离开有滋有味的菜肴，但我们无法离开粮食。

人吃饱了才会有诗歌。

没有生活的苟且，哪有诗和远方的田野呢？

我突然能理解为什么青神几乎找不到王闰之的遗迹了。因为我们都喜欢往上看，希望追求的是烈火，是颂歌，是浓烈的酒，是华丽的冒险。

可是我们生命里一定会有这样一个人，你以为他对你来说很平凡，你甚至会怀疑你对他的爱是不是足够深刻，但是我们都知道，我们一定无法失去他。

因为他才是你的主食，他给了你根植大地的力量，同时也给了你向上生长的自由。

　　你不会忘记的。

　　所以，青神虽然没有王闰之的遗迹，但青神处处都是王闰之。

三　侍妾王朝云——惟有朝云能识我

红颜易得，知己难求。

人生有一种情感，并不是每个人都能幸运地遇到，那就是知己之情。

很多人说王朝云是苏东坡的知己。

读完他们的故事，我甚至觉得，我无法用任何一种情感去定义他们。

只能说，我好感慨。

走入苏家的那一年，王朝云只有十二岁，苏东坡三十九岁，两个人相差了二十七岁。

朝云是杭州人。

有人说，她是苏东坡在杭州任通判的时候，在一场宴会上认识的歌女。甚至有人说，朝云托生青楼，是名妓，苏东坡看了很喜欢，就将她收为侍女。

但是我找了宋人所撰的苏东坡年谱，没有这方面的记录。只有在现代孔凡礼先生所编《苏轼年谱》里，找到了他收录明朝人补充的这一段，后面跟了几个字：乃好事者附会。

　　王朝云来归。据《文集》卷十五《朝云墓志铭》，时年十二岁，杭人。《燕石斋补》谓朝云乃名妓，苏轼爱幸之，纳为常侍。乃好事者附会。

才子佳人的故事，总是大家爱听的。
但朝云真的是眉目姣好，能歌善舞。
甚至朝云这个名字，都是苏东坡给她起的。
　　为什么叫朝云呢？因为苏东坡把她比成巫山神女。这是一个神话中的女子，出现在据说是屈原的学生宋玉笔下的《高唐赋》里，"旦为朝云，暮为行雨"，像云雾一样令人神往而迷醉。
　　苏东坡的学生兼好友秦观，据说和东坡在一次宴会上，见过王朝云的歌舞以后，为她写下了一首《南歌子（霭霭凝春态）》。
　　他说她"霭霭凝春态，溶溶媚晓光"，婀娜的体态，明媚的眼神，就像初生的晨光一样惊艳夺目，果然如同巫山神女的出场，让人流连忘返啊。

南歌子

　　霭霭凝春态，溶溶媚晓光。何期容易下巫阳，只恐使君前世是襄王。
　　暂为清歌驻，还因暮雨忙。瞥然归去断人肠。空使兰台公子赋《高唐》。

其实苏东坡在同一时期，不止有王朝云一位侍女。他曾经在给鄂州太守朱寿昌的信里，提到过他的另外两位侍女，采菱和拾翠。他甚至给这两个侍女写过很香艳的词。

皂罗特髻

　　采菱拾翠，算似此佳名，阿谁消得。采菱拾翠，称使君知客。千金买、采菱拾翠，更罗裙、满把珍珠结。采菱拾翠，正髻鬟初合。
　　真个、采菱拾翠，但深怜轻拍。一双手、采菱拾翠，绣衾下、抱著俱香滑。采菱拾翠，待到京寻觅。

王朝云早期，在家中的地位，甚至没有这两位侍女高。

　　所问菱翠，至今虚位，云乃权发遣耳，何足挂齿牙！呵呵。

　　看到这里，我们也许会觉得，东坡与朝云，也许就是在那个封建男权社会下，常见的一种男女情爱关系。
　　但在南宋的《梁溪漫志》中，记载了一个千古流传的故事，说的是王朝云和苏东坡精神上的契合。
　　有一天，苏东坡退朝回来，酒足饭饱，摸着肚子问身旁的侍女们："你们说，我这一肚子，都是什么呀？"
　　有人说："您这一肚子都是文章。"

苏东坡不以为然。

另一个人接话，说："您一肚子都是见识。"

苏东坡还是摇了摇头。

直到王朝云说："学士啊，是一肚子的不合时宜！"

苏东坡直接捧腹大笑。

那个时候的苏东坡，经历可以说是一言难尽。

从科举之中走出来的"文坛顶流"，到一个城市一个城市地外放，最后因乌台诗案被关监狱一百三十天，好不容易捡回一条命，又被贬谪黄州五年，整个人可以说是脱了一层皮。

不久之后，主张新法的皇帝驾崩了，支持旧法的大臣们开始掌握朝政，苏东坡终于再次得到任用，结果他对旧法的一些做法又提出了异议，因此得罪了支持旧法的头号大臣司马光，后来重新陷于党争，于是他不得不再次提出：让我离开朝廷，去杭州吧！

你看，不管国家主推是新法还是旧法，苏东坡似乎都不是一个听话的人。他有一句诗"自笑平生为口忙，老来事业转荒唐"，他的这张嘴啊，真的是遇事则发，不吐不快，然后内心呢，又骄傲得要死，谁当主流，他总是不乐意，要牢骚两句，可不就是"不合时宜"吗？

当所有人都只看到一个光环里的苏东坡时，王朝云却能半带微笑半带调侃地回应他，就像他常常自嘲的一样。

在他贬谪黄州期间，朝云为他生下了一个孩子。

那年苏东坡已经四十八岁了，老来得子，他特别开心。看着这个孩子的相貌，尤其是眉角，像极了自己，于是他作了一首很有名的洗儿诗：

洗儿戏作

人皆养子望聪明，我被聪明误一生。
惟愿孩儿愚且鲁，无灾无难到公卿。

后世的文人一直不解，这诗怎么这么奇怪？

在我看来，这首诗，也是他的"不合时宜"之一。

别人盼望着孩子能聪明，我却希望他愚钝鲁莽一点。这是第一处不合时宜。

为什么我不希望他聪明，人聪明一点不应该过得更好吗？不是的，我被聪明误了一生。这是第二处不合时宜。

好了，那你笨一点就笨一点吧，愚鲁的人平安就好了呀。不，我的期望居然是，如此愚且鲁，还可以无灾无难到公卿。这是第三处不合时宜。

难怪纪晓岚在《苏文忠公诗集》里发了一句牢骚，说："这也能收到集子里？"

美好的愿望，巨大的反差，看似超脱，却无法摆脱内心的挣扎。所以，"不合时宜"这四个字，正是王朝云对苏东坡，真正的"看见"。

上天好像很喜欢开玩笑，总是让美好停留的时间特别短。苏东坡和王朝云的这个孩子，还没满周岁，就因为舟船劳顿，得疫病夭折了。

十个月的孩子啊,还没有断奶,小娃娃穿的衣裳,还挂在衣架上,朝云无法接受这样的打击,整日整夜伏在床上哭泣,说要与孩子同去。她失去了婴儿吮吸的乳房胀满了奶水,溢湿了床褥。

去岁九月二十七日,在黄州生子遁。小名干儿,欣然颖异。至今年七月二十八日,病亡于金陵。作二诗哭之

吾年四十九,羁旅失幼子。幼子真吾儿,眉角生已似。
未期观所好,蹁跹逐书史。摇头却梨栗,似识非分耻。
吾老常鲜欢,赖此一笑喜。忽然遭夺去,恶业我累尔。
衣薪那免俗,变灭须臾耳。归来怀抱空,老泪如泻水。

我泪犹可拭,日远当日忘。母哭不可闻,欲与汝俱亡。
故衣尚悬架,涨乳已流床。感此欲忘生,一卧终日僵。
中年忝闻道,梦幻讲已详。储药如丘山,临病更求方。
仍将恩爱刃,割此衰老肠。知迷欲自反,一恸送余伤。

苏东坡说:"这是我的罪孽吗?连累了这个孩子。"
在那段时光里,朝云和东坡,更像是一对患难与共的亲人。

到了绍圣二年(1095),苏东坡晚年被贬惠州时,他们的情感就更深刻了。当时去惠州需要翻山越岭,而且当地瘴疠横行,苏东坡后来都说："曾见南迁几个回？"能不能活着都是未知数。

家里的侍女，四五年间都相继辞去了，朝云却执意跟着他。

当时苏东坡的第二任妻子王闰之已经过世，面对一个陌生而恶劣的环境，朝云承担起了主妇的责任，像当年的王闰之一样，一分钱掰成两半用，一半照顾暮年苏东坡的饮食起居，一半招呼来来往往的客人。

而且，朝云有一点是当年的王闰之做不到的，那就是，成为苏东坡精神路上的共修者。

苏东坡晚年亲近佛法，王朝云也跟着比丘尼义冲学佛。在写给朝云的那几首诗词里，苏东坡总是将她形容为《维摩诘经》里散花的天女。

维摩诘是在家修行的菩萨，享尽人间的富贵，又得到了高深的佛法。在《维摩诘经》里，众多菩萨去看望他，居室中出现了一位天女在散花，有些花瓣落在菩萨脚下，有些花瓣落在弟子们身上。而后天女现身为大家讲法，说："花是外物，本身无所分别，如果心中断除一切妄想，则便不会被外物所牵绊。"

天女想要告诉大家的是：心静，则佛土净，于是可处染而不染。

晚年的苏东坡，已经经历了人生的大起大落，一贬再贬，尘世的喧嚣浮华散去了，那些个男女欢爱也淡去了。他看着一边煎药、一边诵经的王朝云，内心想必有很多感慨。

我很喜欢他的这首《殢人娇·赠朝云》，初看的时候最喜欢这一句：这些个，千生万生只在。

主流的翻译是：我希望千生万生，与你的情爱仍在。

但我觉得，苏东坡想说的也许不只是男女情爱。

殢人娇·赠朝云

白发苍颜，正是维摩境界。空方丈、散花何碍。朱唇箸点，更髻鬟生彩。这些个，千生万生只在。

好事心肠，著人情态。闲窗下、敛云凝黛。明朝端午，待学纫兰为佩。寻一首好诗，要书裙带。

他在《朝云诗》里有一句：不作巫阳云雨仙。

朝云诗

不似杨枝别乐天，恰如通德伴伶元。
阿奴络秀不同老，天女维摩总解禅。
经卷药炉新活计，舞衫歌扇旧因缘。
丹成逐我三山去，不作巫阳云雨仙。

二十年前，在他心里她是巫山神女，明媚而神秘，男女欢爱也许是他们的主题；二十年后，她是维摩天女，平淡而宁静，一样的皎洁，却已有不一样的心境。

当时，苏东坡年近六十，他在写给友人张耒的信里，说自己已经不再亲近女色，独居有一年半了。

暮年苏东坡，男女欢愉对他而言已经是过眼云烟，真正珍贵的，也许是更深层次的灵魂的相伴。

所以我现在再看这首《殢人娇·赠朝云》，最爱的反而是最后一句：

> 明朝端午，待学纫兰为佩。寻一首好诗，要书裙带。

明天就是端午了，我要寻一首好诗，写在你的裙带上。

又过了一年，朝云生日。
苏东坡破天荒地为她写了一首口号诗。
在那个年代，致语口号，一般是给大人物吟诵的。

王氏生日口号

> 罗浮山下已三春，松笋穿阶昼掩门。
> 太白犹逃水仙洞，紫箫来问玉华君。
> 天容水色聊同夜，发泽肤光自鉴人。
> 万户春风为子寿，坐看沧海起扬尘。

不知道是不是心有预感，朝云的日子，真的不多了。
朝云生日在五月，之后一个月就得了病，健康急转直下。
到七月，已经不行了。
临终那一刻，她对苏东坡说的最后一句话，是《金刚经》的四句偈：

一切有为法，如梦幻泡影。
如露亦如电，应作如是观。

我不知道朝云在往生的一瞬间，究竟悟到了什么。但我想，苏东坡写了一辈子的豁达与超脱，或许都不及朝云那一刻所体验到的：

这世间一切都是虚相，它们看起来真实却又虚妄，恒定却又无常，没有什么能留住，自然也就没有什么值得执着。

这也许是她的感同身受，也许是她对晚年苏东坡的宽慰吧。

王朝云死后，苏东坡为她写了很多悼亡诗。

这些诗词和那首痛彻心扉的"十年生死两茫茫"，很不一样。

那年苏东坡六十一岁了，他亲身经历了太多的生离死别，从父母乳娘，到两任妻子，再到他和朝云不满十个月便夭折了的孩子。生死看遍之下，他的悼亡，充满了对世间美好终将消逝的无奈和安之若素，也有了更多的禅理。

他为朝云写下墓志铭。

朝云下葬后三天，夜间风雨大作，隔天传闻在墓地的不远处，发现了五个巨人脚印。

于是苏东坡又专门为朝云办了一场佛事，为她写下给神明的荐疏：我苏轼因为有罪遭到贬谪，流放到这炎荒之地。我有一个侍妾，名叫朝云，她一生勤勤恳恳，跟着我漂流万里，后来身染瘟疫，不治而亡。我感念她诀别时的话语，想起她的灵魂还寄托在栖禅寺中，故而修建了这个坟墓，让她有所安顿。

伏愿山中一草一木，皆被佛光；今夜少香少花，遍周法界。湖山安吉，坟墓永坚。接引亡魂，早生净土。

朝云死后，苏东坡也有痛苦，也有酒后眼泪迷离的想念：我的衣袖上还残留着你的眉迹，只是香味越来越淡了。我喝醉了仿佛把你忘了，奈何醒了还是会想起。终究是我负了你。

雨中花慢

嫩脸羞蛾，因甚化作行云，却返巫阳。但有寒灯孤枕，皓月空床。长记当初，乍谐云雨，便学鸾凰。又岂料、正好三春桃李，一夜风霜。

丹青□画，无言无笑，看了漫结愁肠。襟袖上，犹存残黛，渐减余香。一自醉中忘了，奈何酒后思量。算应负你，枕前珠泪，万点千行。

一年后，苏东坡已经被贬到海南了，暮色沉沉之际，他还在怀念她：老人不解饮，短句余清悲。

和陶《和胡西曹示顾贼曹》韵

长春如稚女，飘飖倚轻飔。卯酒晕玉颊，红绡卷生衣。低颜香自敛，含睇意颇微。宁当娣黄菊，未肯姒戎葵。谁言此弱质，阅世观盛衰。颓然疑薄怒，沃盥未可挥。

瘴雨吹蛮风，凋零岂容迟。老人不解饮，短句余清悲。

朝云在的时候，他说：佳人相见一千年。我好像修行了一千年，才得以与你相见。

浣溪沙·端午

轻汗微微透碧纨。明朝端午浴芳兰。流香涨腻满晴川。

彩线轻缠红玉臂，小符斜挂绿云鬟。佳人相见一千年。

朝云死后，他说：伤心一念偿前债，弹指三生断后缘。

悼朝云

苗而不秀岂其天，不使童乌与我玄。
驻景恨无千岁药，赠行惟有小乘禅。
伤心一念偿前债，弹指三生断后缘。
归卧竹根无远近，夜灯勤礼塔中仙。

也许世间一切相遇，都是久别重逢，所以我一直觉得有一种很感人的关系，叫"认出"。

我知道我们相识了不止一世，今生你的离去带走了我的情感。我希望下辈子再遇见你,却也怕下辈子再遇见你。

苏东坡在王朝云的墓前建了六如亭。

又过了很多年,南宋时期有一伙流寇攻占了惠州,惠州城内无论官宅还是民房,几乎全都被焚毁,但唯独苏东坡在惠州的故居和六如亭安然无恙。不仅如此,流寇头子还带人重建六如亭,并且在亭前祭奠了朝云。

蝶恋花·春景

花褪残红青杏小。燕子飞时,绿水人家绕。枝上柳绵吹又少。天涯何处无芳草。

墙里秋千墙外道。墙外行人,墙里佳人笑。笑渐不闻声渐悄。多情却被无情恼。

这是苏东坡很有名的一首婉约词。

王朝云生前,常唱这首词。当唱到"枝上柳绵吹又少。天涯何处无芳草"的时候,她潸然泪下,泣不能歌。

她懂得苏东坡的心,在他故作豁达的背后,是被困住的深情。

在人世情感的沉溺和超脱之间,苏东坡才成了苏东坡。

王朝云死后,苏东坡终生不再听这首《蝶恋花·春景》。

他没有再娶,此后的词,再没有写给任何一个女人。

情爱欢愉是容易的,但心心相印,何其之难。

他为朝云写下了一副纪念的楹联:

不合时宜，惟有朝云能识我。

独弹古调，每逢暮雨倍思卿。

红颜易得，知己难求。

资料出处：

1. ［北宋］苏轼《江城子·乙卯正月二十日夜记梦》《亡妻王氏墓志铭》《南乡子·集句》《临江仙·送王缄》《正月二十日，往岐亭，郡人潘、古、郭三人送余于女王城东禅庄院》《正月二十日，与潘、郭二生出郊寻春，忽记去年是日，同至女王城作诗，乃和前韵》《六年正月二十日，复出东门，仍用前韵》《翻香令（金炉犹暖麝煤残）》《减字木兰花·得书》《蝶恋花·送春》《少年游·润州作》《祭王君锡丈人文》《祭亡妻同安郡君文》《黄州上文潞公书》《与章子厚》《仇池笔记》《后赤壁赋》《皂罗特髻（采菱拾翠）》《洗儿戏作》《去岁九月二十七日，在黄州生子遁。小名干儿，欣然颖异。至今年七月二十八日，病亡于金陵。作二诗哭之》《殢人娇·赠朝云》《朝云诗》《答张文潜四首之一》《王氏生日口号》《惠州荐朝云疏》《雨中花慢（嫩脸羞蛾）》《和陶〈和胡西曹示顾贼曹〉韵》《浣溪沙·端午》《悼朝云》《蝶恋花·春景》
2. ［北宋］苏辙《祭亡嫂王氏文》
3. ［北宋］秦观《南歌子（霭霭凝春态）》
4. ［南宋］费衮《梁溪漫志》
5. 孔凡礼《苏轼年谱》

第五章

羡慕

/

幸得你有这样的至交好友

引子：一段好的友谊，真的有着治愈人心的力量

如果要画一张苏东坡的社交网络图，可能你会发现，画不完，根本画不完。他的朋友太多了。其中的故事，或让人捧腹，或让人温暖，或让人感动。

举个例子。当年苏东坡被贬海南，天涯海角之远，身边没有一个熟人，书信往来也很慢，几乎与世隔绝。

他当年在眉山的老乡巢谷却说："我愿意步行万里去看他。"

他真的这么做了。那时巢谷已经七十三岁，瘦弱多病，贫困潦倒，走到苏辙被贬谪的循州时，苏辙劝他："你年纪大了，路途遥远，而且还得忍受海浪颠簸之苦，就不要去了吧。"

巢谷说："我还能走，你别拦我。"

后来，苏辙听说，巢谷没有走到海南。

他为了去见东坡，死在了路上。

苏东坡究竟是一个怎样的人，能让朋友愿意披肝沥胆地对待他？

心理学上有一个概念，叫"关系照见自己"，意思就是，人的自我意识和自我认同，很大程度上是通过社会互动形成的。他人就像是我们的一面镜子，帮助我们认识和理解自己的内在特质。

其实本篇可以展开写的人有很多，限于篇幅，我摘取了一些不同角色、不同关系的人。

通过了解他们与东坡交往的故事，也许，我们会更了解苏东坡这个人。

一　与师长交——苏东坡与欧阳修

你有"亦师亦友"的朋友吗？

你人生中有没有过那种"亦师亦友"的朋友？

回顾我们这一路成长的经历，一定曾经有过，或者到现在也还有那么一个或几个人，他们好像是我们的启蒙老师，在我们刚起步的时候，或经历低谷的时候，拉过我们一把。他们教给我们知识，甚至为我们树立了很好的榜样，直到今天，在我们的人格底层，依然可以看见他们留下的痕迹。

人生中，有过这样的人的帮扶，是一件非常幸运的事。

在苏东坡的人生里，就出现过这样一位重要的老师。

可以说，没有他，也就没有日后闪耀文坛千年的"苏子"。

这个人就是欧阳修。

有人统计过，在苏东坡所有文章、信札和诗词里，共提到欧阳修一百七十多次，光是给欧阳修及其家人写的祭文就有五篇。

我们知道苏东坡所在时期的前后一百年，可以说是中华文化巅峰的一百年。这百年间出现了多少文豪、大家，其中和苏东坡同期的就有王安石、司马光等人。

但为什么是欧阳修成了苏东坡的贵人呢？

一开始，我只是试图从历史故事里去理解，直到有一天，我把这些人写的字拿出来对比了一下。

这是王安石和司马光的字：

▲《行书楞严经旨要卷》局部
　［北宋］王安石　上海博物馆藏

▲《资治通鉴残稿》局部
　［北宋］司马光　中国国家图书馆藏

这是欧阳修和苏东坡的字：

▲《集古录跋卷》局部 [北宋] 欧阳修　台北"故宫博物院"藏

▲《赤壁赋》局部 [北宋] 苏轼　台北"故宫博物院"藏

你看出什么了吗？

字如其人，他们恰巧是两类人。

王安石被人叫"拗相公"，司马光被苏东坡叫"司马牛"。这俩哥们儿都比较硬，你看他们的字，刀刻斧凿，力是外露的、直接的。而欧阳修与苏东坡则是另一类。他们的字整体更温润，笔墨沉厚。

这也能从侧面看出，为什么苏东坡和王安石、司马光两人不那么对付。一个严苛的、坚硬的老师，很难培养出圆融的、随性的徒弟。朋友也是一个道理。

所以，亦师亦友的前提是志趣相投。

当然，光这样是不够的。

他们之所以能成为我们的"贵人"，一定是在某个很重要的阶段，曾经无私地帮助过我们。

这中间又有一类人，我认为他们尤其伟大，就是他不嫉妒。哪怕有一天你超过他了，他也真心为你感到荣耀。

我们常说文人相轻，所以文坛上能出现这样的人，那就更可贵了。这是我非常佩服欧阳修的原因。

苏东坡和欧阳修的初见，是在北宋嘉祐二年（1057）。

欧阳修当时正在推行诗文革新运动，他反对"西昆体""太学体"这种为了写文章而"文章"的、充满了艰涩典故和华丽句子的文章。他讲究文道并重，写文章是有感而发的，而且要说人话，文情并至，能表达出自己的真性情才好。如果你读过欧阳修本人的文章，就能对这个标准有更深的体会。

因此，他也希望能利用科举，选拔出一些这样的人才，共同推动文学革新。

其实他这样做是有风险的。

革新，就意味着要得罪原有的一批人。所以当时放榜之后，那些写"太学体"的学生开始当街闹事。他们把欧阳修围起来，在他的马前起哄，巡街的士兵都无法制止。

即便顶着这么大的压力，欧阳修倡导诗文革新运动的步伐也并没有停止。在本次科考中，他惊奇地发现了一个未来的人才，那就是眉山苏轼。

我们要感谢当时的考试制度。欧阳修主持考试的时候，是四场综合打分评定，虽然苏东坡第一场考试失利了，但真正让他声名大噪，并且得到欧阳修赏识的恰巧是第二场。我们之前讲过苏东坡这一段经历，这里就不再重复了。

那篇让欧阳修惊艳的文章，就是后来被收录进《古文观止》里的《刑赏忠厚之至论》。因为考卷被重新誊写过，并且把名字糊了起来，当时欧阳修以为是自己的门生曾巩所写，为了避嫌，就没给第一，违心地给了个第二名。

后来第四场考《春秋》的时候，苏东坡考了第一。四场成绩综合下来，他顺利登科，成功进入了殿试。

当时宋朝的规则是"殿试不落黜"，就是如果你获得进入殿试的资格，一般不会落榜，都赐予进士出身。所以包括苏东坡在内的388位人才，都成了当年的进士。而当年的主考官欧阳修，自然就成了他们的恩师。按照惯例，他们需要到欧阳修府上去拜谢。

那一回，就是苏东坡和欧阳修的初次见面。

苏东坡终于见到了他向往已久的偶像。

他童年还在读书的时候，有个从京城来的人到了学校里，跟他们讲石介写的《庆历圣德诗》，老师就跟他说："范仲淹、韩琦、富弼、欧阳修，你要记得他们。他们都是人中豪杰。"

后来，苏东坡在给范仲淹的文集写序的时候描述了这件事，说他第一次看见欧阳公，欧阳公就介绍了另外两位大佬韩琦和富弼给他认识。他们"皆以国士待轼"——用天下读书人的最高礼节来对待苏轼。

苏东坡不仅记得他和欧阳修第一次见面时的大事，就连那些细节他也记得。

他在《祭欧阳文忠公夫人文》里写道：

先生开心地拍手鼓掌，说："你是和我一样的人，其他人都算不上同行者。我老了，要退休了。未来我希望能把文章之道传授给你。"

> 此我辈人，余子莫群。我老将休，付子斯文。

这一面，是一位当朝文坛领袖，对下一个希望之星深深的看见与托付。

那一年欧阳修五十一岁，苏东坡只有二十二岁。

我特别佩服欧阳修的一点，就是他的识人之明和他的气度胸怀。

你看他在《与梅圣俞》里是怎么评价苏东坡的：

> 读轼书，不觉汗出，快哉！快哉！老夫当避路，放他出一头地也！

这就是成语"出人头地"的由来。

看到比自己更好的人，他不仅不嫉妒，而且还要为他让路。

《三苏年谱》里记载，欧阳修喜得苏东坡以后，就以培植他成长为己任。一开始一片哗然，许多人很不服气。但后来看见苏东坡的文章，就渐渐信服了。当时盛行的文风，也因此得到了改变。苏东坡的文章风靡一时。

我们甚至可以大胆地说，苏东坡是欧阳修"捧"出来的。

后来，苏东坡服母丧结束以后回到京城，欧阳修又推荐他去参加制科考试。这门考试非常严格，而且必须有人引荐，你才有资格考。欧阳修在当时的推荐信《举苏轼应制科状》里甚至写了重话：

> 臣今保举，堪应材识兼茂明于体用科。欲望圣慈召付有司，试其所对。如有缪举，臣甘伏朝典。谨具状奏闻，伏候敕旨。

意思就是，如果这个人我推荐错了，我甘心接受朝廷法规的惩罚。

后来的结果我们也说过，苏东坡的成绩前无古人，可以说是北宋开国百年第一。

一颗文坛之星,冉冉升起来了。

十年后,欧阳修也在一次又一次的申请中,退休了。

同一年,因为与王安石等变法派的意见不合,苏东坡主动请求外放,到杭州任职。他先去看了弟弟苏辙,然后两人一起到颍川去拜访退休的欧阳修。

这是他和欧阳修的最后一次见面。

苏东坡后来在《祭欧阳文忠公夫人文》中回忆到,恩师告诉他:"你能来我好开心。我所说的'文章',必然要承载道义,否则就不是好文章。**你要把持住自己,如果早年就因为贪图名利而改变了自己的志向,那么,你就不是我的学生。**"

苏东坡叩头称谢,然后告诉欧阳修:"老师,我记住了。我到死都不会改变。"

他说:"老师虽然已经过世了,但是他的话,还像太阳一样照耀着我。"

欧阳修去世以后,很多人给他写过祭文,但是如果你去对比一下,比如王安石写的和苏东坡写的,情感的浓烈程度是完全不一样的。

王安石是临风感怀,感慨再无人追随。

> 临风想望不能忘情者,念公之不可复见,而其谁与归?

苏东坡直接是,上为天下苍生而悲,下为我对先生的情感而痛哭。

> 盖上以为天下恸，而下以哭其私。呜呼哀哉！

十八年后，苏东坡第二次外放杭州。

他专门又去找了老师当年推荐他认识的名僧惠勤和尚，可惜老和尚也过世了。老和尚的弟子告诉他，他们把欧阳修和惠勤两人的画像挂在厅堂祭拜，没想到几个月后突然冒出了一眼清泉。于是苏东坡借欧阳修的号，将这口泉命名为"六一泉"。

时隔近千年，这口泉现在还在，位于杭州西湖孤山南麓西泠印社的西面。

对中国文化史而言，我们有幸得遇苏东坡。

对苏东坡个人而言，他有幸得遇欧阳修。

人生中能遇见一个懂你的人，太不容易了。

更不容易的是，他不仅懂你，还愿意领你进门，不遗余力地提携你、帮助你。

其实，人生中有这样一个你可以叫他"师父"的人，是一件很幸福的事。

就好像多了一个没有血缘关系的父亲，是心灵上的朋友。

高山流水，伯牙子期，知己相交，甘之如饴。

二　与学生交——苏东坡与黄庭坚

高级的友谊，是平淡如水的。

有些人，一生可能都没见过几次面，却能够亦师亦友亦知己。

苏东坡和黄庭坚就是这样的人。

黄庭坚的名气当然不比苏东坡大，但就宋朝的文人团体而言，那也是一颗闪耀的明星。

宋诗中两位影响力巨大的人物是苏黄，即苏东坡和黄庭坚；北宋四大书法家是苏黄米蔡，苏后面就是黄；苏门四学士里，打头的也是黄庭坚。

所以大家普遍认为，黄庭坚是苏东坡的学生。

其实他们之间的关系，与其说是师生，不如说亦师亦友亦知己。

而且在看完了他们的故事之后，我有一个感受，就是我不知道要羡慕苏东坡，还是要羡慕黄庭坚。

他们的友谊，向世人展示了什么叫"君子之交淡如水"，非常平淡，却非常高级。

黄庭坚比苏东坡小九岁，最开始苏东坡并不认识他。

北宋熙宁五年（1072），苏东坡在杭州任职，好友孙觉给苏东坡介绍了自己的女婿，也就是黄庭坚。他给苏东坡看了自家女婿写的诗文，想请已经名扬天下的苏子来替黄庭坚扬扬名。

《宋史·黄庭坚传》里是这么描述苏东坡看完了黄庭坚诗文之后的反应：

苏轼尝见其诗文，以为超轶绝尘，独立万物之表，世久无此作，由是声名始震。

一骑绝尘，超凡脱俗，世间已经很久没有看到这样的好作品了。然后，后面六个字交代"由是声名始震"，从此以后，黄庭坚的名字在文坛声名鹊起，开始渐渐被大众所认知。

说到这里，我们可能认为这两个人会因为互相欣赏，就此结交了吧。

没有。

对黄庭坚而言，苏轼这个名字就是北宋文坛最耀眼的星星，他内心其实是非常倾慕和向往的，可是他们之间，也许是因为名气、地位悬殊，所以一直到这件事发生了六年之后，1078年，我们才找到了他第一次写给苏东坡的信。

黄庭坚就像一个粉丝给偶像写信一样。

他说：我年纪小又地位卑微，才华有限，只能在众人之中远远望着您，无法侍您左右……如果不是因为您的才德，像我这样身份低微的人，怎么可能有机会和您通信呢！我所期待的，就是想把我的所思所想和一个心意相通的人交流。因为无法在当今找到这样的人，于是以前我只能从古人中寻找。而今，与我同时代的人中就能找到这样符合心意之人，那我这份渴望相见的心，该有多强烈啊！《诗经》里说："见到君子后，我的心才得以倾诉。"现在，我虽然还未见到您，但我的心已经在向您倾诉了！

然后，他还专门作了《古风二首上苏子瞻》附在后面，作为送给偶像的文字礼。

认认真真，恭恭敬敬。

很多晚辈写给这些名人大家或者长辈上级的信，因为同在政坛或同在文坛，大多数信里除了赞美，都会说"我特别想要跟随您啊""请您多提携我啊"之类的话。但这封信我读下来，非常干净，非常真诚，没有任何利益的部分，就是很纯粹地想要表达：我对你的崇敬和倾慕。

这件事过去约莫半年后，没想到，黄庭坚居然收到了苏东坡的回信。

更没想到的是，苏东坡的这封信是这样写的：收到你的信我很开心。你太谦恭了，对我这么畏惧，何必呢？我也很想和你交朋友啊。我从你的诗文推断你的为人，必然藐视世间俗事，当权者不一定能用你。我在济南拜会你的舅舅，更觉得你超然物外，与天地同游，不仅当权者不一定能用，我这样一个放纵不受拘束、与世间疏阔放达的人，都担心自己够不上能成为你的朋友呢。我正要向你求交，没想到先收到了你的信，这喜悦和惭愧的心情，几乎克制不住啊！然而最近家里人生病了，我回信比较晚，希望你别介意。你送给我的《古风二首》我收到了，姑且和着你的韵也写二首，博你一笑。秋热季节，万望珍重啊。

想象一下，你曾经仰慕的一位大家，你诚惶诚恐地给他写信，没想到他却告诉你，他也很看好你，很想跟你交朋友，然后认认真真和了你的诗，你有什么感觉？

这一来一回的信，从此拉开了苏黄二人的相交之路。

他们以文字互相唱和，但不幸的是，紧接着苏东坡就迎来了他人生的第一大痛击：乌台诗案。

所有和他有文字往来的人，都受到了牵连，包括黄庭坚。但当大部分人都选择噤声自保的时候，黄庭坚却是少有的站出来替苏东坡申冤的人。他也因为乌台诗案的影响，而被罚二十斤铜，降职为县令。

苏东坡被贬黄州期间，黄庭坚依然继续给他写信，两个人的唱和之作一来一往，很有默契。

苏东坡写《薄薄酒》，黄庭坚就写《薄薄酒二章》。

黄庭坚写《食笋十韵》，苏东坡就写《和黄鲁直食笋次韵》。

两个人从精神世界走向了生活乐趣，然而一直到这个时候，他们之间都还只是笔友。

直到元祐元年（1086），苏东坡从黄州的低谷走回京城政坛，那一年的冬春之交，在距离他们第一次通信八年之后，黄庭坚终于见到了自己的偶像。

而此时，苏东坡已经五十一岁，黄庭坚已经四十二岁。

京城三年，是他们之间最为快意的三年。

苏东坡擅长画枯木竹石，黄庭坚就给他的画题诗。

题子瞻枯木

折冲儒墨阵堂堂，书入颜杨鸿雁行。
胸中元自有丘壑，故作老木蟠风霜。

他们都是书法大家，彼此互相欣赏，互相切磋，也互相揶揄。苏东坡说黄庭坚的字是"树梢挂蛇"，黄庭坚说苏东坡的字是"石压蛤蟆"。

苏东坡还写过一篇文章，说自己抢了黄庭坚的墨。

他说：黄庭坚的书法，就是跟我学的，所以书法这么有名，大家都拿着精美的纸和优质的墨来找他写字。他有一个随身携带的古旧的锦囊，里面都是好墨。有一天他来找我，我就伸进去摸，摸出半块承晏墨。天哪，这可是有人愿意用王羲之的真迹去换一块完整的承晏墨啊，非常珍贵的。啊不管了，这墨归我了。

想象一下，两个半百之人就跟小孩儿抢玩具一样，互相挤对嬉戏，玩的呢，还是文人雅士的情趣，其实是挺美好的。

当时在苏东坡周围，围绕着这样一个以苏东坡为中心的文人群体，他们志趣相投，以东坡为师，成为苏门四学士，黄庭坚就是打头的那个。

可惜的是，他们这段美好时光，并没有维持太久。

随着苏东坡的再度贬谪，两人又都天各一方了。

又过了几年，黄庭坚辗转见到了苏东坡的《寒食帖》，这篇帖子后来成了书法史上的第三行书，上边的跋文正是黄庭坚写的。

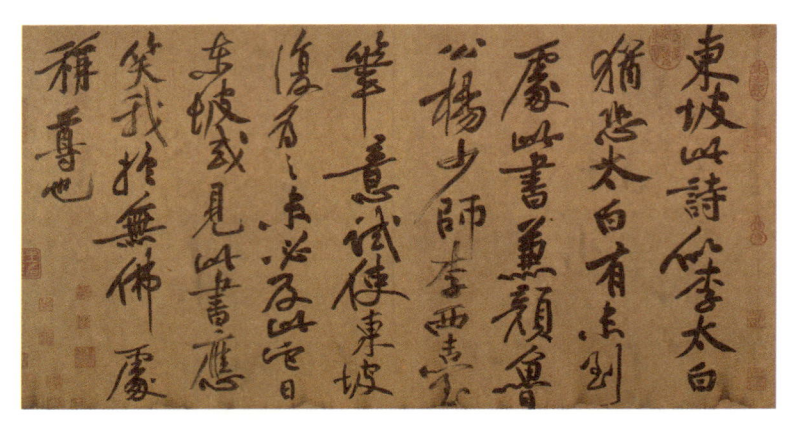

▲ 《题苏轼寒食帖跋》［北宋］黄庭坚　台北"故宫博物院"藏

他说：东坡这两首《寒食帖》，就像李太白的诗，甚至在某些程度上超越了李太白。这篇书法兼有颜真卿、杨凝式、李建中的笔意，如果让东坡再写一次，可能都未必写到这样好。

他自嘲地说：如果有一天东坡看见我写的这篇跋文，也许会笑我没大没小，在无佛处称尊吧！

当你在一幅字帖上看到这两大书法家合体的时候，那种心情是无以言表的。

一个随意奔放，一个苍劲有力，都是一气呵成。

可惜的是，苏东坡应该没有看见过这篇跋文。

在黄庭坚写下跋文时，苏东坡刚刚遇赦北归，次年便去世了。

在他去世后的第二年，黄庭坚跟朋友到湖北鄂城的樊山游玩，途经松林间的一座亭阁，他想起苏东坡在惠州，曾写下过一篇《记游松风亭》，说的是"此间有甚么歇不得处"，人生有哪一刻不能放松一下呢？

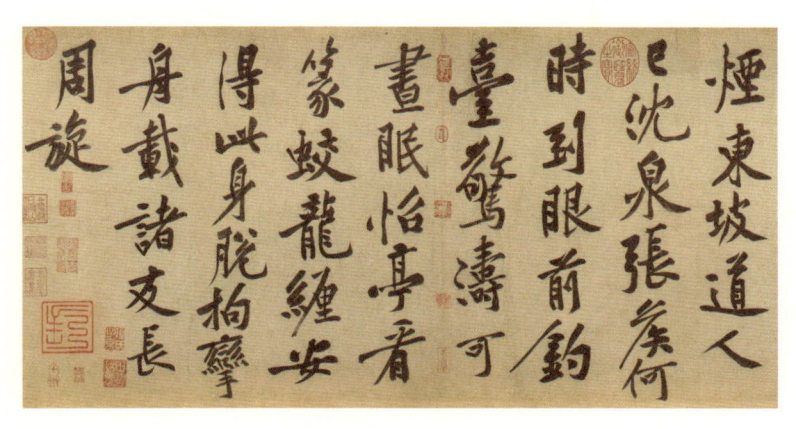

▲《松风阁诗帖》局部 [北宋]黄庭坚　台北"故宫博物院"藏

黄庭坚触景生情，提笔写下了后来成为他书法代表作的《松风阁诗帖》，诗中有一句：东坡道人已沉泉。

再遇美景，可惜曾经的朋友，已经不在了。

"桃李春风一杯酒，江湖夜雨十年灯。"

黄庭坚在自己的家里挂上苏东坡的画像，每天清晨穿戴整齐，为老师献香作揖，施礼致敬。

在东坡死后四年，六十一岁的黄庭坚也走到了生命的尽头。陆游在他的《老学庵笔记》里描写了黄庭坚临终前的场景，真就跟他与苏东坡的友谊一样，平淡且高级。

那天下着雨，黄庭坚喝了点酒，微醺，坐在胡床上，从栏杆之间伸出脚去淋雨。雨水拍打在他的脚上，他回头对身边的朋友说："信中啊，我这辈子都没有像现在这样快意啊。"说完，就去世了。

古人常说，君子之交淡如水。

我以前不懂得，为什么淡如水才是高级的友谊，但在苏黄二人身上，我看到了：有些人，就是不需要经常见面，不需要经常问候，也没有那么多跌宕起伏的情节，但一朝相识，便可为一生知己。

黄庭坚写过一篇《品令·茶词》，最后一句话，就是君子之交的最好注解：

恰如灯下，故人万里，归来对影。口不能言，心下快活自省。

三　与方外之人交——苏东坡与佛印

> 交一个有智慧的朋友。

在苏东坡的众多友人中,他跟佛印的故事应该是最广为流传的。很多听起来很有趣,也很有禅机。可惜绝大部分都不是真的,只是后人编的段子。

但为什么我们今天还值得拿出来说一说呢?因为读完这些故事以后,你会觉得,人生真的应该交一个有智慧的朋友。特别是当我们对人、事、物有所执念的时候,他的一句话,真的就如醍醐灌顶,直接把你点醒。

先说说佛印这个人。

冯梦龙在《古今谭概》这本笔记小说里,记载了一段关于佛印出家的趣事,说佛印博览群书,原本是要考功名的,跟苏东坡关系好。但有一年,他跟苏东坡说想进宫见见皇帝,苏东坡就给他出了个馊主意,说:"皇帝刚好要去神庙祷告,你呢,打扮成僧人的模样进去里面表演,就能远远见到皇帝了。"

结果皇帝一看,这"僧人"啊,"身长白面,状貌魁梧",就问:"咦,这人怎么不剃光头啊?"佛印没办法,就只好编了个理由说:"我家里穷,没钱剃度。"皇帝同情地说:"那行,我免费给你一个度牒,你安心去当和尚吧。"于是就让人把他头剃了。佛印从此奉旨出家。

这个故事听起来挺逗的,可惜是假的。

那真实的故事是什么呢?

佛印小时候就出家了,而且是个神童。

据记载,佛印禅师法名了元,俗家姓林,他在庐山开先寺,也就是现在的秀峰寺,跟随善暹禅师,在此开悟,之后历住庐山归宗寺、镇江金山寺等好几个知名古刹。今天我们到庐山的秀峰寺,还能在观音殿前看见当年佛印亲手植下的古松。

他小时候就是个神童啊,三岁能诵《论语》,五岁能诵诗三千首,精通五经,是个饱读诗书的僧人。《庐山山南二古寺志》里说到,他"与东坡居士善",就是跟苏东坡关系好。我想,后人之所以喜欢编撰他和苏东坡的种种颇有禅机的故事,可能也跟佛印本人的人设有关系,人家本就学识渊博、智慧通达。

那,他跟苏东坡都有哪些有意思的故事呢?

最有名的那几个,都跟"屎尿屁"有关。

据说有一次,苏东坡跟佛印出城游玩,两人骑着马慢慢前行。

佛印赞叹说:"你在马上的这个姿态,很好,像一尊佛。"

苏东坡就调侃说:"你在马上看着也好啊,像一堆牛屎。"

佛印说:"我口出佛,你口出屎。"

你觉得他们的境界谁高谁低呢?

现代有一句很流行的话,叫"你眼中的你不是你,别人眼中的你也不是你,你眼中的别人才是你"。佛印心中有佛,所以看别人都是佛。那苏东坡看别人都是屎,就只能证明他心中……

这个故事大概率不是真的,但很多人都说是真的,还找到了出处——明代人所编写的《东坡禅喜集》,真有这本书。但且不论明人写的是不是真事,我翻遍了整部《东坡禅喜集》,也没看到这个段子。

所以说,历史真的很难有绝对的真相。

但不影响我们听有趣的故事啊。

这不还有一个故事。

据说苏东坡中年以后喜欢参禅悟道,一日突然感觉自己修禅有成,于是写下一首诗:

稽首天中天,毫光照大千。
八风吹不动,端坐紫金莲。

多稳,无论外在得失,内心如如不动。

他写完以后感觉很好,就让人将这首诗送给对岸金山寺的佛印禅师。

禅师看了诗,写了俩字回他:放屁!

苏东坡一看,大怒,乘船过江去找佛印理论。

佛印看着他,笑着说了一句话:

八风吹不动,一屁过江来。

你不是不为外物所动吗？我一句"放屁"，就让你动了。

这个故事据说记载在《东坡志林》里，可是我在《东坡志林》里也没找到。

但你不觉得他们两个人之间的往来，充满了禅机，有一种意犹未尽的感觉吗？

而且这两个故事，都有一个共性，就是每当你要显摆一下，或者给你的朋友恶作剧一下的时候，他总能从你的小聪明里跳脱出来，一句话，就让你明白：啊，小丑竟是我自己。

但你又不会不开心，因为这种高智商的一来一回的交流、博弈，是会让人产生高阶乐趣的。

我接下来要说的这几个故事大概率是真的，因为它们都出现在苏东坡的诗集和文字里。

这些故事比刚刚那两个还要难懂一点，但是也很有禅意，需要反复琢磨。

苏东坡是在乌台诗案发生前不久结识的佛印，后来他被贬黄州时，佛印曾写信给他，请他给自己所在的云居山写一篇记。

苏东坡也很有意思，他不只回了信，还寄了一大堆石头，同时附送了一篇文章，叫《怪石供》：

> 齐安小儿浴于江，时有得之者。戏以饼饵易之。既久，得二百九十有八枚。大者兼寸，小者如枣、栗、菱、芡，其一如虎豹，首有口、鼻、眼处，以为群石之长。又得古铜盆一枚，以盛石，挹水注之粲然。而庐山归宗佛印禅师适有使至，遂以为供。禅师尝以道眼观一

切，世间混沦空洞，了无一物，虽夜光尺璧与瓦砾等，而况此石？虽然，愿受此供。灌以墨池水，强为一笑。使自今以往，山僧野人，欲供禅师，而力不能办衣服饮食卧具者，皆得以净水注石为供，盖自苏子瞻始。

他说：我在黄州看到一些小孩在江里洗澡时，会到处捡石头。我逗他们，就用饼跟他们换，一段时间下来，得到了两百九十八枚。你别小看这些石头啊，小的像枣，像栗子，还有一颗大的，特别像虎豹。禅师啊，你用佛家的眼光看待世间一切，我想你应该没有分别心了吧。夜明珠、宝玉和这堆石头在你看来，应该是一样的吧。所以你别嫌弃我供奉石头给你啊。以后别人要是也想供奉，也跟我一样没钱置办这些吃的穿的，那是不是也可以供奉石头啊。因为苏子瞻我呢，已经开了这个先河了。

最后他在信里还特别使坏地说了一句：相信以后寺里的斋饭就不愁没地方化缘了。

其实，供奉一堆石头原本是苏东坡想跟佛印开的一个玩笑，有点得了便宜还想卖乖的意思。

没想到，佛印不仅把这些石头照单全收，而且还认认真真、恭恭敬敬地让人把苏东坡的这篇《怪石供》刻到了石碑上。

还有一次，苏东坡去拜访佛印，满屋子找不到一张椅子坐。

佛印说："此间无坐榻，居士来此做什么呢？"

苏东坡嘴上不能输啊，就打了一个机锋，说："我暂借禅师的地水火风四大为坐榻。"

这句话其实说白了，就是想要展露自己的智慧。

因为佛家认为组成世界的基本要素是地水火风这四大元素。世间所有的物质，坐榻也好，人也好，甚至我们肉眼看不见的东西，都是由它们组成的。

所以苏东坡的潜台词是，椅子只是我们定义出来的一种物质而已，既然这世界底层的元素都是地水火风，那借你的地水火风来做我的坐榻不就行了吗？

这么一听，我们觉得苏东坡好像很有智慧，不执着于椅子的色相，好像已经悟到了物质和能量之间可以相互转化一样。

但佛印说："你说要问我借四大，我有一个问题，你要答得上来，我借你四大，要答不上来，你腰上这条玉带，留下。"

苏东坡一想：我回答得这么高级了，你还能有啥问题？"好，那你问吧。"

佛印说："你借我四大来当坐榻，可我四大本空，五蕴非有，你上哪里坐？"

这句话是什么意思呢？

就是，我修行到深处的时候，已经四大皆空了，可你还在追求这世间的四大啊。

这句话一出，境界高下立见。

苏东坡无话可说，只能把玉带留下。

这段故事被记载在佛教典籍《五灯会元》中。

后来苏东坡也写诗记录了这件事。

从诗里看，佛印虽然留下了他的玉带，但其实也就是开个玩笑而已，礼尚往来，佛印也把自己的衲衣留给了他。

以玉带施元长老，元以衲裙相报，次韵二首
其一

病骨难堪玉带围，钝根仍落箭锋机。
欲教乞食歌姬院，故与云山旧衲衣。

其二

此带阅人如传舍，流传到我亦悠哉。
锦袍错落差相称，乞与佯狂老万回。

虽然他们流传于后世的，大多是这些互相恶作剧的，或者互见机锋的对话，但这些对话所展现出来的智慧层次，总给人一种层层叠叠、余韵悠长的感觉。

越是这样有智慧的朋友，其实越能在你人生低谷处，捞你一把。

据《钱氏私志》记载，佛印有一封写给苏东坡的信，我看了很感动。

子瞻中大科，登金门，上玉堂，远于寂寞之滨，权臣忌子瞻为宰相耳。人生一世间，如白驹之过隙。二三十年功名富贵，转盼成空，何不一笔勾断，寻取自家本来面目，万劫常住，永无堕落。纵未得到如来地，亦可以骖驾鸾鹤，翱翔三岛，为不死人。何乃胶柱守株，待入恶趣？

昔有问师，佛法在甚么处？师云在行住坐卧处，着衣吃饭处，屙屎撒尿处，没理没会处，死活不得处。子瞻胸中有万卷书，笔下无一点尘，到这地位，不知性命所在，一生聪明，要作甚么？

三世诸佛，则是一个有血性的汉子。子瞻若能脚下承当，把一二十年富贵功名贱如泥土，努力向前，珍重，珍重。

苏东坡晚年被贬惠州的时候，佛印在江浙，离得很远。

有一个僧人叫卓契顺，愿意千里送信，佛印就把他的信托付给了这位僧人。

佛印担心苏东坡晚年遭遇这等大挫折，会内心绝望，因此这封信写得情深义重，一字千钧：

子瞻，人生一世，白驹过隙，二三十年功名富贵转眼成空，何不将前尘往事一笔勾销，去找寻自己的本性？就算去不了西方极乐世界，至少也可以仙山遨游，不被万物牵绊，再陷浩劫啊。

曾经有人问我，佛法在何处？我说：在你行住坐卧处，在你穿衣吃饭处，在你拉屎撒尿处，在你没人理会处，在你求生不得、求死不能处。

道理，就在这个世界的每一处地方。子瞻，你胸中有万卷书，笔下无一点尘，走到这样的境界，如果还不知道人活着是为了什么，那要这一生聪明有何用呢？

三世诸佛,都是有血性的汉子。子瞻若有担当,可把一二十年的富贵功名视如泥土般卑贱,努力向前,珍重,珍重!

　　真好。

　　人生,还是要交这样一个有智慧的朋友!

四　与铁粉交——苏东坡与马梦得

交一个能一直挺你的朋友。

能找到一个能一直挺你的朋友，有多幸福？

苏东坡就有这么一个朋友，而且夸张一点说，如果没有他，历史上甚至都不会有"苏东坡"这个名字。

这个人叫马正卿，字梦得，跟苏东坡同年同月生，而且只比他小八天。

他们的友谊从苏东坡年轻的时候就开始了。

"马梦得"这三个字，在东坡的文字里横跨了三十四年。

嘉祐五年（1060），苏东坡二十五岁，那时他因为和弟弟苏辙同榜登科中了进士，被当时的文坛领袖欧阳修看重，名气正盛。他和弟弟刚为母亲程夫人守完三年孝回到京城，因为京城房子太贵，消费太高，他们一家人就搬到离京城六十几公里开外的郊区，当时叫雍丘，也就是今天的河南杞县，在那里住下了。

那一年，他认识了马梦得，他恰好就是杞县人。

马梦得当时在干什么呢？在京城太学做太学正。

太学是宋朝最高教育机构，相当于国家级大学，是为国家培养高级官员和学者的地方，从宋仁宗开始设置了"太学正"这么一个职位，最早是从太学生里选拔一些优秀学生来担当。我们可以把他们理解为"学生干部"。这些学生干部平常要执行校规，抓违纪，考核别的学生，等等。

马梦得在当时就是这样的角色。

这个角色天然有点像"教导主任"，如果我是调皮捣蛋的学生，肯定很忌惮他。

在《东坡志林》里，苏东坡这么描述马梦得，说他"清苦有气节，学生既不喜，博士亦忌之"。

> 杞人马正卿作太学正，清苦有气节，学生既不喜，博士亦忌之。余少时偶至其斋中，书杜子美《秋雨叹》一篇壁上，初无意也，而正卿即日辞归，不复出。至今白首穷饿，守节如故。正卿，字梦得。

虽然只有短短不到一百字的描述，但是我们完全可以勾勒出这个人的基本形象。

首先，清苦。

穷啊。多穷呢？

苏东坡曾经专门写过一篇文章叫《马梦得穷》，在里面非常嘴毒地调侃过：从这个命盘上看啊，我们这个月份出生的人，都没啥富贵相，全是穷人。而其中呢，又以我和马梦得为穷人中的穷人。但是如果就我和马梦得两人单比，那对不起，还是他穷一点。

马梦得与仆同岁月生，少仆八日。是岁生者无富贵人，而仆与梦得为穷之冠。即吾二人而观之，当推梦得为首。

　　连苏辙都忍不住写诗感慨：老天爷啊，你怎么能让一个人这么穷啊。

赠马正卿秀才

　　男儿生可怜，赤手空腹无一钱。
　　死丧三世委平地，骨肉不得归黄泉。
　　徒行乞丐买坟墓，冠帻破败衣履穿。
　　矫然未肯妄求取，耻以不义藏其先。
　　辛勤直使行路泣，六亲不信相尤怨。
　　问人何罪穷至此，人不敢尤其怨天。
　　孝慈未省鬼神恶，兄弟宁有木石顽。
　　善人自古有不遇，力行不废良谓贤。

　　虽然马梦得很穷，但他做事非常有傲骨。你想，又是抓"学风学纪"这种职位，还说一不二的，那肯定学生不喜欢，老师也忌惮啊。所以，马梦得同志在职场上，干得不是很开心。
　　孔凡礼先生在《苏轼年谱》里就记载了，这一年，苏东坡去拜访马梦得，发生了一件事。就是我们前边提到的《东坡志林》里说的——苏东坡到马梦得的书斋去等他，没等到，于是就信手在墙壁上题写了一篇杜甫的《秋雨叹》。没想到马梦得回来看到这首诗，直接辞官不做了。而且是"不复出"，就是一辈子都不做官了，多大的决心和勇气啊。

本来就穷，辞了工作就更穷了，"至今白首穷饿，守节如故"，头发都白了，还穷着，而且是非常有气节地穷着。

活成了一个又清苦又倔强的老头。

苏东坡当年随意题写的那首杜甫的《秋雨叹》，竟然对一个人产生了一辈子的影响，为什么？

这就是天生气场相投的好朋友啊，我都不一定见过你，但我如此懂你。

因为这一首诗，写的其实就是马梦得的心声。

《秋雨叹》一共有三首，根据南宋胡仔在《苕溪渔隐丛话》里的猜测，苏东坡题写的应该是第一首。

秋雨叹

雨中百草秋烂死，阶下决明颜色鲜。
著叶满枝翠羽盖，开花无数黄金钱。
凉风萧萧吹汝急，恐汝后时难独立。
堂上书生空白头，临风三嗅馨香泣。

秋雨连绵百草烂死，台阶下的决明子依然颜色正鲜。可是小植物毕竟是小植物，秋天是肃杀的，萧萧秋风下它何以自立呢？它这么小，又怎么能改变这个世界的悲凉呢？

马梦得看见这首诗，也许就明白了，他的正直和刚硬，在官场上永远都不会被人喜欢，况且他小小一株决明子，又如何能改变这个世界的肃杀之气呢？算了，穷则独善其身，陶渊明曾说"不为五斗米折腰"，他马梦得可能米都没有五斗，但，他依然不愿意折腰。

从此以后，马梦得就决心追随苏东坡，成了他的头号"捧场王"。当苏东坡以北宋开国百年第一的成绩名满天下，签书陕西凤翔府判官的时候，跟随他一起去的，据说就有马梦得同志。

马梦得对苏东坡最坚定的支持，发生在苏东坡最落寞的时候。

他们相识二十年之后，苏东坡因为乌台诗案被贬黄州，"平生亲友，无一字见及"，那些曾经的好朋友都不知道去哪里了，连个书信也没有。苏东坡写信过去，他们也不回，不知道是不是怕被连累。

但是，在这个时候，有一个人义无反顾、不畏千里而来。

那便是故人马梦得。

在《东坡八首》里有这么一句序言：

> 余在黄州二年，日以困匮，故人马正卿哀余乏食，为于郡中请故营地数十亩，使得躬耕其中。地既久荒，为茨棘瓦砾之场，而岁又大旱，垦辟之劳，筋力殆尽。

我在黄州第二年，日子穷困潦倒。老朋友马梦得看我连吃都吃不饱，专门忙前忙后，帮我向太守申请了一块废弃的营地，让我来耕种，以求自给自足。

这个地方在黄州城东边的山坡上，恰好唐代诗人白居易也曾经在贬谪的时候做过类似的事,并且把自己开垦的那片土地命名为"东坡"。

不知道是凑巧还是命中注定,总之,马梦得帮苏东坡做的这件事,成了"东坡居士"这个称号的由来。

所以夸张一点地说,如果没有马梦得申请下来的城东这片山坡,历史上就不会有"苏东坡"了。

马梦得不仅帮他搞来了地,还帮他一起种地。

苏东坡哪里拿过什么锄头,一介书生,体力还不咋的,关键是,这还是块荒草丛生、荆棘密布、瓦砾遍地的地,条件太差了。而且那年又逢大旱,"垦辟之劳,筋力殆尽",种地种得他们筋疲力尽。

不知道在劳作的时候,苏东坡看着边上这个跟自己一样已经四十多岁的男人,心中有何感受。当年他的一首诗让这个男人从此改变了自己的人生轨迹,而今他又不离不弃千里而来,干着最粗重的活儿,帮他解决衣食之忧。

他在感动中不忘调侃,说:这位穷苦的马梦得呀,我们认识了二十年。我估计他之前以为我是个"绩优股",天天盼着我富贵,好从我身上捞点好处。可惜我现在潦倒至此,反而连累了他。他这么帮我,就像在龟背上刮毛一样,什么时候才能织成一条毛毯呢?

这个蠢蛋痴人马梦得,我都这样了,可他到现在都还这么看好我。

东坡八首
其八

马生本穷士，从我二十年。
日夜望我贵，求分买山钱。
我今反累君，借耕辍兹田。
刮毛龟背上，何时得成毡。
可怜马生痴，至今夸我贤。
众笑终不悔，施一当获千。

这就是挺你的朋友啊！

无论贫富贵贱，交友贵在相知。我看好你，一辈子都看好你。

"可怜马生痴，至今夸我贤"，这句话太好了。

在黄州过了四年多，苏东坡在职场上又"行"了。

他回到了朝堂，成了小皇帝的老师，登上了政治生涯巅峰。

那个时候的马梦得在哪里呢？我们现在已经找不到记载了。

从苏东坡写给米芾的信里可以猜测，马梦得大概率是回到自己的故乡杞县，继续做他清苦的农夫去了。

朋友落魄时，第一时间出来相挺。

朋友富贵时，默默隐退身后。

又过了几年，苏东坡再度遭遇大贬。

五十九岁的他，正要从定州赶往英州，也就是正要从河北赶往广东这个贬谪地的时候，经过了杞县。

相知三十四年，苏东坡再度为马梦得留下了一首意味深长的小诗：

初贬英州过杞赠马梦得

万古仇池穴,归心负雪堂。
殷勤竹里梦,犹自数山王。

你归隐的地方,就像世外桃源一样,令我羡慕。想想我们曾经在黄州一起种地,建了一个小房子名叫"雪堂"。曾经想要归园田居,可惜我贪恋世间名利,还是回到官场中奔波。想想雪堂,真是内心惭愧,深觉辜负。

宦海沉浮,命运作弄,我今又遭贬谪。当年竹林七贤是何等的高风亮节,却也免不了有山涛、王戎等辈投靠朝廷,失了气节。

我羡慕你一生坚守根本,固穷守节,也愿勉励自己,不辜负初心,不辜负你。

其实在我所说过的苏东坡所有的朋友里,马梦得是至今唯一一个连简单的百度百科词条都没有的人。关于他的资料,九成以上都来自苏东坡的笔下。如果没有他,我们也不知道千年前曾有过这么一个人,给予过苏东坡一场横跨三十四年的相知相随、相挺相助。

诸葛亮曾经用一句话来形容世间最高的友情。

他说:"士之相知,温不增华,寒不改叶。"

我想,苏东坡和马梦得,就是这样一对朋友。

人生有这么一个朋友多么幸福啊!

不用客客气气地做什么表面工作,也无须用力地维护友谊,反而更多的是那种调侃、挤对,甚至是恶作剧。并且,最重要的是，彼此有着共同的爱好、共同的志趣，虽然走的是不一样的人生轨迹，却也能有心心相印的珍惜。

快哉，遇见人生中的马梦得！

资料出处：

1. ［北宋］苏轼《祭欧阳文忠公夫人文》《答黄鲁直》《记夺鲁直墨》《怪石供》《以玉带施元长老，元以衲裙相报，次韵二首》《东坡志林》《马梦得穷》《东坡八首并叙》《初贬英州过杞赠马梦得》
2. ［北宋］欧阳修《与梅圣俞》《举苏轼应制科状》
3. ［北宋］王安石《祭欧阳文忠公文》
4. ［北宋］黄庭坚《古风二首上苏子瞻》《题子瞻枯木》《品令·茶词》
5. ［北宋］苏辙《赠马正卿秀才》
6. ［南宋］陆游《老学庵笔记》
7. ［南宋］普济《五灯会元》
8. ［南宋］钱世昭《钱氏私志》
9. ［元代］脱脱等人《宋史·黄庭坚传》
10. ［元代］释觉岸《释氏稽古略》
11. ［明代］冯梦龙《古今谭概》
12. ［明代］徐长孺《东坡禅喜集》
13. 滑红彬、熊超《庐山山南二古寺志》
14. 孔凡礼《三苏年谱》《苏轼年谱》

第六章

赞叹

苏东坡活出来了

引子：他在天地间找到了自由

我们在第一、二章里，讲了苏东坡的前半生：

无比绚烂的开局，郁郁寡欢的外放，急转直下的挫折，废墟重建的人生。

而要去探究他后来能站上中国文化史巅峰的原因，仅讲述他个人的经历是不够的。

所以，我们在第三、四、五章里，去追溯了他的原生家庭、童年经历、亲密关系，又在他与朋友的交往中，更深地了解了这个人，明白了他为什么能让朋友们愿意为他披肝沥胆、千里奔赴。

这所有的因缘聚在一起，才成就了"苏东坡"。

现在，我们一起来看一看，那个我们从小在语文课本里就很熟悉的苏东坡，如今再次重读，会有何不同？

我们一起来看一看，那个把自己置身于天地之间、享尽自由的"苏东坡"，究竟是怎样活出来的？

一　与谁同坐，明月清风我

快乐是可以加倍的。

这世界有什么东西，是越分享越多的呢？

我在苏东坡的一首《点绛唇（闲倚胡床）》里得到了答案。

点绛唇

闲倚胡床，庚公楼外峰千朵。与谁同坐。明月清风我。

别乘一来，有唱应须和。还知么。自从添个。风月平分破。

这首词描述的心境让人羡慕，而且它上下阕写的心境还是不一样的。

我们先看上阕。

苏东坡的词是很有画面感的。

闲倚胡床，庾公楼外峰千朵。

　　第一个镜头，你看不见主角是谁，就是一个闲靠在胡床上的背影。

　　然后镜头慢慢移动，过肩，透过庾公楼的窗户向外望，我们看见了远处的山峰，如同鲜花绽放。

　　紧接着，就是一个反拍镜头，主角出现了，他像是在问你，又像是在问自己：

　　与谁同坐。明月清风我。

　　这句话再怎么翻译成白话文，都会弱化其本身的意境。

　　它就适合这样说。

　　有人曾经把这句话和李白的"举杯邀明月，对影成三人"拿来对比。

　　李白这首诗开头是仙气飘飘的，在一种微醺的半醉半醒之间，举头邀明月共饮，低头看对影，像是有三个人一起在喝酒一样。

　　都是与自然同在，但李白用的是"邀"。

　　邀请，是一个动作，你会发现这个画面是动态的，主人公是潇洒的。

　　但苏东坡不是。

　　整个画面很安静。

　　主角静静地坐在那里，明月、清风，它们似乎也在静静地陪伴主角。

我们不需要做什么动作,它们就一直都在。

所以,这个画面所表述的心境是什么呢?

其实就是上阕的第一个字:闲。

一个人有一个人的清闲。

即便无人作陪,也有明月清风伴我左右。

苏州拙政园有一个亭子,就叫"与谁同坐轩"。我去过几次,这个亭子的屋面、轩门、窗洞等,都是扇形的,你从哪一个角度看出去,都是别样的风景。

想象一下,明月当空,我们静静地坐在亭子里,一盏灯,一杯清茶,月光如水,照着澄澈的湖面。山水与我同在,美景与我共存。孤独,也有孤独的惬意。

"与谁同坐。明月清风我。"

我们觉得这个意境已经很好了,对吧?

但这还不是高潮。

我们来看下阕。

别乘一来,有唱应须和。还知么。自从添个。风月平分破。

"别乘"是个官职,苏东坡在这里说的是一个人,叫作袁毂,袁公济。

苏东坡写这首词的时候,是他第二次外放到杭州,而在事业上跟他搭档的,就是通判袁毂。

袁毂也是一个词人。袁毂来了，苏东坡就有机会跟他一起在公务闲暇时游山玩水，赋诗唱和。

所以他说："你知道吗？自从你来了之后，风月平分——清风明月，咱俩可以一人一半了。"

他在分享他的心境：我把我的这一份清闲恬淡给出去，虽然咱们是一人一半，但我的快乐是加倍的。

因为，有你的应和和共鸣。

苏东坡的《赤壁赋》里也有一句话：

> 惟江上之清风，与山间之明月，耳得之而为声，目遇之而成色，取之无禁，用之不竭，是造物者之无尽藏也，而吾与子之所共适。

清风明月，入了你的耳朵便有了声音，入了你眼帘便有了形色，这是大自然恩赐的宝藏，我和你可以共同享受。

我后来在这首词里明白了，什么东西越分享反而越多呢？

幸福感。

这种在大自然里收获的恬淡心境在你我之间流动，又因为我们之间的同频共振而让这种感受加倍美好。

"风月平分破。"

这个"破"字，把上阕那种安静的画面一下子破开了，就像是湖面泛起了涟漪，你的心灵得到了震动。

上下阕，一静一动，各有各的赏心悦目。

这首词向我们描绘了两种截然不同但却一样美妙的心境。

一个人有一个人的清闲自在，两个人有两个人的其乐无穷。

我在想，苏东坡的词之所以那么有治愈性，就是因为他的内在永远是丰盛的。

人生如白驹过隙，转瞬即逝，又似白云苍狗，变幻无常。

何不闲庭信步，且行且赏？

天地有大美，其实美的不一定是天地，而是一颗和光同尘、道法自然的心。

二　怀民亦未寝吗

珍惜大半夜能随时陪你的朋友吧。

顺着上一篇"与谁同坐",我们来进一步聊一聊,苏东坡在大半夜里拉着好友起来同行的悠闲和快乐。

这就是被写进语文课本里的《记承天寺夜游》。

和苏东坡一起夜游的这位兄台,叫张怀民。

不知道从什么时候开始,比起纪念苏东坡的诞辰,更为大家所称道的反而是"苏东坡大半夜去承天寺找张怀民×××周年",就连"怀民亦未寝"在网上都成了被二度创作的一个流行梗。

我们为什么喜欢《记承天寺夜游》?

或许是因为我们太希望,人生能有张怀民这样一个朋友了。

张怀民是谁?

三千年的史书太浓缩了,几乎看不见这个名字。只知道,他是一位和苏东坡一样,被贬谪到黄州的北宋官员。他没有东坡有名,也没有东坡做过的官职高。据说,他当时被贬到黄州,担任的是主簿这样一个小官,也就是知县下面的一个掌管文书的

"秘书"。

现实一点来说，苏东坡当年在京城大红大紫的时候，张怀民应该是没有机会认识他的。当年的苏东坡正是意气风发，看他文章里所写到的，往来的都是政坛要客、文豪大家。他后来说自己"上可以陪玉皇大帝，下可以陪卑田院乞儿"，其实要真正做到这一点，反而是在他人生最落魄的时候。

当花落到泥土间，才开始慢慢接了地气。苏东坡认识了张怀民，他们同病相怜，彼此又有共同的志趣和爱好，所以在黄州就常常结伴出行。

好朋友的标志是什么呢？

可能就是这篇文章前几句所描写的那样：

> 元丰六年十月十二日夜，解衣欲睡，月色入户，欣然起行。念无与为乐者，遂至承天寺，寻张怀民。

这个晚上，我刚脱下衣服准备睡觉，恰好看到月光洒进了屋子。好美啊！我想出去看看月亮。独乐乐不如众乐乐，找谁和我一起呢？

于是我走到了承天寺，来找张怀民。

然后，就是这句颇有深意的：

> 怀民亦未寝。

可能人家真的还没睡，可是近千年后的我们不一定这么想。

我们脑补了很多画面，比如苏东坡可能是温柔地敲门："怀民，怀民，睡了吗？"

也可能是粗鲁地敲门："怀民，怀民，开门哪，我知道你在家！"

但不管是怎么样，我觉得重点不在于苏东坡是怎么把人喊起来的，也不在于张怀民到底是不是已经睡了，关键在于——不管他睡没睡，他都愿意起来，大半夜，陪着这个朋友一起。

真正的好朋友，是不会去计较自己是不是被打扰了的。

于是他们信步在庭院中。

那一定是个很美好的夜晚。

月光照进庭院里，洒了一地，就像清水一样澄澈透明。

水中的水藻、水草纵横交错，其实那是竹子和柏树的影子。

庭下如积水空明，水中藻荇交横，盖竹柏影也。

苏东坡真的是一个写景高手。他要写月光，却没有一个字是月光，他写的是水面的澄澈；他要写竹柏，却不抬头看，他低头看的是水中纵横交错的影子。

月光如水，藻荇交横，在这个清冷的深夜里，孰幻孰真，若醒若梦。

于是苏东坡感慨：

哪个夜晚没有月光？哪个地方没有竹子和柏树呢？

只是缺少像我们两个这样清闲的人罢了。

何夜无月，何处无竹柏，但少闲人如吾两人者耳。

闲人，才能有闲情。
或者先让自己有一颗闲心，才能看见这清闲、悠闲之景。
而最美好的是什么呢？
是全天下不只有我一个闲人，还有你。
就像上一节我们讲到的那首《点绛唇（闲倚胡床）》：

与谁同坐。明月清风我……自从添个。风月平分破。

明月清风，咱俩一人一半。
也因为有你的应和共鸣，这份快乐，就加倍了。
苏辙还曾经在《黄州快哉亭记》里写到张怀民。

今张君不以谪为患，窃会计之余功，而自放山水之间，此其中宜有以过人者。

他说：张君不把贬官当成忧愁，处理公务之余，也在大自然中释放自己的身心，即使用旧蓬草编门，用破瓦罐做窗，也不觉得有什么不快乐的，这就是他超脱于常人的地方啊！
对史书里那些王侯将相而言，也许张怀民很渺小，很平凡，但是他的性情和志趣，却远远超过了大多数在宦海浮沉中患得患失的人。
所以同样胸中有天地的苏东坡才会和他成为好友，才会专门写文章记录他，写词致敬他。

  我们以前读语文课本里的这篇短文，最早赏析的是良辰美景，是苏东坡行云流水、返璞归真的文笔，可是长大以后才发现，这篇文章里最珍贵的，是张怀民；是我们渴望这样的友谊，看到美好就想分享给你，并且不介意是否会打扰到你；是我们共同能欣赏这平凡景色中的浪漫；是踏着月色寻你而来，哪怕没有互诉衷肠，仅仅是静静地待着的松弛与信任。

  我想，这也许就是我们愿意为九百多年前，这段朴素又神仙的友情，每年都过一个纪念日的原因吧。

三　一点浩然气，千里快哉风

人生，要的就是一个"快哉"！

苏东坡有两首写到张怀民的词。

两首都非常有名。

上一篇我们讲到《记承天寺夜游》，它说的是，月光、竹柏，这些最稀松平常的事物，可当我们拥有了欣赏它们的心境时，它们，便成了我们的养分。

而这一篇的境界，我觉得比上一篇要更开阔。

全篇最重要的一个词，就是"快哉"。

要如何才能活得痛快呢？

苏东坡在这首《水调歌头·快哉亭作》里，给出了答案。

这首词的创作背景，是张怀民建了一座亭子。

这座亭子靠近他的住所，临亭眺望，可以看见长江，纵览江流之胜，视野非常开阔。

张怀民请好朋友苏东坡为亭子命名，东坡名之曰：快哉亭。

苏东坡还专门写了这首词，说到了自己如何能活得"快哉"。

水调歌头·快哉亭作

　　落日绣帘卷,亭下水连空。知君为我,新作窗户湿青红。长记平山堂上,欹枕江南烟雨,渺渺没孤鸿。认得醉翁语,山色有无中。
　　一千顷,都镜净,倒碧峰。忽然浪起,掀舞一叶白头翁。堪笑兰台公子,未解庄生天籁,刚道有雌雄。一点浩然气,千里快哉风。

　　夕阳西下,落日余晖,在亭中卷起绣帘往外望去,江水与碧空相连,秋水共长天一色。为了我的到来,你还专门把窗户的朱漆又新涂了一遍。这让我不禁想起在扬州平山堂,我也是半倚着靠枕,欣赏江南烟雨,欣赏孤鸿从天际飞过。看到今天这个景象,我突然明白了当年恩师欧阳修在平山堂写下的词:山色有无中。

　　我认为这首词的上阕,其实写的是欧阳修的"快哉"。
　　欧阳修是怎么快哉的呢?
　　他当年任扬州知府,在扬州西北蜀冈盖了一座堂,坐在堂中往外看,江南这些山历历在目,好像就跟这座堂一样高。所以他命名为"平山堂"。那个景色,当时被宋人称为"壮丽为淮南第一",登高所见,旷阔辽远。景色本来就好,再加上欧阳修当时"文坛扛把子"的名号,他经常在这里召集名流雅士饮酒赋诗,人杰地灵,所以平山堂是当年北宋文化人心中向往的一座高峰。
　　欧阳修在平山堂写下过一篇千古名词,其中"平山阑槛倚晴空,山色有无中"的后半句,苏东坡就拿来用了。其实这句也不是欧阳修的原创，它最早出自王维的"江流天地外，山色有无中"一句。

我们来看一下欧阳修这首《朝中措·送刘仲原甫出守维扬》。

朝中措·送刘仲原甫出守维扬

平山阑槛倚晴空，山色有无中。手种堂前垂柳，别来几度春风。

文章太守，挥毫万字，一饮千钟。行乐直须年少，尊前看取衰翁。

如果我们细品这首词，其实是有逻辑问题的。

你看，"平山阑槛倚晴空"，平山堂的栏杆外是晴空。都已经天朗气清了，怎么还会"山色有无中"呢？远山似有若无，是云雾缭绕的缘故吧。在晴天写雾天的景色，不是很奇怪吗？

而且，苏东坡居然沿用了老师的这个逻辑漏洞。

他在快哉亭里所看到的景色是"亭下水连空"——碧绿的江水连着朗朗晴空，这也是晴天哪。可是他居然说，这个景色让他想起了恩师欧阳修所写的：山色有无中。

他们为什么会这样写呢？

其实，欧阳修是喝了大酒以后写的。

文章太守，挥毫万字，一饮千钟。行乐直须年少，尊前看取衰翁。

刘原甫当为文章太守,挥毫泼墨,痛快啊,一饮千钟。趁现在年轻赶快行乐吧,你看那坐在酒樽前的老头儿,已经不行了。

他说的是他自己。韶华已逝,生命渐渐走向落寞和苍凉。

醉意之下,他甚至不知道人生这一路所见的风景、跌跌撞撞的经历,是不是皆为虚妄的大梦一场。

苏东坡是懂得老师的,所以他在第三次经过平山堂的时候,为老师写下了一首纪念的词。

西江月·平山堂

三过平山堂下,半生弹指声中。十年不见老仙翁。壁上龙蛇飞动。

欲吊文章太守,仍歌杨柳春风。休言万事转头空。未转头时皆梦。

老师已经去世七年了,都说死后万事皆空,其实即便活在这世上,也不过是一场大梦啊!

既然人生就是一场梦,你怎么知道自己的真相,是庄子,还是蝴蝶呢?

所以,晴天、雾天,一切景色皆在须臾转换中,你怎么知道你看见的,是真实的场景,还是心中的想象呢?

为什么我们前面要铺垫那么多?

因为苏东坡接下来这一句,就是这样的逻辑。

  一千顷，都镜净，倒碧峰。忽然浪起，掀舞一叶白头翁。

  平静得都能倒映出群山的水面上，忽然掀起巨浪，一位老渔翁驾着小船在风中与浪共舞。
  这是真实的场景吗？这是苏东坡本人的经历啊！
  曾经平静的生活被乌台诗案打破，他被巨浪卷起，人生从此不再安宁。
  他渴望的是什么？
  是当生命的巨浪来袭时，他可以像这位渔翁一样，反客为主，驾驭风浪，在水中游刃有余。
  那怎么做到呢？
  看后面两句。

  堪笑兰台公子，未解庄生天籁，刚道有雌雄。

  这是一个典故。
  苏东坡笑的是谁？
  宋玉，据说是屈原的学生。
  宋玉当年见楚襄王，楚襄王说："快哉此风！"——这风吹得痛快啊！
  宋玉就拍马屁说："大王您吹的风是雄风，而平头老百姓吹的是雌风。"
  风还有雄雌之分吗？所以苏东坡就笑宋玉：你这个水平，还没有理解庄子所说的天籁是什么意思啊。上天吹的风，是自然而纯粹的，是没有偏见的。无论有没有名望，得到多少财富，是什么身份地位，大家吹到的风，都是一样的啊！

只要我心中有这股浩然正气，任何境遇之下我都能处之泰然，如同享受到无穷快意的千里雄风！

一点浩然气，千里快哉风。

奔放洒脱，豁然辽阔。

明代文学家杨慎，就是《三国演义》开篇词引用的那首《临江仙（滚滚长江东逝水）》的作者，他与这句词应该也有着强烈的共鸣，称赞道：

"结句雄奇，无人敢道。"

谁能超越得了，谁能评价得了呢？

真正的好句子，是没有办法用语言再翻译一遍的，任何翻译都会破坏这个意境。

活出"千里快哉风"，要的是"一点浩然气"。

若你问我，到底什么是浩然之气，坦白讲，我很难用语言描述出来。

但从战国时期的孟子第一次提出"我善养吾浩然之气"开始，两千多年以来的中国人，就从来没有断过这股气——从唐代李白"长风破浪会有时，直挂云帆济沧海"，到宋末文天祥"人生自古谁无死，留取丹心照汗青"；从明代于谦"粉骨碎身浑不怕，要留清白在人间"，到清代郑板桥"千磨万击还坚劲，任尔东西南北风"；还有林则徐的"苟利国家生死以，岂因祸福避趋之"，谭嗣同的"我自横刀向天笑，去留肝胆两昆仑"……

当然，还有王阳明临死之前的最后一句：此心光明，亦复何言？

这是一种超拔的精神力量，它能让人在逼仄中活出开阔，在低谷中活出洒脱，在一身污泥中活出坦荡，在滔天巨浪中活出大丈夫生于天地之间的——快哉风！

四　赤壁词赋里三种不同的人生境界（上）

从《赤壁怀古》到《赤壁赋》。

在今天，提起写赤壁怀古的诗人，你想到的一定是苏东坡。苏东坡关于赤壁的一词两赋，好像封死了后来文学家怀古的路。因为他写完了，别人就没什么好写的了。

那这三篇被收录到语文课本里的《念奴娇·赤壁怀古》和前后《赤壁赋》，到底好在哪里，为什么能成为怀古名篇呢？

以前读书的时候我不懂，后来人生遇到低谷，重读苏东坡的时候，我才发现：

这三篇文章，其实有着层层递进的关系，隐喻着我们人生的三重境界。

这三篇文章是同一年写的，都是1082年，有先后关系，七月写的《念奴娇·赤壁怀古》，七月中旬写了《赤壁赋》，到十月写的《后赤壁赋》。

那是苏东坡贬谪到黄州的第三年。虽然乌台诗案的阴霾已经渐渐散去，但是曾经被寄予厚望的科考学霸，那个从太后到百姓都熟知乃至喜爱的文坛顶流,那个当了三地"市长"的政府要员,现在,正在湖北黄州的一个犄角旮旯,种地。

他在《寒食帖》里写:

君门深九重,坟墓在万里。

想要忠君报国,可是前途渺茫;想要拜祭父母,可是家乡远在万里。

在黄州的时光是清闲的,也是平凡的。苏东坡脱下了职场的官袍,脱下了文人的衣衫,变成了一个地地道道的农民。

有的时候,他会跟两三个朋友结伴出游。

这一天,就来到了黄州城外的赤壁。

他也不管这个赤壁到底是不是当年的周郎赤壁,但看见江水滚滚东流,乱石穿空,惊涛拍岸,历史长河里淘尽的那些千古风流人物,仿佛都在向他走来。

念奴娇·赤壁怀古

大江东去,浪淘尽,千古风流人物。故垒西边,人道是,三国周郎赤壁。乱石穿空,惊涛拍岸,卷起千堆雪。江山如画,一时多少豪杰。

遥想公瑾当年,小乔初嫁了,雄姿英发。羽扇纶巾,谈笑间,樯橹灰飞烟灭。故国神游,多情应笑我,早生华发。人生如梦,一尊还酹江月。

两个时空好像在冥冥之中重叠了，那是一个名将辈出的年代，横槊赋诗的曹操、骑马射虎的孙权、联吴抗曹的诸葛亮、足智多谋的周公瑾……多好啊，历史的尘埃不会掩盖他们闪耀的光芒，大丈夫驰骋疆场，为的不就是千古留名吗？

　　赤壁一战，历史将会永远记住周瑜周公瑾。苏东坡似乎看见了他，公元199年，周瑜随孙策平定江东，为孙策带去了船粮器械，给予他大力支持。而后，孙策授予他"建威中郎将"，在齐心协力攻克皖城之后，孙策迎娶了大乔，周瑜迎娶了小乔。那一年，他们二十五岁。

　　郎才女貌，英雄美人，这两桩婚姻从此成了东吴佳话。

　　苏东坡遥想当年周郎风貌，临阵的从容潇洒，御敌的成竹在胸。《三国志》里描述，当时周瑜命黄盖准备几十艘轻便的艨艟斗舰，满载薪草膏油，外用赤幔伪装，上插牙旗，并去信给曹操诈降。趁曹军不备，黄盖点燃柴草，几十艘火船冲向曹营。正好北军不善水战，把大艘战舰首尾相连，只要点燃一艘，另一艘必遭牵连。《三国志》对当时场景的描述是"时风盛猛，悉延烧岸上营落。顷之，烟炎张天，人马烧溺死者甚众"。

　　"谈笑间，樯橹灰飞烟灭"，面对不可一世的、历经无数战役的军事家曹操，以及他鼎盛时期的几十万大军，三十四岁的青年将领周瑜潇洒自如、运筹帷幄，从容谈笑间，强敌灰飞烟灭。

　　而"遥想"，正是苏东坡对八百多年前那位名将的向往，对他年纪轻轻就有如此卓绝的功业的赞赏。

　　远去了那些硝烟战火，远去了那些英雄美人。苏东坡从"故国神游"中回到现实世界，他恍若隔世，不禁自嘲多情。他已经四十七岁了，乌台诗案后，几乎翻身无望，只能看着自己早生的白发，感慨虚度了光阴。

他要回去了，家里还有地要种，还有家人要养。

罢了，人生如梦，江水长流，不如举起酒杯，祭奠这万古的明月！

如果我们把这一词两赋三篇连起来看，就会发现，它们都有"酒"，也都有"月"。

这里的"酒"不仅是"酒"，还是他的遣兴之物；这里的"月"也不仅是"月"，还是他无从抵达的梦想。

那个时候的苏东坡，依然停留在被贬谪的阴影里，他不知道自己是不是还能再有翻身的机会。古今对照，内心不禁悲从中来：人生如梦啊！

这是他的第一重境界：

从失落到自嘲，最后自我宽慰——算了，人生只是一场梦！

苏东坡写完这首词以后，没多久又来到赤壁。

这一天是七月十六。

这一次他不在岸上，而是直接和朋友坐船在江上游玩。清风徐来，水波不兴。一轮满月挂在天上，他们一边饮酒一边唱歌，有朋友吹起了洞箫，如泣如诉，余音袅袅。

我们读《赤壁赋》，可能更记得的是后面那两段主客对话，但当我再读，才发现前面两段，他们见的景、唱的歌，都有深刻的含义。

举酒属客,诵明月之诗,歌窈窕之章。少焉,月出于东山之上,徘徊于斗牛之间。白露横江,水光接天。纵一苇之所如,凌万顷之茫然。

苏东坡吟诵的,是《诗经·陈风·月出》这一章。

月出皎兮,佼人僚兮。舒窈纠兮,劳心悄兮。
月出皓兮,佼人懰兮。舒忧受兮,劳心慅兮。
月出照兮,佼人燎兮。舒夭绍兮,劳心惨兮。

这是一首单相思的情诗,全诗充满了淡淡的哀怨、缠绵与忧伤。它描写的是月光下一位美丽的女子。诗人看见她姣好的容颜,久久不能忘怀。他思念她,但女子却不知情。

放到现代的话,我们大概可以这么想象:你和朋友们一起去户外郊游,坐船看着月亮,你唱起了伤感的情歌。

慢慢地,明月渐渐从东山后升起,徘徊在斗宿与牛宿这两个星座之间。水光连着天际,白雾横贯江面。小船就像一片苇叶,在水中漂浮,我们也不操控它,漂到哪就算哪,任由清风和水流带着它,越过茫茫的江面。

浩浩乎如冯虚御风,而不知其所止;飘飘乎如遗世独立,羽化而登仙。

这是道家的境界。冯虚御风出自《庄子·逍遥游》,讲的是列子御风而行，凭借风力在空中自由翱翔，无拘无束；遗世独立更是形容一个洁白无瑕的君子飘然于尘世间；"羽化成仙"则是道教修行中追求的目标，它是一种身心的高度净化和超越，通过长期的修炼，成为能摆脱生死束缚的仙人。

苏东坡这两句体现了道家的境界，配合着茫茫月色和皑皑云雾，让人有一种逍遥解脱，天地与我同在的自由。

但，他真的自由吗？

于是饮酒乐甚，扣舷而歌之。歌曰："桂棹兮兰桨，击空明兮溯流光。渺渺兮予怀，望美人兮天一方。"客有吹洞箫者，倚歌而和之。其声呜呜然，如怨如慕，如泣如诉，余音袅袅，不绝如缕。舞幽壑之潜蛟，泣孤舟之嫠妇。

酒越喝越酣畅，歌也越唱越哀伤。

他唱的是《楚辞》里的《湘君》和《少司命》：

桂树的船棹啊，木兰的船桨，击打着月光下的清波；

袅袅的美人啊，悠悠的情思，遥远地在天的另一方。

朋友伴着苏东坡的歌声，吹起了洞箫。声音悲凉幽怨，如泣如诉，哀哀低回。这声音在江上回荡，缠绵如细丝，余音袅袅。即便是深谷中的蛟龙也能为之起舞，即便是孤舟上的寡妇也会听来啜泣。

以上两段，有景有声，有情有喻。

当时的景让人感觉有天地任我遨游的潇洒，可他唱的歌却是如此哀伤与无奈。

我们以前学语文,但凡看到诗词中,男性角色写美人不可及的,通常总有一些暗喻,指向他的政治理想。

我想,苏东坡亦然。

所以,才有了以下的对话:

客曰:"'月明星稀,乌鹊南飞',此非曹孟德之诗乎?西望夏口,东望武昌,山川相缪,郁乎苍苍,此非孟德之困于周郎者乎?方其破荆州,下江陵,顺流而东也,舳舻千里,旌旗蔽空,酾酒临江,横槊赋诗,固一世之雄也,而今安在哉?况吾与子渔樵于江渚之上,侣鱼虾而友麋鹿,驾一叶之扁舟,举匏尊以相属。寄蜉蝣于天地,渺沧海之一粟。哀吾生之须臾,羡长江之无穷。挟飞仙以遨游,抱明月而长终。知不可乎骤得,托遗响于悲风。"

朋友说:你看,八百年前的曹操,率领八十万大军沿长江东下,攻荆州夺江陵,横槊赋诗,临江斟酒,战船延绵千里,旌旗遮住了长空,然后……然后不也死了吗?吾生须臾,你我最终也将化为灰烬。时间就像这江水流逝一样,你挡都挡不住。月亮从圆到缺,你拦也拦不了。人生太渺小,我们又能怎么样呢?

苏子曰:"客亦知夫水与月乎?逝者如斯,而未尝往也;盈虚者如彼,而卒莫消长也。盖将自其变者而观之，则天地曾不能以一瞬；自其不变者而观之，则物与我皆无尽也，而又何羡乎！且夫天地之间，物各有主，苟非吾之所有，虽一毫而莫取。惟江上之清风，与山间之明月，耳得之而为声，目遇之而成色，取之无禁，用之不竭，是造物者之无尽藏也，而吾与子之所共适。

苏东坡说：你看时间流逝就像这江水，流逝的始终是一小段，而它流逝的那个状态是不变的。月亮有阴晴圆缺，你看起来好像在变化，但它亿万年来始终在这里，其实也从未增减。所以，如果你只看到事物易变的一面，那么天地之间所有的一切都在变化，你的确留不住任何东西；但如果你换一个角度，从它们不变的一面来看，万物也都是永恒存在的。所以你有什么可羡慕的，又有什么可悲伤的呢？

况且天地之间，万物皆有主宰者，那些不属于我们的，我们一丝一毫都无法求取。但我们有什么呢？这江上的清风，这山间的明月，它入了你的耳朵便有了声音，进入你的眼帘便有了形色。这是大自然恩赐给你的宝藏，我和你可以尽情享受。

这是一段非常精彩的主客对话。

一个说的是，人生只有一次，死后万事皆空，再大的功绩都会归于尘土虚无，那么，一切还有什么意义呢？

另一个说的是，正是因为只有一次，什么都留不住，所以才要珍惜此刻。

你拥有了此刻，便拥有了永恒。

此刻，即是永恒。

我一直觉得，在《赤壁赋》里跟苏东坡对话的那个"客"，很像是以前的他自己。

他在《念奴娇·赤壁怀古》里感慨的是大江东去，故国神游，自己虚度了光阴，早生了白发，说的是时光不由人。但在这一篇《赤壁赋》里，他像是来到了第二重境界，用一个更高维度的答案，来回应曾经的自己。

他说的是，你不要因为吾生须臾而羡长江无穷，你应该要把无穷的天地万物拿来为吾生所享受！

你会发现，他在这个阶段，已经从自我宽慰走向了更加旷达的人生。

时光流逝，吾生须臾，又怎么样呢，何必强求于不变？

只要江水无穷，天地长存，清风有声，明月有色，打开你的身心，尽情享受大自然的恩赐，不就好了吗？

这就从第一重境界"人生如梦"，来到了第二重境界的"享受梦境"。

而到了《后赤壁赋》，苏东坡更有神来之笔。

下一篇，我们将展开来说说，这篇我认为在文学史上被低估的，到达了第三重境界的名作《后赤壁赋》。

五　赤壁词赋里三种不同的人生境界（下）

被低估的《后赤壁赋》。

今天提到《赤壁赋》，可能大家默认的，都是前《赤壁赋》。从名气上说，"前"的确远远高于"后"，但随着年纪越来越大，我慢慢发现，《后赤壁赋》所指向的境界，或许更为深刻，也更为高远。

"前"还在向我们输出道理，但"后"一句道理也没有，它只是云淡风轻地向我们讲述了一个故事，可这个故事里所有的细节，都指向了"生命的本质"。

本篇我们来讲讲，被低估的《后赤壁赋》。

《赤壁赋》所记录的那一次游览，发生在七月十六。而《后赤壁赋》那晚，已经是十月十五了。又是一个月圆夜，但这两次游览，目的不一样。

《赤壁赋》并没有交代游览前发生了什么，开头就是时间、地点、人物、事件。

> 壬戌之秋，七月既望，苏子与客泛舟游于赤壁之下。

《后赤壁赋》不一样，本来字数就比前者少很多，最前边还专门花了一段来描述他们是怎么来的。

> 是岁十月之望，步自雪堂，将归于临皋。二客从予，过黄泥之坂。霜露既降，木叶尽脱。人影在地，仰见明月。顾而乐之，行歌相答。已而叹曰："有客无酒，有酒无肴，月白风清，如此良夜何？"客曰："今者薄暮，举网得鱼，巨口细鳞，状似松江之鲈，顾安所得酒乎？"归而谋诸妇。妇曰："我有斗酒，藏之久矣，以待子不时之须。"于是携酒与鱼，复游于赤壁之下。

苏东坡说：我正要从雪堂回临皋（从"工作室"回家），俩朋友跟我一起。我们经过黄泥坂的时候，看到霜露已经降下，叶子都脱落了，我们的身影倒映在地上。一抬头，见明月高悬，环顾四周，感觉心里很舒畅，就一面走一面唱着歌，我的朋友们也一起应和着。

走着走着，苏东坡感慨道："有客却没有酒，有酒却没有菜，你看这月色皎洁，清风吹拂，如此美好的夜晚，不整点节目，有些浪费啊！"

一个朋友说："我今天傍晚刚好捕到一条鱼，大嘴巴细鳞片，就跟吴淞江鲈鱼似的（刚好拿来下酒）。不过——去哪儿弄酒呢？"

苏东坡想了想，回家跟老婆商量。

老妻（王闰之）说："我有一斗酒，保藏了很久，正是为了应付你的不时之需。"

于是，苏东坡跟两个朋友拿着美酒和鲜鱼，再次来到赤壁之下。

我曾经很不能理解，为什么《后赤壁赋》要在游览之前絮絮叨叨讲这么多琐事？

直到我对比了"前""后"之别，我才发现：

如果说《赤壁赋》是有计划的、事先安排好的"有心之游"，那《后赤壁赋》就属于即兴的、未知的"无心之游"。

生命的本质，不就是一场无心之游，一场未知之旅，一场无法被我们精密计划的旅行吗？

可能也正是因为"未知"，所以他们这次的"节目"也没有提前固定，我们会发现，接下来他们的游览，有很多行为是非常即兴的。

> 江流有声，断岸千尺。山高月小，水落石出。

这幅画面，和《赤壁赋》所见，很不一样。

你还记得之前的风景吗？

> 清风徐来，水波不兴……月出于东山之上，徘徊于斗牛之间。白露横江，水光接天。

从"水波不兴"到"江流有声"，从"水光接天"到"水落石出"，从七月十六的月亮慢慢从东边的山上升起来，到十月十五的月亮几乎要埋没在耸然屹立的山石之后,你感受到什么?

从缥缈到肃杀,从柔和到冷峻,从延绵到陡峭。

于是苏东坡感慨:

> 曾日月之几何,而江山不可复识矣。

才隔了多少日子,同样的地点,这景色早已不复当时,我甚至都有点认不出了!

这不就是他在《赤壁赋》里所说的,"盖将自其变者而观之,则天地曾不能以一瞬"吗?

变化,就是他在这个故事里写到的生命的第二个本质。

一切都在变化中,须臾即变,如果说他在之前只是"知道"这个道理,那么此次的游览,他是亲身"感受"到了!

于是,他再一次做出了一个即兴的行为——爬山。

> 予乃摄衣而上,履巉岩,披蒙茸,踞虎豹,登虬龙,攀栖鹘之危巢,俯冯夷之幽宫。盖二客不能从焉。划然长啸,草木震动。山鸣谷应,风起水涌。予亦悄然而悲,肃然而恐,凛乎其不可久留也。

与其说这是一次爬山,不如说这是一次惊心动魄的"恐怖之旅"。

苏东坡撩起衣襟上岸,踏着险峻的山岩,拨开纷乱的杂草,蹲在虎豹形状的怪石上,不时拉住虬龙一样的树枝,攀上如猛禽做窝的悬崖,下望如水神冯夷的深潭。

两个朋友被他远远地甩在身后。

他独自一人走到了这个极高处。

高处不胜寒,苏东坡发出了大声的长啸,草木为之震动,山川与他共鸣。

风起云涌,这景象令他产生了无限的忧愁和肃穆、恐惧与哀伤。

让我们代入一下,如果我们独自一人,在只有月色照亮的山中行走,在陡峭的乱岩中攀爬,十月的风吹得草木呜呜作响,江水不断拍打着礁石,往上看山高月小,往下看深不见底,我们冷不冷、哀不哀、愁不愁、怕不怕?

可能,苏东坡也怕了。

他感到此地不可久留,于是赶紧回到了船上。

值得留意的是,这一路,他都是一个人。

一个人去体验路途中的艰难险阻,一个人面对夜色下的恐惧哀伤。

他再一次向我们揭示了生命的本质——生命的底色是苍凉的,生命的旅程是孤独的。

在《赤壁赋》里,他和朋友们举起酒杯,在平缓的江面上游览,我们可以想象,那应该是个涨潮的夜晚,所以才会"水光接天"。

但在《后赤壁赋》中,潮水退去,"水落石出",更本质的东西出来了。这本质是如此苍凉,令人萧索,令人惆怅。并且,你必须自己一个人,去体验那种萧索和惆怅。

> 反而登舟，放乎中流，听其所止而休焉。

如果说前后《赤壁赋》里有什么类似的节目，可能就是这一句——把船划到江心，任凭它漂流到哪里就是哪里。

"身如不系之舟"，人的命运，不就是一艘没有系着绳索的小船吗？

他们游览到了半夜，这一次没有通宵。

《赤壁赋》里，是"相与枕藉乎舟中"，直接东倒西歪睡在船上，然后等到了天色将亮的"东方既白"；而《后赤壁赋》则到半夜就直接打道回府了，我想，可能是因为冷。

也不知道他们酒喝完了没有，鱼吃完了没有。

《赤壁赋》里还有交代"杯盘狼藉"，也就是说，他们是喝嗨了，尽兴了；而《后赤壁赋》，准备了一条鱼还有一斗酒，我还专门换算了一下，宋代的一斗酒，大约等于现代的六七升，但宋代的米酒不太能确定度数，只有做一个大致的估算——六七升米酒是十多斤。

这个量级的酒，苏东坡是不是本来也奔着尽兴而去？

也许是。

但这一次，他们显然没有如意。

> 时夜将半，四顾寂寥，适有孤鹤，横江东来，翅如车轮，玄裳缟衣，戛然长鸣，掠予舟而西也。

临半夜时,环顾四周,凄清寂寥。

然后,他们看到了一幕清奇的场景——

有一只鹤,横穿江面从东边飞来,白羽黑尾,翅膀像车轮一样大。

它戛然长鸣,擦过他们的船,向西飞去。

我一直在想,这只鹤是真的吗?

我们再往下看——

> 须臾客去,予亦就睡。梦一道士,羽衣翩跹,过临皋之下,揖予而言曰:"赤壁之游乐乎?"问其姓名,俯而不答。呜呼!噫嘻!我知之矣!畴昔之夜,飞鸣而过我者,非子也邪?道士顾笑,予亦惊寤。开户视之,不见其处。

苏东坡回家睡觉,梦见了这只仙鹤。

它穿着羽毛编织的衣裳,变成了道士的模样,拱手问他:"赤壁之行还快乐吗?"

苏东坡问:"你,就是那只仙鹤吗?"

道士不答,含笑而去。

苏东坡惊醒,举目四顾,开门寻找,却看不见任何踪影。

像不像庄周梦蝶?

这个世界的真相,究竟是庄子,还是蝴蝶?

我们究竟是在现实,还是在梦境?

苏东坡没有给出答案,但他的文字里,有两个非常巧妙的语气词:"呜呼!噫嘻!"

这四个字单独拆开,都是叹词,把这四个字连在一起,他要形容的是自己那一瞬间的恍然大悟。

哦呀!哎呀!我知道啦!那晚飞过我的仙鹤,难道不就是你吗?!

禅宗有一个法门,叫"顿悟"。

突然的醒悟,像是量变积累到质变的那一瞬间。

苏东坡的醒悟在于,仙鹤即道士,道士即仙鹤。

他们既是现实也是梦,既是梦也是现实。

然后整个故事的最高潮,结束在——

打开门窗,四下寻找,一切皆无。

《金刚经》里说:

> 凡所有相,皆是虚妄。若见诸相非相,即见如来。

我们在苏东坡的诗词里,也可以看到很多类似的思想,比如下一篇我们要讲到的,那首气度超越传统文人的《定风波(莫听穿林打叶声)》:

> 回首向来萧瑟处,归去,也无风雨也无晴。

最妙的,就是这个"无"字。

你看见了风雨,看见了晴天,你看见了无论是风雨还是晴天,一切都会过去;

你看见了道士，看见了仙鹤，你看见了无论是道士还是仙鹤，一切都是虚相。

当我们陷入逆境之中，最次是宽慰自己，反正人生是一场梦，所以我们看见了《念奴娇·赤壁怀古》的最后，苏东坡所感叹的"人生如梦"；

再上一个台阶，是豁达超脱，所以到了《赤壁赋》中，苏东坡用主客问答的形式，回复过往的自己：何不享受梦境；

而比这个更高的境界，就是他《后赤壁赋》里告诉我们的，梦醒之后是什么——是"无"，是"空"，是"虚相"，是了悟虚相之后，才明白的生命的本质。

所以在《古文观止》里，吴楚材、吴调侯才会这么评价《后赤壁赋》：

> 岂惟无鹤无道士，并无鱼，并无酒，并无客，并无赤壁，只有一片光明空阔。

这就是这一词两赋的第三重境界：
看见梦，也看见在这个梦中行走的你。
看见梦境的背后，是生命的光明空阔，而道士和仙鹤，只不过是梦里的一个故事而已。
看见虚妄时，才见生命实相。

至此，这三篇旷世奇文，我们终于讲完了。
1082年对苏东坡来说，绝对是一个文学创作的最高峰。

他不仅写出了《念奴娇·赤壁怀古》《赤壁赋》《后赤壁赋》，还有"小舟从此逝，江海寄余生"的《临江仙（夜饮东坡醒复醉）》，还有"也无风雨也无晴"的《定风波（莫听穿林打叶声）》。

多少我们熟悉的诗词，都诞生在这一年。

苏东坡已死，他的名字跟当年赤壁的曹操和周瑜一样，已经是一个遥远的记忆。

但我们为什么还在怀念他？

因为，当我们看遍了传统文人满是伤春悲秋的诗词，或者只是哀叹自己报国无门的文章，然后再看见苏东坡的时候，那种和光同尘、与宇宙同在的心量，帮我们完全打开了自己的人生尺度，让我们在逆境之时，也有机会跟着他一起见自己、见天地、见众生。

六　回首向来萧瑟处，也无风雨也无晴

《定风波》里从假豁达到真豁达的跨越。

如果要票选苏东坡所有诗词中最豁达的一首，也许很多人会选择这首《定风波（莫听穿林打叶声）》。

定风波

三月七日，沙湖道中遇雨。
雨具先去，同行皆狼狈，余独不觉。
已而遂晴，故作此词。

莫听穿林打叶声，何妨吟啸且徐行。竹杖芒鞋轻胜马，谁怕？一蓑烟雨任平生。

料峭春风吹酒醒，微冷，山头斜照却相迎。回首向来萧瑟处，归去，也无风雨也无晴。

我以前也曾认为，这是苏东坡已经到了豁达超脱的境界。

但某天，发生了一件我到现在都解释不清的事。

那天，我刚好写到《定风波》这篇稿子，思绪卡住了，怎么写都写不出那个味道。

午休时，半梦半醒之间，我迷迷糊糊背起这首词：

"莫听穿林打叶声……莫听、莫听……"

仿佛一直有一个声音，不断地提醒我：莫听。

不对呀，如果他真的享受这一场大雨，为什么要告诉自己"莫听"？

这首词是1082年春天写的，那个时候，苏东坡被贬谪到黄州已经有两年多了。

我们在第一、二章里详细描述了他从"文坛顶流"跌落成阶下之囚的经历，以及在低谷中一步步熬出来的艰难和勇气。

很多人喜欢苏东坡的豁达——你把我贬了，却挡不住我快活。

试问怎么可能呢？

当名声没有了，官职没有了，政治理想没有了，人生在一刹那失去了意义的时候，他怎么可能豁达得起来呢？

在他的快活背后，我们看到的是他一点一滴重建的生活。

他在黄州的安国寺里焚香默坐，沐浴尘垢，深自省察，这个时候拯救他的是佛，是道，是回归身体和心灵的行动，回归到那种"什么也不是"的平凡日子。

他在黄州城东的一片高坡之上，成了一个日出而作、日落而息的农民。这个时候他开始觉得生活可爱了起来，因为有耕耘就有收获，即便吃得很糙，也能找到研究美食的乐趣。

在写下《定风波（莫听穿林打叶声）》的前一个月，苏东坡更是在自己种地的地方，建了一所房子，起名"雪堂"。

从此以后，这里变成了苏东坡和好友相聚的地方。谈笑有鸿儒，往来有白丁。他的这帮上自州府官员、文化名流，下到小店老板、农民渔夫的朋友，让雪堂成了黄州城的文化交流客厅。

因此，在1082年的春天，被贬谪黄州两年多后，我们看见了一个重生的苏东坡。

而《定风波（莫听穿林打叶声）》就是在此时写下的。

这首词的开头有一段引文，说的是苏东坡一行人在去沙湖的路上遇到了大雨，雨具已经由仆人先行拿走了，他们只能淋雨前行。同行的人狼狈不堪，而苏东坡自己，却别有一番滋味。

于是他开头便说：

莫听穿林打叶声，何妨吟啸且徐行。竹杖芒鞋轻胜马，谁怕？一蓑烟雨任平生。

下雨又何妨？我一边放声吟唱，一边缓步徐行。

竹杖芒鞋走起来呀，谁怕？老夫我披着蓑衣在风雨里一样处之泰然。

可能很多人会觉得苏东坡很豁达——下雨，也挡不住我的快活。

可是，我想起那天迷迷糊糊背诵时重复的那声"莫听"，仔细琢磨的话，倘若他真的在享受这场大雨，为什么要"莫听"？倘若他真的不怕这场大雨，为什么要对自己说"谁怕"？

我们都知道，这场大雨在这首词里，隐喻的是人生的苦难。

遇到苦难，我们本能的反应是什么？

自我宽慰：没关系，别怕！

就好像是在给自己壮胆，告诉自己：没事，苦难不算什么，放声歌唱吧，轻装上阵吧！

这是真的豁达吗？

我觉得恰恰相反，他此刻的豁达，是假的。

但是这个"假豁达"，却是我觉得苏东坡最迷人的地方。

佛家一上来就跟你说"色即是空"，要"心无罣碍""应无所住而生其心"。

试问几人能做到？

我也知道不应该有分别心，苦难和幸福都是人生的礼物，可是，苦难它真的让你难受啊！当苦难来临之时，我们常常措手不及，那种煎熬和痛苦，除了不断给自己壮胆，说"没事的，不怕，别听别看"，常常没有别的办法。

苏东坡也是一样的。

我之所以觉得苏东坡让人亲近，是因为他也不是一开始就站在豁达的高处，俯瞰众生。我们有过的矛盾和挣扎他都有，我们试图抗拒苦难的本能反应，那种"别听、别怕"，他也都有。

但倘若他只是这样，又如何能照耀我们呢？

于是，我们来到这首词的后半段——苦难之后。

　　　　料峭春风吹酒醒，微冷，山头斜照却相迎。

微冷的春风吹醒我的酒意，抬眼一看，雨后初晴，山头的斜阳洒下来，这是一幅多么美的风景。

大雨终究会停息，苦难终究会过去，我们都会迎来山头斜照、拨云见日的那一天。

关关难过关关过。

苦难将我们打倒了吗？

并没有啊。

回望来时风雨走过的地方，苏东坡发出一声长长的感慨——

回首向来萧瑟处，归去，也无风雨也无晴。

如果没有最后这一句，整首词的境界至少掉一个档次。

"也无风雨也无晴"，大部分人的解释是"无所谓风雨，也无所谓晴"。

这也正好呼应了"一蓑烟雨任平生"，不管是风雨还是晴，我都怀抱平常心。苦难也好，幸福也好，所有的一切都是中性的。你不评判好坏，自然就不会有得失心。

从风雨中的"别听、别怕"，到风雨之后的"不过如此"，就像我们回首曾经经历的挫折和磨难，当年那些似乎迈不过去的"苦"，现在再看，不过就是一个喷嚏的事。

到这里，苏东坡似乎已经完成了从"假豁达"到"真豁达"的跨越。

但我还想再多说几句。

这几句可能会被认为是过度解读，也许不是苏东坡本意，可我觉得艺术就是这样，艺术家赋予作品第一次生命，而每一个喜欢它的解读者，则让它有了第二次生命。

因此我一直觉得，你的解读，也是艺术的一部分。

"也无风雨也无晴。"

我会怎么看这句话？

我觉得最棒的，就是这个"无"字。

你可以把它理解成"无所谓"，也可以把它理解成佛家所讲的"无"。

无，不一定是没有，它更大的含义，也许说的是"虚妄"。

风雨也好，晴也好，"凡所有相，皆是虚妄"。

苏东坡经常拿"梦"来比喻人生，比如：

世事一场大梦，人生几度秋凉。

——《西江月（世事一场大梦）》

人生如梦，一尊还酹江月。

——《念奴娇·赤壁怀古》

休言万事转头空，未转头时皆梦。

——《西江月·平山堂》

叹隙中驹，石中火，梦中身。

——《行香子·述怀》

庄周梦蝶，蝶梦庄周，这个世界的真相，究竟是蝴蝶，还是庄周？

苏东坡没有答案，我们也未必有答案。

曾经看过这样一段话，说：也许跌宕一生之后，我们会在某一个时空醒来，发现自己只是趴在小学课桌上，做了一个长长的梦。

若如此，风雨也好，晴也好，还重要吗？

它们的出现，只是带给了我们一种感受。我们这辈子都是在玩"感受的游戏"，但感受是刹那间的，每个当下都会有新的感受产生。

有无数的"风雨"，也有无数的"晴"。

走过之后，不再执着。

所以，回首向来萧瑟处，也无风雨也无晴。

苏东坡在《定风波（莫听穿林打叶声）》里完成了对于苦难的跨越，从自我宽慰跨越到更加通透旷达的境界。

为什么我觉得这首词的境界无人可比？

因为它不是纯粹地展现自己的豁达，而是从泥泞里长出来的，是我们所有人在经历苦难的时候都会走过的境界。

千百年来，我们也正走在他曾走过的路上。对我们而言，苏东坡是同行者，也是领路人。

资料出处：

1. ［北宋］苏轼《点绛唇（闲倚胡床）》《记承天寺夜游》《水调歌头·快哉亭作》《西江月·平山堂》《念奴娇·赤壁怀古》《赤壁赋》《后赤壁赋》《临江仙（夜饮东坡醒复醉）》《定风波（莫听穿林打叶声）》《西江月（世事一场大梦）》《行香子·述怀》
2. ［北宋］苏辙《黄州快哉亭记》
3. ［北宋］欧阳修《朝中措·送刘仲原甫出守维扬》
4. ［清代］吴楚材、吴调侯《古文观止》

第七章

了悟 / 你与自己的命运和解

引子：你渴望朝堂，朝堂却令你受伤

我们大部分人所熟悉的苏东坡，是黄州时期的苏东坡，更确切地说，是黄州时期的大文豪苏东坡。

苏辙在《亡兄子瞻端明墓志铭》里说，以前哥哥跟他讲，当今学者，只有他们兄弟二人可以相提并论；但他认为，当哥哥贬谪到黄州之后，文风发生了很大的变化，如江河之水汹涌而至，自己"瞠然不能及"。

的确，如果从文学创作而言，毫不夸张地说，黄州时期就是苏东坡一生的创作高峰期。

但，文学，只是他生命的一部分。

此后的苏东坡，虽难再现这样密集的高峰之作，但他的人生境界，却有了新的跃迁。

这个跃迁在于——与自己的命运和解。

和解是不容易的，要经历许多来自生活的鞭打、磋磨，甚至要反复体验那种从身到心的、不致命但很受罪的痛。

那么，他是怎么和解的呢？

本章，我们将讲述黄州之后，苏东坡人生的最后十八年。

佛家有一句话，叫"悟后起修"。

真正的人生修行，其实是在了悟之后开始的。

一　真正迎来了职业巅峰，你却如此不快乐

花了很长时间，
才明白自己不适合干这一行。

　　宋哲宗元祐元年（1086）九月，苏东坡在京城官拜翰林学士。

　　而一年前的这个时候，他还在赴任登州的路上。谁能想到，他刚到登州任所五天，就收到了进京的诏令。进京之后，他先是当上了礼部郎中，然后被提拔为起居舍人，此时已是天子近臣。没过多久，他再度被提拔为中书舍人，负责起草诏令，参与国家机密事务，共同商议国家大事，相当于进入了国家最高决策层。

　　他在《谢宣召入院状》里说自己"曾未周岁，而阅三官"，不到一年的时间里，就经历了三次官职的升迁，可以说，是很多官员都不敢想象的晋升速度。

　　升迁的脚步并未就此停下——元祐元年（1086）九月，他升任翰林学士、知制诰；元祐二年（1087）八月，他兼任宋哲宗的侍读，成为天子的老师。

　　三十年前，当青年苏东坡和弟弟苏辙，跟着父亲坐船沿岷江出蜀的时候，不就梦想着能通过科举步入仕途，在朝堂上被重用而有一番作为吗？

但当他真的迎来了自己职业辉煌期的时候，竟写下了这样一首怀念黄州的词。

如梦令·春思

手种堂前桃李。无限绿阴青子。
帘外百舌儿，惊起五更春睡。
居士。居士。莫忘小桥流水。

他说：我怀念黄州的雪堂，堂前有我亲手所种的桃李。我想着它们如今应该绿叶成荫，青果挂满枝头。窗外的鸟儿五更天就开始叫唤，天刚蒙蒙亮，我就从睡梦中被唤醒。

东坡呀东坡，别忘了这小桥流水的惬意，早日归隐吧。

怀念过往，多半是因为现实失意。

可为什么明明前途正当好，他却如此沮丧？

我们是否曾经也有过这样的经历：

很想得到一个东西，可能是一个职位、一段关系、一件礼物，或是一个从小的梦想，这个期盼甚至累积了很多年。我们也幻想过，得到那个东西，也许自己就会快乐。但当它真的被你拥有了之后，你才发现，它和你所想的不一定一样。

甚至，兜兜转转了一圈，我们才发现这个东西，不一定真的适合自己。

那个在五十一岁职业高峰期写词怀念黄州、意欲归隐的苏东坡，心情也许和我们是一样的。

苏东坡是不是可以被称为政治家，历来学界还有一些争议。

但不可否认的是，他为任一方时，的确是一位好的父母官。

可以这么说，作为"市政府一把手"，苏东坡是胜任的。

《宋史·苏轼传》提到，他在徐州时，黄河决口，洪水泛滥，眼看着就要冲垮徐州城墙，苏东坡亲临一线，身先士卒，召集士兵，给大家鼓劲。士兵们一看，"市长同志"都这么拼命，深受感动，纷纷拿着畚箕和铁锹，从军营中冲出来，修筑东南长堤。抗洪期间，"苏市长"二十四小时坚守岗位，不仅路过家门而不入，甚至直接住在城楼上，一方面指挥抢险工作，一方面安定军心民心。

堤坝建好以后，洪水被挡在堤外，但是大雨依然在下，警报还是没有解除，苏市长又让各级官吏分段防守，最终成功保住了城池。洪水退去之后，他还请求朝廷调派明年的民夫前来增筑旧城墙，并在城墙外修筑木岸，以防洪水再次来袭。

整个工程结束，朝廷下诏表彰了苏东坡。

苏东坡对水利的研究和治理的能力是非常突出的。

他第一次外放杭州的时候，就协助当时的知州疏通了钱塘六井，解决了市民的饮水问题；而等到他第二次来到杭州任知州以后，更是重点疏浚了西湖，并且建了苏堤。

当时的西湖已经严重淤塞，甚至有人提议，不如直接把西湖变成农田好了。但苏东坡坚决反对。他在《杭州乞度牒开西湖状》里说：杭州有西湖，就像人有眉目一样。如果一个人没有了眉眼，心灵的窗户都没了，怎么能称得上是人呢？

他在朝廷经费还没有到位的时候，就宣布开工。前后历时五个月，九月竣工，其中最难，也是最妙的一个地方，就是他对西湖淤泥的处理。

西湖之所以堵塞，就是因为淤泥无法排出。原本每一次疏浚，淤泥都直接被堆在边上，雨水一冲，又流回去了，没过多久还得再次疏浚。

苏东坡厉害就厉害在，他不仅是一个官员、一个"水利专家"，还是一个"城市艺术家"。

艺术家最擅长的事，就是——变废为宝。他从杭州赤山运来了含铁量比较高的土，拌上这些淤泥，横跨西湖南北两岸，建了一座长堤。

一方面解决了淤泥的去处，另一方面方便了西湖南北的交通，最重要的是，走在这条堤上，我们获得了一种之前从未有过的观赏西湖的角度，那就是站在湖中央，纵览西湖南北的风景。

这条堤保留到了今天，它就是"苏堤"。

苏堤春晓，今天已经是西湖十景之首。

并且，为了观测水位，避免西湖再度淤塞，苏东坡又在湖的最深处设置了三座石塔。塔腹中空，球面体上排列五个等距离圆洞。据说到月明之夜，在塔内点上灯光，在洞口糊上薄纸，在湖面上就会看见许多月亮，真月假月同时倒映在湖面上，如梦幻泡影，非常迷人。

这个景点，后来演变成了今日的三潭印月。

这个景色，此刻也印在了我们一块钱人民币纸币的背面，成了我们国家风景名胜中的重要标志。

苏东坡一个人，造就了西湖十大美景中的两个。

可以说，从他开始，西湖的美学格局，就奠定了。

如果我们去看苏东坡为官一方的成绩，我们会说，这是一个心里装着人、眼里有活儿的好官。他有胆识、有担当，也有格局、有情怀。

但当仕途更进一步的时候，尤其是进入中央以后，他的才能，却未必可以发挥出来。

我们拿王安石与苏东坡对比，就很能看出一二。

他们都在中央做过核心要员的官职，当然，王安石会比苏东坡更核心一些。从政治成就上看，即便王安石变法失败了，我们依然不可否认，他是比苏东坡优秀得多的政治家。

王安石变法，系统提出了吏治、教育、科举、农业、财政、军事等各方面的改革，苏东坡写过7500多字的《上神宗皇帝书》，非常全面地驳斥王安石变法的各项内容，文章写得洋洋洒洒、气势宏大，其中引经据典，从上古圣人到本朝先贤，百代兴衰如数家珍，却并没有提出比王安石更为实用和有针对性的主张。

如果我们拿现代的公司来做类比的话——倘若你是老板，你和高管正准备实施一个新战略，突然有另一位高管潜力股跳出来全面驳斥这个战略，但是又拿不出一个更好的方案，你会不会也挺糟心的？

于是你问这位潜力股："你觉得咱们公司要变好，你有什么想法吗？"

这位潜力股告诉你："应更加温和、徐徐图之，然后用对人，注重道德操守、人文关怀……"

作为公司老板的你一细想：好像有点道理……但是哥们儿，

▲ 宋仁宗（左）与宋神宗（右）画像，
如果只看他们的眼睛，你觉得他们是什么性格？

国库没钱啦，军队要养啊，各级官员等着发工资啊，外敌虎视眈眈啊，百姓日子难过啊……我都急死了，你有没有更具体点的方案啊？这要徐徐图到什么时候啊？

在更期待用大刀阔斧的改革为北宋带来新活力的你看来，苏东坡的政治主张，注定不会成为你的心头所爱。

从某种意义上说，苏东坡更像是个知识分子，而不是政治家。而知识分子与政治家的区别在于：一个擅长提出意见，一个擅长解决问题。

王安石变法虽然失败了，但我们要看到，失败的原因很大程度上，是死于"战略落地"。北宋原本就有冗官现象，从中央到地方，层级太多，当变法速度推进太快的时候，各地方各层级难以适应，本身就缺乏广泛的基层支持，再加上在新法实施过程中，由于监管不力，有些官员为了交差，为了中饱私囊，甚至加重了民众的负担，起了反作用。

苏东坡之所以在地方更有政绩，是因为他更接近一线，层级少，主动权大；一旦进入朝中，即便他有想法，光是驳斥政敌就已经消耗掉他的大部分精力，更别说推行下去了。

王安石身上，有着坚定的改革魄力和强悍的政治手腕，这使得他在面对朝堂中旧党的抨击、新党内部的混乱、皇家的质疑，甚至面对自家人反对的时候，他依然表现出了很强的抗压能力。他的身上，有着"虽千万人吾往矣"的孤勇感。

但苏东坡不是，他更加柔和，也更为超脱。当他在朝中一再被弹劾的时候，他并不是越挫越勇的。

他退缩了。他不断地上书辩驳，然后请求外放。这个时候的请求，和年轻时的愤慨意气有所不同——他是真的累了。

我们对比他早年和暮年两次在朝的经历，以及他写给皇帝和上级的文字，就能窥见他心态的差别。

制科考试之后，他在《谢制科启二首》中落落长地论述了制科选人有多难，自己又是多么被偏爱，然后表态：我志气卑微却忝居高位，我德行不配却受到厚宠，唯有用自己的微躯报效国家、报效君主。

他说：我虽然是朝廷的直臣，以谏言为主，但是我常常想着为国献身。可能是因为我的地位卑微、力量单薄，对自己期望又太高，言语一出，就遭到了责难，这是在所难免的。我追随策问题目的精深与微妙，实际上都是关乎国家安危的重大问题，如果让我畅所欲言，我会不计后果。

而当二十几年之后，苏东坡已经经历了多年外放，经历了乌台诗案，经历了黄州躬耕，也经历了从黄州离开后的"身行万里半天下"，当朝廷再次对他抛出进京的橄榄枝时，我们居然看见他写出了这些表状：

《辞免起居舍人第一状》

《辞免起居舍人第二状》

《辞免中书舍人状》

《辞免翰林学士第一状》

《辞免翰林学士第二状》

《辞免侍读状》

从杭州外放回京之后，朝廷本要任命他为吏部尚书，后因苏辙在位执政，出于避嫌，改任翰林承旨，也就是翰林院的最高长官，负责起草诏书和参与机要，是皇帝的重要咨询对象。

然后我们又看到了：

《辞免翰林学士承旨第一状》

《辞免翰林学士承旨第二状》

《辞免翰林学士承旨第三状》

当青年时的梦想唾手可得的时候，他为什么一次次地推辞不受？

这时，我们再来看本篇开头的《如梦令·春思》，就会更加明白了。

事实上，在朝堂那几年，苏东坡的创作也进入了瓶颈期。无论在数量上还是质量上，都不如之前。有名的几篇，如《如梦令·春思》及我们下章节要讲到的《行香子·述怀》，包括"此心安处是吾乡""人生如逆旅，我亦是行人"，词中多见的，都是他疲倦地想要归隐的心情和内心不断给自己的慰藉。

真正让他得到了权力，得到了他想要的功名，他却发现，和他几十年前设想的，全然不同。

我想，此刻的苏东坡也许明白了，二十几年前的那个自己，还是太年轻了。从制科中脱颖而出，想要大显身手，却不得不承认，自己更愿意的，其实是安于一方，造福百姓，好好做点事，写点文章。

于是，他不断地请求外放：

去杭州、去颍州、去扬州、去定州……

但那个时候的他，已经深陷朝局，难以挣脱。

苏东坡隐隐预感到，风暴，将要再次来临。

二　十年朝廷地方来回颠簸，你已心力交瘁

> 面对命运的无常，
> 我们甚至无力招架。

今天，如果我们把苏东坡的人生阶段做一个分期，也许可以分为：乌台诗案前、乌台诗案时、乌台诗案后。

而诗案之后，也许我们更记得的是黄州、惠州、儋州。

这是苏东坡三个重要的贬谪地，分别待了四年多、两年半、接近三年。

但从离开黄州到被贬惠州，中间还有十年之久。

这十年的时间，对苏东坡而言，其实有点破碎而颠簸。

他先是得到了让他移居汝州的诏令，于是历经了一年多的"投老江湖"，从黄州出发，经江州，游庐山，过金陵，到泗州的时候，给朝廷上表，希望能让他在常州住下来。

没想到，到常州没待多久，就收到了让他去登州任职的诏令。

更没想到的是，他刚上任五天，朝廷便让他回京，从此开始了飞速提拔。

礼部郎中——起居舍人——中书舍人——翰林学士、知制诰，紧接着还让他兼任侍读，成了小皇帝宋哲宗的老师，并在隔年

"权知礼部贡举",也就是代理礼部贡院,主持当年的科举考试。

如此飞速的晋升,是什么原因呢?

其实和一个女人有关:当时的太皇太后高氏,也就是宋神宗的母亲,小皇帝宋哲宗的祖母。

她非常信赖苏东坡。

《宋史·苏轼传》里讲过一个故事。

有一天,苏东坡刚好值晚班,太皇太后和小皇帝召见了他。

太皇太后告诉苏东坡,先帝(宋神宗)在时,每次诵读他的文章,都会感叹说"奇才、奇才",只可惜没来得及用他。

苏东坡听到这样的话,不禁失声痛哭,说到动情处,奶奶和孙子也哭了。

他们还命人给苏东坡赐座赐茶,并且撤去皇帝面前的金莲烛,举烛送他回翰林院继续值班。

这都是内臣才能享受到的信任和恩典。

宣仁太皇太后高氏,可以说是苏东坡的大贵人。

神宗驾崩以后,年幼的哲宗只有九岁,高氏以太皇太后的身份摄政九年,其间起用了司马光等保守派大臣,也就是旧党。他们废除了王安石新法,放逐了变法派人物,史称"元祐更化"。

旧党人物一上台,需要寻找有影响力和号召力的人来加入,当然想到了苏东坡。

因此,苏东坡的飞速晋升,就合情合理了。

但,为什么他还会如此颠簸?

因为他真的太直接,太真性情了。

他认为，不应该全面废除王安石新法，事实上他在任地方官的时候，看到新法中有一些有益的部分，他认为可以保留，于是和司马光在朝堂上据理力争。他们谁也不让谁，苏东坡下了朝回家以后，还愤愤不平地怒斥"司马牛！司马牛！"，以此来表达对倔强的司马光的不满。

很多人会将苏东坡归于"旧党"，但事实上，苏东坡在元祐年间所提出的许多政治主张，与旧党不一定相合。新党的人把他当成是旧党，旧党的人又觉得他怎么老出来唱反调，于是这位性情中人，同时引起了新党旧党的不满和攻击。

那几年里，他时常被弹劾，然后需要出来解释，一来一回，心力交瘁。于是他不停地请求外放，但朝廷没过多久又把他召回重用，一直到五十七岁那年，他登上了自己职业生涯的巅峰：

出任礼部尚书，兼端明殿学士、翰林侍读学士。

但风暴，也很快来临。

元祐八年（1093）九月，太皇太后高氏崩。

此前一个月，苏东坡的老妻，王闰之也病逝了。

这似乎是一个预警。苏东坡敏锐地察觉到，时局又要变了。

太皇太后在的时候，小皇帝宋哲宗一直受到压制，所有的执政大臣凡事都要奏请太皇太后批准，这让皇帝很是不满。这种不满随着年岁与日俱增，连带着对祖母重用的人，内心也有所抗拒。

好不容易熬到了亲政，哲宗便要自己拿主意了。他开始逐步清理"元祐更化"期的执政大臣，重新起用新法之臣，哪怕是曾经当过他老师的苏东坡，他也不见。

苏东坡眼看自己苦口婆心的劝阻没有起到作用，再一次乞求皇帝将他外放。

皇帝没有挽留。

1093年,苏东坡以两学士的身份外放定州,本以为可以喘口气,没想到,这只是他晚年灾难的一个开始。

一年时间不到,宋哲宗重新起用了新法大臣,以章惇为相,尽复王安石新法。

新党一得势,就对元祐旧臣开始了清算。

当苏东坡还在定州为北宋朝巩固边防的时候,朝廷的诏令下来了:讥斥先朝,贬谪英州。

三　垂暮之年被贬海角天涯，你却活得更自在了

> 那些曾经以为过不去的，
> 　　都会过去的。

大庾岭，在北宋时期，就是中原和蛮荒的分界线，往南是贬谪，往北是回归。

接到贬谪惠州诏令的那一年，苏东坡都快六十岁了。而这一次贬谪，也并不那么顺利，一改再改。

先是让他去英州，也就是现在的广东英德，千里迢迢从河北定州往广东走，路途艰难，不可想象。走到一半的时候，苏东坡实在撑不住了，就写了《赴英州乞舟行状》给皇帝申请，说能不能走水路。

他说：老臣现在双眼模糊，左手失去知觉，右臂也觉得无力。我已经快六十了，头发斑白，牙齿稀疏，病情越来越重，想来也不会活得太久。再加上我平常不擅长理财，所得俸禄和赏赐，随手就花光了，现在路途所需费用，实在囊中已空。英州来接我的人，迟迟未到；定州送我的人，因为费用不够又不肯走；我又没钱雇人买马，现在的困境，就像在水中抱着一块浮木，连浮木都要沉了一样。

他乞求：虽然我自知罪孽深重，但请陛下念及我作为八年经筵的旧臣，能让我走水路，沿途拿到一点医药和食物，至少让我在贬谪地哪怕感染瘟疫死去，也比被草草埋葬在路边，成为流浪的鬼魂要好一点。请陛下开恩怜悯，臣无能。

还没等走到英州，苏东坡等来了皇帝的又一封诏令。不是开恩，是更大的惩罚——让他去离中原更远的地方，岭南惠州。

垂暮之年，一贬再贬，翻过这座山，他要抵达的终点，是传说中瘴疠横行的不毛之地。能不能活下去，都是未知数。在这样的状况下，任谁都是深深的绝望。

绝望之下，还能怎么办呢？

我们来看苏东坡第一次过大庾岭的时候，写下的这首诗：

过大庾岭

一念失垢污，身心洞清净。
浩然天地间，惟我独也正。
今日岭上行，身世永相忘。
仙人拊我顶，结发授长生。

我们完全可以把它看成一首内心独白：

一念之间，我好像摆脱了心中的污垢和杂念，身体和心灵感到了无比的清净与透彻。

这浩渺的天地间，我虽独行却一身正气。

走过这座山，就与过往那个尘世中的自己，彻底告别吧！

此刻，好像有仙人轻抚我的头顶，告诉我长生不老的秘密。

"仙人抚我顶，结发授长生"，最后这句不是苏东坡的原创，他在致敬李白。

原句出自李白的一首自传体长诗《经乱离后天恩流夜郎忆旧游书怀赠江夏韦太守良宰》。

值得一提的是，这首诗是李白受到永王之败的牵连，被流放到千里之外的夜郎，中途获得赦免之后所作，也就是说，这是李白在人生最低谷的时候，迎来的曙光。

苏东坡的引用，应该就是想借李白的经历，来安慰和鼓舞那个已经绝望的自己吧。

我们不就是靠着这一点点希望，活下去的吗？

所幸，天无绝人之路。

他们的船行驶到清远县，遇见了一位秀才，姓顾。

顾秀才自然听过苏东坡的大名，能在偏远之地见到如此人物，激动万分。

听说他们要去的目的地是惠州，顾秀才就向东坡介绍起了当地的自然风光和风土人情。

舟行至清远县，见顾秀才，极谈惠州风物之美

到处聚观香案吏，此邦宜著玉堂仙。
江云漠漠桂花湿，海雨翛翛荔子然。
闻道黄柑常抵鹊，不容朱橘更论钱。

恰从神武来弘景，便向罗浮觅稚川。

"江上的云雾打湿了桂花，海边的雨轻轻洒落在荔枝上。听说这里的黄柑可以用来交换喜鹊，朱橘更是有钱都买不到。"

原来惠州是这样的！

原来恐惧源于未知。

当顾秀才向苏东坡描绘起他所见的惠州时，东坡在绝望中似乎重新看见了一点曙光。

惠州对苏东坡，是友好的。他在惠州待了两年半，得到了很多人的优待。当地官员知州詹范听说他来了，安排他住进了官员外出巡游当地时所住的行衙合江楼，对一个放逐之臣来说，这明显是超标了。

我们来看苏东坡在惠州时期写的诗，完全可以想象他的生活。

他在惠州赏梅：

松风亭下荆棘里，两株玉蕊明朝暾。

在惠州种菊：

堂后种秋菊，碎金收辟寒。
草木如有情，慰此芳岁阑。

在惠州酿酒：

酒材已遣门生致，菜把仍叨地主恩。
烂煮葵羹斟桂醑，风流可惜在蛮村。

在惠州钓鱼：

先生悦之，布席闲燕。
初日下照，潜鳞俯见。
意钓忘鱼，乐此竿线。
优哉悠哉，玩物之变。

更为人所知的是，他在惠州"日啖荔枝三百颗"，美滋滋地啃着他的羊骨头，写了大量应和陶渊明的诗，过他清贫而恬淡的日子。

两年后，他还在白鹤峰上建好了他的房子，长子苏迈带着他的孙子们来惠州看他，"子孙远至，笑语纷如"，他乐呵呵地写下"报道先生春睡美，道人轻打五更钟"。

纵笔

白头萧散满霜风，小阁藤床寄病容。
报道先生春睡美，道人轻打五更钟。

当他已经决定要在这里安度晚年的时候，没想到，这首诗，据说又成了他的祸端。

他曾经的好友，现在的政敌章惇听说了他在惠州的快活，非常不满，没过多久，朝廷再下诏令：

苏轼，再贬儋州。

原本以为绝望之后，怎么着也能迎来一点点曙光吧，没想到，居然是更深的绝望。

每到一个贬谪地，苏东坡照例需要给皇帝写一份谢表。

如果今天，我们把他几个重要贬谪地的谢表对比着看的话，就能看到他的心境是如何一步步滑向暗无天日的深渊的。

在黄州谢表里，哪怕他刚刚经历过一场生死，你也能看见他还在跟皇帝说：

期望我的晚年，不至于变成一个废物。如果能在极力的鞭策下，我还将为国捐躯，奋不顾身，指天发誓，这种信念，至死不变。

> 庶几余生，未为弃物。若获尽力鞭棰之下，必将捐躯矢石之间。指天誓心，有死无易。臣无任。

到了惠州谢表，他说：

陛下怜悯我，考虑到我办事有点年岁，已经离死不远，不足以杀戮，明确发下德音，许全我晚年之命。只是这地方瘴气横行，瘟疫遍地，我衰病交加，不再有归葬家乡的愿望。但我精诚之心未有泯灭，只是空有结草报恩的忠心。

念臣奉事有年，少加怜愍。知臣老死无日，不足诛锄。明降德音，许全余息……但以瘴疠之地，魑魅为邻。衰疾交攻，无复首丘之望；精诚未泯，空余结草之忠。臣无任。

而到了海南，他说：

生无还期，死有余责。子孙悲痛地哭于江边，已经作了死的道别。鬼怪在海上等着我，怎么会准许我生还？不知道什么时候才能报答陛下的恩德，痛悼这颗心没有机会再留于世间。叩头流涕，不知所云。

生无还期，死有余责……子孙恸哭于江边，已为死别；魑魅逢迎于海外，宁许生还。念报德之何时，悼此心之永已。俯伏流涕，不知所云。臣无任。

老天爷不知道是对苏东坡不好，还是对他太好。
让他历尽磨难，却总会在绝望中给他一线生机。
苏东坡在海南待了三年，没想到，不仅没有死，还把中原的文化带到了海南。
三年之后他离开，依依不舍地说：

我本海南民，寄生西蜀州。

关于苏东坡在海南的经历，我们之后还会讲到，但这里我想

295

和你先分享一个小故事。

在儋州第三年的元宵节，月亮高高挂在天上。夜深了，有几位老书生经过他家，敲门问："如此美好的月夜，先生要不要一起出去游玩？"

于是，苏东坡高兴地答应了他们。他们走到城西，经过小巷，看见各式各样的热闹店铺，等他回家的时候，已经三更天了。家里人闭门熟睡，鼾声响起。

苏东坡放下拐杖，想起自己这些年的经历，不禁慨然一笑：什么是得，什么是失呢？

书上元夜游

己卯上元，予在儋州，有老书生数人来过，曰："良月嘉夜，先生能一出乎？"予欣然从之。步城西，入僧舍，历小巷，民夷杂揉，屠沽纷然。归舍已三鼓矣。舍中掩关熟睡，已再鼾矣。放杖而笑，孰为得失？过问先生何笑，盖自笑也。然亦笑韩退之钓鱼无得，更欲远去，不知走海者未必得大鱼也。

元符三年（1100），六十五岁的苏东坡在海南接到大赦的消息，他可以北归中原了。

大庾岭也许没有想到，它会再度迎来苏东坡。

"曾见南迁几个回"，苏东坡当真活出了一个奇迹。

当苏东坡再次经过大庾岭，曹溪水波拍打着他的脚面，雾气缭绕着他的衣裳，海外的流放，就像做了一场长长的梦，微醺中，他朦朦胧胧中感觉自己好像又回到了江南。

过岭二首
其二

七年来往我何堪，又试曹溪一勺甘。
梦里似曾迁海外，醉中不觉到江南。
波生濯足鸣空涧，雾绕征衣滴翠岚。
谁遣山鸡忽惊起，半岩花雨落毵毵。

再过大庾岭，竟已经七年了。心潮难平。

在山岭的一个小店歇脚的时候，有一个老翁走出来问道："这为官者是谁？"

随从说："是苏尚书。"

啊，就是苏子瞻吧？

老翁上前拱手行礼说："我听说别人想尽办法要加害您，没想到您今日还能北归，真是天佑善人啊！"

苏东坡也很感慨，临别时还赠予老翁一首诗，题于墙上：

赠岭上老人

鹤骨霜髯心已灰，青松合抱手亲栽。
问翁大庾岭头住，曾见南迁几个回。

大庾岭梅关古道上有棵"东坡树",据说就是那年他亲手种下的,距今有近千年之久。

对一千年的时光而言,一个人的荣辱一生或许不算什么。

而如果把一个人的荣辱一生排开来看,那一时的至暗时刻或许也不算什么。

哪怕艰难,哪怕低谷之后还有低谷,这七年,苏东坡也挺过来了。

那些我们曾以为过不去的,到最后才发现,都会过去的。

四　问汝平生功业，黄州惠州儋州

> 在人生暮年回看：
> 活着，到底为了什么？

活着，到底为了什么？

这是个很大的话题，听起来好像也很沉重。

但在苏东坡晚年评述自己一生的这首诗里，我们似乎可以得到一点领悟。

元符三年（1100），北宋已进入徽宗时代。苏东坡在海南收到消息，他因为大赦而获准北还，那时他还不知道自己的生命即将走到尽头。

第二年，他路过金山寺，看见好友李公麟留下的《东坡画像》，望着画中的自己，提笔写下了对自己这一生的注脚：

自题金山画像

心似已灰之木，身如不系之舟。
问汝平生功业，黄州惠州儋州。

他说：如果要说我这一生的成就，就三个地方——黄州、惠州、儋州。

这是他被贬谪的三个地方，从世俗定义的成就来说，应该是他人生的低谷。

但为什么他却说，这三个地方成就了他呢？

在前面的章节中，我们已经了解了苏东坡的人生轨迹。

从北宋开国百年第一，到一朝因言获罪，狱中受尽通宵诟辱。等到重见天日的时候，他又在新岁团圆中被衙役押送着，沿一条破败的驿道，跌跌撞撞地走到了当时遥远的黄州。劫后余生，长夜漫漫，他无事可做，无友可会，只剩一句"拣尽寒枝不肯栖，寂寞沙洲冷"。

但谁都想不到的是，就在人生最狼狈的低谷里，苏轼成了苏东坡，一座千年后历代文人都无法企及的文学艺术高峰。

我们现在知道的苏东坡最有名的那些作品：一词两赋《念奴娇·赤壁怀古》《赤壁赋》《后赤壁赋》，天下第三行书《寒食帖》，包括现在已经是中国美术馆镇馆之宝的《潇湘竹石图卷》，还有我们都很熟悉的诗词"回首向来萧瑟处，归去，也无风雨也无晴""小舟从此逝，江海寄余生""一点浩然气，千里快哉风"……这些，全部都是他在贬谪黄州期间写的。

可以说，没有黄州，就没有中国文化史上的苏东坡。

苏东坡在黄州待了四年多，好不容易重新回朝得到任用，开始了事业上真正的巅峰。

他出任兵部尚书、礼部尚书等官职，在当时仅次于宰相。

但命运就是这么会开玩笑，以章惇为首的新党再次把持朝政之后，身为旧党的苏东坡日子就特别不好过了。

绍圣元年（1094），已经五十九岁的苏东坡再度被贬，这次他的目的地，是当时瘴疠横行、蛮荒偏远的惠州。这次的贬谪，基本上就宣告了他政治生涯的终结。

苏东坡自己在诗里写"曾见南迁几个回"，贬谪到岭南的，有几个能活着回来的呢？

但你不得不佩服，在岭南那几年，这个老顽童不仅活着，居然还能活出滋味来。

在去岭南的路上，苏东坡就创作了两篇很有名的书法作品，一篇是《洞庭春色赋》。"洞庭春色"其实是一款酒，用黄柑酿的。他把这个酒喝出了气壮山河的感觉。

他说：我感觉人世间的泡影，把千里江山都隐藏在这一瓣橘子的斑点之中。

悟此世之泡幻，藏千里于一斑。

他说：我洗净酒杯品尝，好像三江的大水都在这一口豪饮里，足以气吞鱼龙和神鬼。

尽三江于一吸，吞鱼龙之神奸。

《洞庭春色赋》局部
[北宋]苏轼 吉林省博物院藏

  与《洞庭春色赋》同时写出的，还有一篇《中山松醪赋》，"中山松醪"也是一款酒。其实这两篇赋文是之前创作的，前者创作于元祐六年（1091）冬，当时他以龙图阁学士的身份外放颍州，后者创作于元祐八年（1093），当时他以端明殿学士兼翰林侍读学士的身份外放定州。

  而当他被贬岭南，在路上遇到大雨，晚间留宿时，重写这两篇赋，是什么心境呢？

  想象一下，外头风雨交加，命运漂泊难测，他却想起了这两篇曾写过的赋文，这两种令他喝完之后身心舒畅的酒。

  我们看他的字——苏东坡晚年的书法已经非常老辣。如果我们把这两篇作品和他的《赤壁赋》放在一起观赏的话，就会发

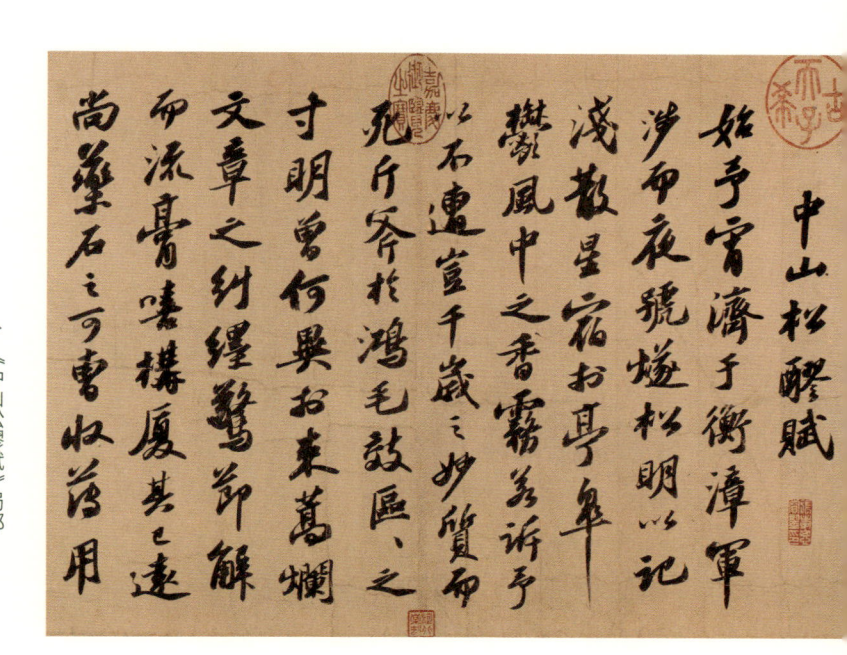

▶《中山松醪赋》局部
[北宋]苏轼 吉林省博物院藏

现，《赤壁赋》因为是写来送人的，所以更加端庄和工整，但这两篇可能是写给自己的，行笔更为流畅，潇洒飘逸，两个阶段虽然相隔十来年，但是他的气力依旧雄劲贯通。

按明代书法家张孝思的评价：此二赋经营下笔，结构严整，郁屈瑰丽之气，回翔顿挫之姿，真如狮蹲虎踞。

如今，《洞庭春色赋》与《中山松醪赋》已是吉林省博物院的镇馆之宝。

到了岭南以后，苏东坡更开心了。他说自己刚从船舱里走出来，就看见惠州的码头上站满了人，大家都用奇异的眼光望着他，有些人还向他问好。

他"哎呀"一声，说："岭南万户皆春色，会有幽人客寓公！"

十月二日初到惠州

仿佛曾游岂梦中，欣然鸡犬识新丰。
吏民惊怪坐何事，父老相携迎此翁。
苏武岂知还漠北，管宁自欲老辽东。
岭南万户皆春色，会有幽人客寓公。

惠州这个地方，很熟悉，感觉曾经来过。不然的话，为什么连鸡犬都好像认识我一样？不管未来怎么样，至少我知道，在这里，肯定会有人对我好的！

是嘛，我见青山多妩媚，料青山见我应如是。

我们看苏东坡在惠州做了什么。他虽然还是没权，没钱，甚至痔疾缠身，水土不服，但他依然乐呵呵地种他的菜，啃他的羊骨头，馋他的荔枝——日啖荔枝三百颗，不辞长作岭南人。

虽然夸张，但我们能看得到他的这个气魄！

而且"热心市民"苏东坡，还帮惠州西湖修了两桥一堤，改进了广州城的供水计划。他在岭南待了两年半，就像清代诗人江逢辰的那句诗："一自坡公谪南海，天下不敢小惠州！"

一个人点亮了一座城，千年过去了，这座城市直到今天都因他而发光。

而到了海南儋州，苏东坡所面临的环境就更加恶劣了。不仅缺衣少食，而且病无药、居无室。

苏东坡完全是抱着必死的心了，他在写给友人王敏仲的信里说：这次去，估计就回不来了，我去那里第一件事就是做口棺材，第二就是选块墓地。

> 某垂老投荒，无复生还之望，昨与长子迈诀，已处置后事矣。今到海南，首当作棺，次便作墓，乃留手疏与诸子，死则葬于海外，庶几延陵季子嬴博之义。父既可施之子，子独不可施之父乎？生不挈家，死不扶柩，此亦东坡之家风也。

当时昌化的行政长官张中，还因为给苏东坡提供了行衙居住，并想整修官舍为他提供更好住所而被罢官。苏东坡无奈，只好在儋州城南买地盖房。当地民风朴实，人们对这位北方来的儒者非常友好。他们不仅自发过来帮他盖房子，还经常送吃送喝，祭祀的时候，还会把祭灶的烤肉拿过来送他。

我们在第二章里曾经提到，他在海南怎么用美食来治愈自己：他发现了烤生蚝，吃了自家儿子用山芋和碎米做的玉糁羹，还自酿天门冬酒。哪怕在最饿的时候，他也能写出《老饕赋》，用对美食的想象来安慰自己。

虽然条件有诸多不足，但他依然找到了很多生活的乐趣。

旦起理发

安眠海自运，浩浩朝黄官。
日出露未晞，郁郁蒙霜松。

> 老栉从我久，齿疏含清风。
> 一洗耳目明，习习万窍通。
> 少年苦嗜睡，朝谒常匆匆。
> 爬搔未云足，已困冠巾重。
> 何异服辕马，沙尘满风鬃。
> 雕鞍响珂月，实与杻械同。
> 解放不可期，枯柳岂易逢。
> 谁能书此乐，献与腰金公。

他说自己年轻的时候总是贪睡，上朝又匆忙，梳头都没梳够，就已经被沉重的官帽压得疲惫不堪。但现在爽了，可以享受睡眠自由。虽然老人家觉少，日出就醒了，但至少算是自然醒的。醒了以后可以慢慢梳头，清洗之后，耳目都变得明亮，全身毛孔都感到舒畅。

他还在诗的末尾说：谁能把这份快乐记录下来哟，呈献给朝中那些佩戴金腰带，却每天还得早起"上班打卡"的老翁啊？

不仅给自己找到了一些乐子，苏东坡还充分发挥"老年干部"的余光余热，教大家怎么挖井，怎么治疗疟疾，怎么种植水稻……他在海南讲学，使原本的蛮荒之地渐渐"书声琅琅、弦声四起"，甚至带出了海南历史上的第一位举人。

我看到一份资料，说受到苏东坡的影响，今天的儋州人依然喜欢吟诗作对。2002年，儋州还获得了"全国诗词之乡""中国楹联之乡"的荣誉称号。

所以有人说，苏东坡被贬儋州，是"东坡不幸海南幸"。海南到今天，依然还有东坡村、东坡井、东坡田、东坡路、东坡桥、东坡帽、东坡墨、东坡话……

其实想想是很感动的，这个世界有他真好啊。

苏东坡在海南待了三年，离开的时候依依不舍地说："我本海南民，寄生西蜀州。"

原本以为这是他的"死地"，没想到，他却活成了一个奇迹。

这个时候，我们再回头看看他对自己生命的注脚：

> 心似已灰之木，身如不系之舟。
> 问汝平生功业，黄州惠州儋州。

我以前读这首诗，以为这是他油尽灯枯的时候对自己这一生的自嘲，尤其是前面两句，听起来就特别"丧"。但后来我读了《庄子》，才发现苏东坡这两句话，是化用了《庄子》的原文。

"心似已灰之木"，这句话源自庄子的《齐物论》：

> 南郭子綦隐机而坐，仰天而嘘，荅焉似丧其耦。颜成子游立侍乎前，曰："何居乎？形固可使如槁木，而心固可使如死灰乎？今之隐机者，非昔之隐机者也。"

庄子认为，人生要追求的境界是"形如槁木，心如死灰"，没有欢喜与厌恶，没有恐怖与哀惧，只有丧失了"我"，才能突破"我"，进入"无我"的境界，让自己完全融入天地大道中。

"身如不系之舟",这句话源自庄子的《列御寇》:

> 巧者劳而知者忧,无能者无所求,饱食而敖游,泛若不系之舟,虚而敖游者也。

不系之舟,没有绳子系着的小船,看起来似乎很飘摇,没有依靠,但从另外一方面来说,也是自由,是无限。

想一想,人生在世,真的有永恒的依靠吗?真的有长青的基业吗?真的有绝对稳定的关系吗?真的有不死的肉身吗?

"问汝平生功业",如果把苏东坡这句话拿来问我们——

假如明天就是我生命的终点,问吾平生功业,我会说什么?

曾经有一部普法剧叫《底线》,里面有个片段特别打动我:男主角的老师告诉他,他也曾经有过中年危机,感觉生命好像就是这样了,事业嘛,再爬也爬不到哪里去;人生嘛,好像该看的风景也都看过了。

那么,活着的意义是什么?

他说他最后明白了,也许根本就没有什么终极意义。

活着本身,就是意义。

这些经历就是活着的价值。

就像苏东坡在人生的结尾,也许有自嘲,但生死看淡之下,问汝平生功业,他却看见了那些超乎世俗成就的东西——

黄州、惠州、儋州,这些不可替代的生命体验,塑造了他,完整了他。

这,就是他此生的意义。

五　那些曾伤害你的人，你到最后都一一原谅

人生最大的美德，是原谅。

苏东坡一生遭遇过很多次伤害，大部分来自政敌。

他遇事则发的耿直性格，他太过耀眼的天才光芒，总是会引来一些背刺。当然，如果我们站在中立位来看，不一定是因为对方人品不好，很多情况下，是因为双方立场不同。

但苏东坡的伟大之处就在于，无论多大的仇恨，他到最后大多是化解和原谅。

乌台诗案时，主要针对苏东坡的人，是当时的御史中丞李定。

其实苏东坡和李定的过节，很早就种下了。当时李定因为隐匿了母丧这件事，而被人指摘，苏东坡在诗句中亦有影射。对苏东坡而言，他可能一开始真没把这件事，甚至没把这个人当回事，但李定心里却从此种下了伤痛和隐恨。

在苏东坡写下《湖州谢上表》之后，第一个站出来发难的人，就是李定。他在弹劾苏东坡的奏章中，给苏东坡罗列了四大罪状，说他原本就没什么学术造诣，只是偶然的机会获得了一点名气，

朝廷已经给了他迷途知返的机会，可是他居然还不悔改，他的文章虽不中理，但是有带节奏的嫌疑，一旦让他把舆论煽动起来，皇帝陛下的新法的推行很可能就会因此被摧毁。

这样的奏章，真是字字诛心。

在乌台诗案中苏东坡所受到的迫害，我们在第一章里已经有详细的描述，一百三十天，高强度的精神折磨，诟辱通宵，三十年来的诗词信札文章一一交代出处及文字含义，所有社会关系都或多或少受到了牵连……

当苏东坡从那个伸手就能碰到墙壁，就像百尺高的深井一样的监狱里，走出来重见天日的时候，他说："此灾何必深追咎，窃禄从来岂有因。"那一刻，活着对他而言，已经是莫大的福报了，他已不想再追究谁是谁非。

因此，当元祐年间，旧党重新回到权力核心的时候，身为新党的李定被贬青州。那个时候，苏东坡的仕途正要重见光明。他刚升任登州知州才五天，就以礼部郎中的身份奉命回朝。当经过青州的时候，他见到了知州李定。

苏东坡在给好友滕达道的信里写道：青州资深，相见极欢。

曾经让他在精神上备受折磨的政敌，再次相见，尽释前嫌。

还有在元祐党争中，他最强悍的政敌刘安世，多年以后，也是相逢一笑泯恩仇。

他从大庾岭北归之后，在路上遇见了同样贬谪岭南的刘安世。因为刘安世对禅宗很有兴趣，苏东坡就主动邀请他说："附近的山里，有一位玉版禅师，我们一起去拜访他。"

等到刘安世被苏东坡引进了一片竹林之后，左右不见禅师踪影,狐疑之下问道:"玉版禅师在哪里?"

苏东坡笑着指了指竹林里新生的竹笋,说:"这就是玉版禅师。"

于是,两个人在竹林里挖竹笋煮了吃,畅谈畅饮,开怀大笑。

包括对把他贬到惠州、儋州的主使者之一,曾经的朋友、后来的政敌章惇,他也选择了原谅。

当章惇失势,被贬到偏远的雷州时,章惇的儿子害怕苏东坡得势之后对自己父亲不利,于是写了一封信给苏东坡求救,苏东坡郑重地回复了这封信。

他说:我和你父亲是四十多年的好友,虽然中间出了一点小插曲,但是交情还是不影响的。过去的事就不要再说了,我们往前看吧。

他还在信里附上了去瘴气的方子,希望对章惇有用。

> 某与丞相定交四十余年,虽中间出处稍异,交情固无所增损也。闻其高年,寄迹海隅,此怀可知……又丞相知养内外丹久矣,所以未成者,正坐大用故也。今兹闲放,正宜成此。然只可自内养丹,切不可服外物也。(舒州李惟熙丹,化铁成金,可谓至矣,服之皆生胎发,然卒为痈疽大患。皆耳目所接,戒之戒之!)

而最为人乐道的,是他与王安石的世纪和解,真真体现出了两大君子的坦荡、宽阔的胸怀。

南宋朱弁的《曲洧旧闻》中只有寥寥数语,却足以让我们想象出当时的画面:

> 东坡自黄徙汝，过金陵，荆公野服乘驴，谒于舟次，东坡不冠而迎揖，曰："轼今日敢以野服见大丞相。"荆公笑曰："礼岂为我辈设哉？"

苏东坡从黄州前往汝州安置的途中，经过了金陵。王安石骑着毛驴（他晚年经常骑个毛驴出游），已经等在岸边。船一靠岸，苏东坡立马迎出来，深深作揖，说道："轼今日敢以野服见大丞相。"

而王安石则笑着说了一句八百年前竹林七贤阮籍说过的话："礼岂为我辈设哉？"

世间的繁文缛节岂是为我们这种人而设？

即便政见不同，但山高水长的君子之风，却让二人有了知音之感。

在金陵的那几天，苏东坡和王安石同游钟山，颂诗说佛，互相唱和。

甚至在《邵氏闻见录》里，还记载过一个故事，说他们深谈政事，彼此交心，并约定"出在安石口，入在子瞻耳"。

他们见面之后，苏东坡还写了一首《次荆公韵四绝》。

次荆公韵四绝
其三

骑驴渺渺入荒陂，想见先生未病时。
劝我试求三亩宅，从公已觉十年迟。

王安石邀请苏东坡过来这里和自己做邻居，而苏东坡的感慨"从公已觉十年迟"，这句话依然颇有深意。

　　苏东坡赞叹王安石"卓绝之行，足以风动四方"，王安石赞叹苏东坡"不知更几百年，方有如此人物"。

　　王苏相见的故事，不知令后世多少人神往。

　　回看苏东坡的人生，他接触过很多人，也得罪过一些人，很多人喜欢他，也有不少人对他有过伤害。

　　但面对伤害，他到最后，都一一选择了原谅。

　　放过他人，其实就是放过自己。

　　也正是因为这样的心态，他在风雨飘摇之时，才依然能保持一种松弛感。

　　直到，去世的那一天……

六　生命最后的一瞬间，你悟道了

着力即差。

你知道，苏东坡留给这个世界的最后一句话是什么吗？

这句话给了我很大的启发。

苏东坡病逝在常州。

从瘴疠横行的岭南北归，他已经是一身伤病，再加上路途颠簸，又逢酷暑，这位六十六岁的老人，撑不住了。

建中靖国元年（1101）六月，他在长江上喝了冷水，半夜就染了痢疾，开始拉肚子。他起初没太在意，没想到几天后病情转重，反反复复。

他在写给米芾的信里说：

吃了就胃胀，不吃身体更差，一晚上睡不着，天气又热，感觉自己只能端坐着喂蚊子。

> 某食则胀，不食则羸甚，昨夜通旦不交睫，端坐饲蚊子尔。不知今夕如何度。

"不知今夕如何度"——人在病痛时，意志力也渐渐消沉。

好不容易到了常州，他的忘年好友钱世雄帮他租了一所房子，当时是孙宅，后改名为藤花旧馆。苏东坡就在那里休养，钱世雄每天都来看望他，陪他聊聊天。

到了七月十三日，苏东坡病情开始恶化，发高烧，牙齿出血，他以为是热症，所以给自己开了清凉的药物，但没想到治错了。

也许是命中注定，逃不过这一劫了。

苏东坡也知道自己时日已经无多，于是把一些著作托付给了钱世雄，又把孩子们叫到身边，说道："我这辈子没做过坏事，死后也不会坠入地狱。我死的时候，你们都别哭，让我坦然离开。"

吾生无恶，死必不坠，慎无哭泣以怛化。

杭州径山寺长老维琳和尚也过来看望他，苏东坡作了《答径山琳长老》，这可以说是他的绝笔了：

答径山琳长老

与君皆丙子，各已三万日。
一日一千偈，电往那容诘。
大患缘有身，无身则无疾。
平生笑罗什，神咒真浪出。

我和你都出生在丙子年，人生在世已过三万多天。如果每一天念一千句偈语，时间也就这么闪电般地流走了。人生最大的忧患，来自我们有这具肉身，如果没有肉身，则没有疾病。鸠摩罗什用神咒延续生命，最后不也死了吗？神咒其实没有什么用啊。

他其实是在告诉维琳长老，不需要再用神咒妙语来延续生命，既然大限将至，坦然接受这个死亡吧。

七月二十八日，苏东坡已入弥留之际。

宋代傅藻在《东坡纪年录》中描写了他生前最后的场景：

他"闻观先离"，就是听觉开始丧失。

于是维琳就在他耳边大声地提醒他："端明勿忘西方！"

您一辈子礼佛，可别忘了，要默念着到西方的极乐世界去啊！

苏东坡微弱地说："西方不无，但个里着力不得。"

那个地方有没有我不知道，但现在，使不上劲啊。

钱世雄在边上补道："至此更须着力！"

这个关键的时候，更要努力啊！

苏东坡最后说了一句："着力即差。"

这个故事并没写在正史中，只记录在宋人编苏轼年谱里，我们至今未知真假。

但这句话，的确是悟道的话。

"着力即差。"

执着于那个目标，便落了下乘。

着力，指的是过分努力，是对于要到达某地、得到某物、做成某事的执念。

为什么它反而落入了下乘呢？

因为，它让我们忘记了"当下"。

我们常常被教育，要努力。努力，似乎是一个特别正确的词。但当我们努力过度，在目标中无法自拔，很多过程中的感受会被忽略，很多过程中的动作会变形。比如，努力地想要说服别人，努力地想要挽回一段关系……这些时候，它们就像我们手里的沙子一样，我们越是努力地攥紧拳头，反而漏得越多。

当我们只关注结果而过分努力的时候，哪怕一个目标实现了，一个欲望被填满了，还会有新的目标、新的欲望……我们永远在追逐，永远在渴望那些未曾拥有的东西，于是，我们的内心状态，便会是永远"缺失"。

着力即差。

别赶路，去感受路。

也许我们还在跑，但只是为了热爱，为了体验，为了有滋有味地感受生命。

人生，是一场体验的游戏。当苏东坡走完他的旅途，走完黄州、惠州、儋州，当他回首平生功业的时候，那些曾经给他带来荣耀的官职、名利，乃至他想都没有想到的能流传百世的文章，其实，对即将离开人世的他而言，都只是生命的片刻经历而已。

这些福与祸，构成了他这辈子的人生剧本，而现在，他要画上句号了。

何必再执着于某一个目标？

回首向来萧瑟处，归去，也无风雨也无晴。

资料出处：

1. ［北宋］苏轼《谢宣召入院状》《如梦令·春思》《杭州乞度牒开西湖状》《上神宗皇帝书》《谢制科启二首》《赴英州乞舟行状》《过大庾岭》《舟行至清远县，见顾秀才，极谈惠州风物之美》《十一月二十六日松风亭下梅花盛开》《次韵子由所居六咏》《新酿桂酒》《江郊》《纵笔》《到黄州谢表》《到惠州谢表》《到昌化军谢表》《别海南黎民表》《书上元夜游》《过岭二首（其二）》《赠岭上老人》《自题金山画像》《洞庭春色赋》《中山松醪赋》《十月二日初到惠州》《与王敏仲》《旦起理发》《与章致平》《次荆公韵四绝（其三）》《答径山琳长老》
2. ［战国］庄子《齐物论》《列御寇》
3. ［北宋］苏洵《自尤（并序）》
4. ［北宋］苏辙《亡兄子瞻端明墓志铭》
5. ［北宋］邵伯温《邵氏闻见录》
6. ［南宋］朱弁《曲洧旧闻》
7. ［宋代］傅藻《东坡纪年录》
8. ［元代］脱脱等人《宋史·苏轼传》

第八章

内观

／

你告诉我们的那些事

引子：智慧可以穿越千年

有些人的人生经历，就像是一个又一个哲理小故事。

苏东坡，就是这样的。

倒不一定是他活得有多传奇，主要是他喜欢记录，喜欢自嘲，喜欢反思，喜欢在平淡的生活中给自己找一点乐趣。于是，千年之后的我们，在看他的人生剧本时，就像是在看一个个有趣有料、有情有理、意味深长的故事。

而这些故事背后的人世悲欢、喜怒哀愁，仿佛跨越时空，总会在我们人生的某一个阶段里，成为我们的映照。这些故事所透出的智慧，虽时光流转，岁月变迁，但大道至简，至今，依然在和我们的生命共振。

一　苏东坡的天石砚

找到你生命里的那一块石头。

回看苏东坡的人生，当我们试图去感受这棵中国文化史上的参天大树，是怎么从小树苗长起来的时候，就会发现这个秘密，似乎藏在了那一方隐喻了他人生命运的"天石砚"里。

这方砚台是他十二岁的时候，从老宅里挖出来的。

当时，他和他的小伙伴们在玩凿地的游戏，凿出了一块奇异的石头，形状像鱼，外表是浅绿色的，温润晶莹，里外都点缀着细小的银星，击打的时候，它会发出铿锵的声音。

苏东坡觉得它很适合拿来当砚台，很容易发墨，就是没有储水的地方。父亲苏洵看到以后，惊叹说："这是一方天砚啊！它具有砚的品质，就是形状不太完整而已。"

他把砚台还给了苏东坡，说："这是你文章发达的祥瑞之兆。"

苏洵这句话，可能只是身为父亲的一句随口的鼓励，但或许那时候，苏东坡真的就觉得那是天命所归。

他非常珍爱这方砚台，后来还专门在上面刻上铭文说：

一受其成，而不可更。

我一旦接受了上天的造就，就永远不再改变初衷。

我觉得这是人生特别幸福的一件事。仿佛在童年，你就已经听到了命运的指示。那个声音是那么清晰，而你要做的，就是顺着那个声音，走下去。

苏东坡曾经说，自己生平最快乐的事情，就是写文章。那时候，不管是多么复杂的思绪，只要拿起笔，都能流畅地倾泻出来，再也没有比这更快乐的事了。

并且，他真的很擅长，好像天生就是吃这碗饭的。

像前面我们说的那样，早在他十岁时写下的《夏侯太初论》中，就有"人能碎千金之璧，不能无失声于破釜；能搏猛虎，不能无变色于蜂虿"这样出彩的句子。

有人说，这是现在我们能找到的苏东坡最早写的一篇文章了。其实这是父亲苏洵给他的命题作文，让他写一写魏晋时期的大思想家夏侯玄。苏洵很喜欢这篇习作，他认为儿子看问题，跟常人的视角不同。

你想啊，我们对圣人会有很多的人设预判，但是苏东坡不是，他把人当人看。是个人，就会恐惧啊。

为什么我说苏东坡是一千年来最可爱之人？就是因为，他真的是个"人"啊。他身上有"人"的特质，很丰富，很鲜活。

也不知道是不是命运的有意安排，那块砚台，给了苏东坡一个"为文字而活"的使命，却也让他被文字连累，从北宋开国百年第一的巅峰，狠狠摔落低谷。

然后，像是一个讽刺的寓言，在去黄州的贬谪路上，苏东坡找不到那方砚台了。

> 元丰二年秋七月，予得罪下狱，家属流离，书籍散乱。明年至黄州，求砚不复得，以为失之矣。

元丰二年（1079）秋七月，我因言获罪，被关在狱中一百多天。亲人离散，书籍散乱。隔年，我被贬谪黄州，那块砚台，我怎么都找不着了，是丢了吗？

不仅丢了，他也怕了。写给好友的信，够私密保险了吧，苏东坡往往会特别嘱咐"看讫，便火之"。

> 看讫，便火之，不知者以为诟病也。

要么说"勿以示人"，就怕"好事者巧以酝酿，便生出无穷事也"。

> 其中虽无所云，而好事者巧以酝酿，便生出无穷事也。

即便是到后面惠州时期了，他还在担心，自己的一些文字会不会连累身边的亲朋好友。

> 不罪不罪！仍乞密之，勿云出于老弟也。

有人统计过苏东坡留存下来的书信，发现他在黄州时写的书信最多，有324篇，占据他所有尺牍的近20%，比排名第二的惠州还多了100来篇。

"不惟笔砚荒废，实以多难畏人"，你发现没有，嘴上虽然说着荒废，但他还在写啊。虽然写的是相对诗文更为安全和隐蔽的书信，但他也还在写。

苏东坡刻在砚台上的铭文，还有后半句。

或主于德，或全于形。均是二者，顾予安取。仰唇俯足，世固多有。

他说：人生或以品德为高，或要保全形体。如果两者都有，那我取法什么呢？仰人鼻息，跪人脚下吗？这样的人世间有很多。

苏东坡依然记得他在砚台上刻下的铭文，那像是他写给自己的话：世事岂能两全？

只要是个人，当面对人生低谷，面对死亡，面对挫败，面对离散时，痛不痛？

当然痛！但痛苦和选择是两件事。

在痛苦中，他依然可以选择在废墟上重新构建他的生活。

于是，在被贬黄州的五年里，我们看见这双写字的手，一边种地讨生活研究美食，一边写诗写词写文章自我安慰。苏东坡最为我们所熟知的作品，也大都诞生在他被贬谪的路上。

他用他最擅长的文字表达，把那些生命里微小的触动记录下来，于是我们在《卜算子·黄州定惠院寓居作》里看见了他无人诉说的孤独,在《寒食帖》里看见了他生命沉底的哀伤,在《赤壁赋》里看见他的豪迈和辽阔,在《定风波(莫听穿林打叶声)》里看见他的旷达和超脱……

尽管那方写字的砚台丢了,尽管他也曾深陷宿命的旋涡里,但对文字深沉的爱,依然让苏东坡初心不改。

五年以后,奇迹发生了。

元丰七年七月,苏东坡乘船到当涂,翻开书箱,忽然又看见了这方砚台。

> 七年七月,舟行至当涂,发书笥,忽复见之。甚喜,以付迨、过。其匣虽不工,乃先君手刻其受砚处,而使工人就成之者,不可易也。

原来它一直都在!

我非常高兴,于是把它交给儿子苏迨和苏过。

天石砚,这块石头的命运,似乎冥冥之中,也指向苏东坡的人生。

你相信吗?其实何止苏东坡,我们每个人的一生中,也许都有一块属于自己的石头?有些人幸运地捡到了,有些人只来得及听见石头落水的"扑通"一声,有些人不小心弄丢了,就再也没能找回来,还有些人捡了一堆石头,却不知道哪个是他想要的……

只是当命运的石头落下,你是否有足够的勇气接住它,头也不回,大步向前?

二　诗酒趁年华

如何做一个超然之人？

有一首词，是苏东坡风格上最特别的一首词。

我们以前学语文，都知道苏东坡是豪放派词人，偶尔也会写一些婉约派的词。但这首词很特别，因为它在一首词里，做到了一半豪放、一半婉约。

这首词对我最大的启发，就是一个人在面对自己不太满意的外部环境时，是怎么把自己的心境调整过来的。

苏东坡写这首词的地点，跟他写《水调歌头（明月几时有）》的是同一个。

在密州，也就是今天的山东诸城。

这个景点现在也还在，叫"超然台"。

望江南·超然台作

春未老，风细柳斜斜。试上超然台上看，半壕春水一城花。烟雨暗千家。

寒食后，酒醒却咨嗟。休对故人思故国，且将新火试新茶。诗酒趁年华。

"春未老"，春天还没有过去。这个"老"字在这里用得真好。他不说"春未去""春未逝"，而偏偏是"春未老"，为什么？
答案在最后。
我们先来看看"春未老"的时候是什么风景。
"风细柳斜斜"，微风轻拂，柳枝随风起舞。
"试上超然台上看"，登上超然台远远眺望，看见什么呢？
"半壕春水一城花"，一半护城河的春水，满城的春花。这是阳光下的春天。
"烟雨暗千家"，烟雨朦胧中，掩映着星星点点的人家。这是细雨中的春天。
这是一种蒙太奇的手法，在同一个地点里，把两种不同的风光剪辑到了一起。
也就是说，登上超然台，春天的精华，就都在这里了。
面对这样的美景，苏东坡的心情如何？
"寒食后，酒醒却咨嗟"，美景之下，他居然在叹息。为什么？
这就要讲到他当时的境况了。

苏东坡是从杭州调任到密州的。
他当时给出的理由是，弟弟苏辙在济南，他想离弟弟近一点。但事实上，他在密州这两年的时间里，连弟弟的面都没见着。所以才有了那首千古中秋词，"但愿人长久，千里共婵娟"，希望我们虽然相隔两地，却能共赏同一轮月亮。

他在密州待了两年，情绪是先抑后扬的。一开始从人间美景代表的杭州，来到当时条件还不太好的密州，他自己心里感觉落差很大。

按他在《超然台记》里的话说：我（从杭州调移到密州任知州）放弃了乘船的舒适快乐，而承受坐车骑马的劳累；放弃了雕刻华美的住宅，而栖息在粗木建造的房屋；远离了杭州湖光山色的美景，而来到了桑麻丛生的荒野。我刚到的时候，这里连年收成不好，盗贼猖獗，案件很多，工作量很大，但是呢，又吃不饱，厨房里空荡无物，每天都只能以野菜充饥。

> 余自钱塘移守胶西，释舟楫之安，而服车马之劳；去雕墙之美，而庇采椽之居；背湖山之观，而行桑麻之野。始至之日，岁比不登，盗贼满野，狱讼充斥，而斋厨索然，日食杞菊。人固疑余之不乐也。

想一想，我们新换了一份工作，但是这份工作的环境，还没有上一份好。

的确啊，心情很难好得起来。

但是待了一年以后，欸，苏东坡的心境变了。

> 处之期年，而貌加丰，发之白者，日以反黑。

他说：我现在是心宽体胖，原本头发白的地方，现在还黑了。返老还童。

有意思。

他做了什么让自己心情变好呢?

> 于是治其园圃,洁其庭宇,伐安丘、高密之木以修补破败,为苟完之计。而园之北,因城以为台者,旧矣,稍葺而新之。时相与登览,放意肆志焉……台高而安,深而明,夏凉而冬温。雨雪之朝,风月之夕,余未尝不在,客未尝不从。撷园蔬,取池鱼,酿秫酒,瀹脱粟而食之,曰:乐哉游乎!

我修整花园菜圃,打扫庭院房屋,在园子的北面,修葺了一座高台,常常携友交游,登高怀古。大家都喜欢这里,我一喊要聚,他们都来了。于是休息日的时候,我们就采摘园子里的蔬菜,垂钓池塘里的小鱼,酿高粱酒,煮糙米饭,大家一边吃一边赞叹:"这日子多么快活呀!"

他还写信给弟弟苏辙,说:我建的这座高台,名字,你来起。

苏辙很懂哥哥,给高台起名为:超然台。

他还写了一篇《超然台赋》,讲了自己起这个名字的由来。

> "天下之士,奔走于是非之场,浮沉于荣辱之海,嚣然尽力而忘反,亦莫自知也。而达者哀之,二者非以其超然不累于物故邪?《老子》曰:'虽有荣观,燕处超然。'尝试以'超然'命之,可乎?"

苏辙说：天下之人，奔走在是非场上，浮沉于荣辱之间，他们轻狂浮躁，流连忘返，被名利所累，而自己却并不知晓。《老子》说"虽有荣观，燕处超然"，哪怕外界浮华满眼，自己的内心却可以宠辱不惊。

想做超然之人，就不能为外在的物质所困惑和牵累啊！

苏东坡非常喜欢这个名字，在自己写的《超然台记》里，也讲述了这一段心路历程。

> 夫所为求福而辞祸者，以福可喜而祸可悲也。人之所欲无穷，而物之可以足吾欲者有尽。美恶之辨战乎中，而去取之择交乎前，则可乐者常少，而可悲者常多。是谓求祸而辞福。夫求祸而辞福，岂人之情也哉！物有以盖之矣。彼游于物之内，而不游于物之外。

他感慨地说：人的欲望是无穷的，但是满足我们欲望的东西却是有限的。如果我们一味追求美好奢靡，求福避祸，那心中便有了这个是好的、那个是不好的二元性评价。当"好的"出现，我们开心；当"不好的"出现，我们就难过。于是，我们的心情就这样在外界环境的变化中患得患失。

> 凡物皆有可观。苟有可观，皆有可乐，非必怪奇玮丽者也。餔糟啜漓皆可以醉，果蔬草木皆可以饱。推此类也，吾安往而不乐。

但事实上，一切都是体验而已，任何事物都有可以观赏的地方，都有能找到乐趣的地方。

不一定要是新奇的、雄伟的才叫美景，不一定要是名贵的酒才能让人沉醉，不一定要是山珍海味才能果腹，水果、蔬菜、草木，不都可以充饥吗？

翻译一下就是，米其林大餐很好，但是农家乐也不错呀。

所以他说：推此类也，吾安往而不乐。

以此类推，我到哪里会不快乐呢？

苏东坡在密州待了两年，当时密州的环境是远不如他预期的，工作量大，生活条件不好。没见着弟弟都是小事，他二十几岁就名震京城，文章盖世，心气这么高，结果接下来的十几年，在外面一个一个城市轮转，对朝政他根本使不上力。

壮志未酬对一个心怀天下的男儿来说，是人生之一大痛。到密州的时候他已四十不惑，之所以写下"老夫聊发少年狂"，其实就是想告诉朝廷的人：我还能用。

那年，他在寒食节登上密州的超然台。宋朝寒食连着清明，是一个大假期，大家纷纷回乡祭祖，踏春游玩。可是对苏东坡而言，"君门深九重，坟墓在万里"，他深爱的第一任妻子王弗，也过世十年了。

如果我们从这些外在条件来看，真的挺惨的。但也就是在密州这两年的时间，他迎来了人生第一个文学创作的小高峰。我们之前提到的，他的"老夫聊发少年狂""十年生死两茫茫"，以及"明月几时有"，这些收录进我们当代语文课本的诗词，都集中出现在这个时期。

  一直到今天，超然台还是山东诸城一个重要的景点。在高台前，有一尊苏东坡的雕像，他衣袂飘飘，把酒问天，好像在用自己的姿态，诠释"超然"二字的含义。

  生活不一定时时如我所愿，但以什么心境来体验人生百态，却是我们可以选择的。

  千年前的苏东坡，已经给我们蹚出了一条路。

  古代的寒食节要禁火三天。

  三天之后，重新生火。

  这个仪式其实很有味道。

  它好像在告诉我们，逝者已逝，来者可追。

  三天之后，就是生活的重新出发。

  所以这首词的第一句，他才要写：春未老。

  我们还没有老，我们还在路上。

  向前看，愿我们都有重新出发的勇气和动力。

  用这首词的最后两句，与君共勉。

    休对故人思故国，且将新火试新茶。诗酒趁年华。

三　但愿人长久

离别，是为了更好地重逢。

水调歌头

丙辰中秋，欢饮达旦，大醉。作此篇，兼怀子由。

明月几时有，把酒问青天。不知天上宫阙，今夕是何年。我欲乘风归去，又恐琼楼玉宇，高处不胜寒。起舞弄清影，何似在人间。

转朱阁，低绮户，照无眠。不应有恨，何事长向别时圆。人有悲欢离合，月有阴晴圆缺，此事古难全。但愿人长久，千里共婵娟。

每到中秋，会被大家拿来重温的诗词，就是这首《水调歌头（明月几时有）》。

宋人笔记《苕溪渔隐丛话》里甚至说，中秋词自这首出来以后，"余词尽废"，别人就没什么好写的了。

为什么？它到底好在哪里？

我们小时候都背诵过，但我现在再看，和小时候得到的答案，完全不一样。

只有经历过人世间的悲欢离合，才能读懂这首词想表述的情感。而且，这首词之所以值得反复咀嚼，百读不厌，就在于它所描述的情感不是直给的，而是构造了一个意境，我们要穿透那个意境，才能到达情感。

这是审美里非常高级的境界。

我们可以把整首词，理解成苏东坡和月亮的对话。

明月几时有，把酒问青天。

月亮啊，你是从什么时候开始存在的呀？

不知天上宫阙，今夕是何年。

他在追问天地的起源，可是他好像并不是那么想要知道答案。

他的提问，其实是为了给我们一个宏大的视角。

为什么说苏东坡是豪放派词人？

你看他这四句开篇，把我们从人间的现实情感一下子拉升到了与宇宙同在的维度。这就是宏大的视角。

他在告诉你：当你站在如此广阔的时空中俯瞰人世情感，还会觉得人类的那些悲苦欢乐，过不去吗？

> 我欲乘风归去，又恐琼楼玉宇，高处不胜寒。

既然人间情感不值得留恋，那就乘风归去吧！

我们注意到，他说的不是"乘风而去"，而是"乘风归去"。

归，是回家。

也许苏东坡认为，那里，才是我们来的地方。

那既然"那里"是归宿，你何不回到"那里"呢？

不，虽有"琼楼玉宇"，但毕竟，"高处不胜寒"啊！

我们都知道嫦娥奔月的传说。

嫦娥因为吃下了西王母的一颗不死药，获得了长生不死的能力，奔月成仙。

在各种古籍的记载里，关于她为什么要吃下那颗药，有很多版本。有说是为了抛下丈夫后羿自己长生的，有说是为了救丈夫被迫吃的，也有说是后羿先背叛了她，她才吃药报复的。但不管什么理由，几乎所有版本指向的都是嫦娥吃药奔月后，虽然获得永生，却并不快乐。

怎么会快乐呢？

我们看古人对月亮的别称是什么。

玉盘、冰盘、冰轮……

在月亮上的宫殿，叫"广寒宫"。

月亮，带给他们的感受，是清冷。

即便成仙了，无怒无喜，无怖无惧，却如此清冷孤独，高处不胜寒。

少了点什么呢？

人世间的温暖。

　　起舞弄清影，何似在人间。

九重天上的风光，哪里比得上此刻人间——清风徐来，月光乍泄，我与月光共舞，清风与水波微荡。

这就是上阕所描述的意境：宇宙存在了亿万年，人类与之相比何其渺小。即便我想乘风归去，如嫦娥奔月，从爱恨情仇里得到解脱，却始终舍不得这人间美景和情感婆娑。

断情绝欲就一定好吗？

斩断了悲苦，也就等于放弃了欢乐。

于是苏东坡感慨：高处不胜寒，何似在人间？

还是人间好啊。

那在人间，能体验到什么呢？这就来到了下阕。

　　转朱阁，低绮户，照无眠。

苏东坡的词是非常有画面感的。刚刚我们看见了月光之下，主人正起舞弄清影，但现在，镜头好像在天上，从月亮的视角俯瞰人间——月光在亭台楼阁间流转，穿过雕花的窗棂，低低地照进来，照着我这个夜半无眠的人。

我抬头问月亮：

不应有恨，何事长向别时圆。

月亮啊，我哪里做错了吗？为什么你总是要在分离的时候变圆呢？

好奇怪，我找了很多古人写月亮的诗词，居然很大一部分，都在说离别。

露从今夜白，月是故乡明——与亲人的离别。

今宵酒醒何处？杨柳岸，晓风残月——与爱人的离别。

小楼昨夜又东风，故国不堪回首月明中——与往事的离别。

醉不成欢惨将别，别时茫茫江浸月——哪怕萍水相逢，也终要离别。

而苏东坡在中秋之夜写下这首词的时候，他和弟弟苏辙，也分别五年未见了。

人有悲欢离合，月有阴晴圆缺，此事古难全。

他在安慰自己，也在开解我们。

一切人事与情感都在流动中，离别之后是重聚，月缺之后是月圆。我想问你，如此看来，这世间是圆满的，还是不圆满的呢？

如果圆满，那为何还要有分别？

如果不圆满，那为何能让我们在一生中都体验到离别之痛和团圆之喜？

你会发现这个时候，苏东坡又从人间视角回到了宇宙视角。

就像他在《赤壁赋》里所说的：

> 逝者如斯，而未尝往也；盈虚者如彼，而卒莫消长也。盖将自其变者而观之，则天地曾不能以一瞬；自其不变者而观之，则物与我皆无尽也，而又何羡乎！

时间流逝就像这江水，流逝的始终是这一小段，但大江大河依然滚滚向前，从未真正逝去；月亮有阴晴圆缺，但月亮还是那个月亮，千百年来也从未增减。

所以，人有悲欢离合，月有阴晴圆缺，缘起缘灭，此消彼长。

一切都在流动中，但一切又是恒定的。

我认为这句话不是一句简单的安慰，而是一句带着禅意的开解。

带着这样的心境，即便在离别之时，也会有重逢之盼。

> 但愿人长久，千里共婵娟。

这是一句美好的祝愿，前半句突破的是时间的界限，希望每个人都能长长久久、平安喜乐；后半句突破的是空间的阻隔，即便你我相隔千里，也能因为共享同一个月亮，而觉得我们从未真正分离。

中秋拜月，在先秦典籍里就有记载。后来大家做月饼来拜祭月神，赠送亲友，月饼是圆的，象征团团圆圆，于是中秋佳节，也慢慢成了与家人团圆的节日。

在这样的仪式感之下，我们就更加渴望，这一天能和亲人团聚。

苏东坡这首词写的虽然是别离,但感伤中依然有重逢的希望。

这首词写完之后的第二年,他和弟弟终于在分别六年之后,在那年的中秋佳节里,团圆了。

弟弟苏辙回应了哥哥,也作了一首《水调歌头·徐州中秋》。

水调歌头·徐州中秋

离别一何久,七度过中秋。去年东武今夕,明月不胜愁。岂意彭城山下,同泛清河古汴,船上载凉州。鼓吹助清赏,鸿雁起汀洲。

坐中客,翠羽帔,紫绮裘。素娥无赖,西去曾不为人留。今夜清尊对客,明夜孤帆水驿,依旧照离忧。但恐同王粲,相对永登楼。

他说:离别一何久……
他说:月亮啊,西去曾不为人留。
他说:今夜过后,我们又要分别,依旧照离忧。
也许正是因为离别是我们生命的常态,所以我们才会更加珍惜每一次的相聚。

但愿人长久,千里共婵娟。

四　真砚不坏

我们其实不需要那么多。

明明不需要那么多，为什么我们还会想要囤？

这个问题不只现代人有，古代人也有。

据明代陈继儒《妮古录》记载，苏东坡曾经写过一篇砚铭，在砚台后面刻了个自己的小故事。

有人跟苏东坡说："我要去端溪，可以为你买三方砚台。"

我们知道，端砚是中国四大名砚之一。

苏东坡就问："我两只手，只有一只手来写字，为什么要三方砚台？"

对方说："以备损坏。"

苏东坡又问："那是我的手先坏，还是砚台先坏？"

对方说："真手不坏。"

苏东坡回："真砚不坏。"

一方好的砚台足以传世，经久不坏。

但我们细细琢磨这句话，其实他在说的，不仅仅是他不需要这么多砚台，而是一个更普世的话题：

我们明明不一定需要这么多，却为什么还要不停地囤积这些身外之物呢？

这个话题其实非常适合我们现代人。

可以回想一下：

我们家里是不是囤了一些总觉得以后能用得上，却一直都没用上的东西？我们是不是明明已经有了很多东西，但还是控制不住地买买买？我们是不是打开手机一看通讯录，就会发现很多无效的社交关系？我们是不是常常发现，自己的收藏夹里收藏了很多文章攻略、养生知识、锻炼方法，然而收藏从未停止，行动从未开始？

囤积过量物品，摄入过量信息，疲乏游走于过量的人际关系之间……我们的欲望，其实远远超过了我们的实际需求。

在过量囤积的背后，我们到底怕的是什么呢？

怕这些东西如果丢掉，万一有一天缺了怎么办？怕这么划算如果不赶紧抢，万一亏了怎么办？怕倘若拒绝了这些关系，万一有一天需要了怎么办？怕如果没有摄入这些更新的、更海量的信息，万一有一天错过这个世界的红利了怎么办……

怕的背后，是对未来深深的焦虑。

我们团队的导演跟我讲过一个他的故事，说他有一阵子想测试自己用多少钱就能活下来，于是他每天花很低的费用，吃不多但是管饱的东西，一个月下来，他发现，其实他只需要用到很少的钱就能生活，这笔钱甚至远远低于他的预期。

他说："原来我们身体的实际需求，其实比我们所想象的，要低很多。"

前几年还有一个很流行的概念，叫断舍离。

断，是停止获取，断绝自己的头脑想要，但身体不一定真的需要的东西。

舍，是舍弃多余，清理我们用不上的物品，清理不必要的信息和人际关系。

离，是超越欲望，不被物质欲望束缚，回归自己内心的淡泊和安宁。

这让我想起弘一法师晚年住的那间房子：晚晴室。

小小的几个平方的空间，只有一张床、一张桌子、一把椅子、一盏灯。

你会惊讶于一代律宗清苦又朴素的生活，又会感叹于，原来在这么低的物质需求之下，人其实也可以活下去。

也许，我们真的不需要这么多：

这么多的信息量，这么多的物品，这么多的人际关系。

就像苏东坡所说，我只有一只手，何必要三方砚台。

其实这一篇也是写给我自己的。

我曾经跟我的朋友说："我打算把社交软件里的收藏文章和手机通讯录里的各种关系，做一个清理。"

他鼓励我说："要大胆舍弃那些你其实并不实际需要的东西。当你清理的时候，会有很奇妙的感受发生。"

我相信他说的。

五　几时归去，作个闲人

人生，一定要成功吗？

人生，一定要成功吗？

这是一个直指内心，但其实很难回答的问题。

如果成功的路上要牺牲掉很多的岁月静好和内心安宁，你愿意吗？但如果一直都不成功，你又甘心吗？

其实真的很难回答。

苏东坡有两首词我最喜欢，一首是《定风波（莫听穿林打叶声）》，另一首是《行香子·述怀》。《定风波（莫听穿林打叶声）》，说的是人生逆境中的豁达和超脱；《行香子·述怀》，说的是在世事嘈杂中，对内心和生活的回归。

看起来境界都很高，但有意思的是，当我们细究这些词句，你就会发现，他内心最开始是挣扎和困顿的。他就是在这样的两难中做出的选择。

也正因为如此，当千年后的我们面对"要不要成功"这个同样的课题的时候，才会与他产生这么强烈的共鸣。

本篇，我们来读《行香子·述怀》，看看他为什么难，又为什么这么选。

行香子·述怀

清夜无尘，月色如银。酒斟时、须满十分。浮名浮利，虚苦劳神。叹隙中驹，石中火，梦中身。

虽抱文章，开口谁亲。且陶陶、乐尽天真。几时归去，作个闲人。对一张琴，一壶酒，一溪云。

那个晚上，他在喝酒。

月光皎洁如银，空气中没有一点杂质。把酒斟满吧，人生得意须尽欢啊。

你觉得那个时候的他快乐吗？

他说，时光如白驹过隙一晃而过，生命就像石中之火转瞬即逝，身体就像在梦中一样虚幻不实；他说，浮名浮利，虚苦劳神——名和利，人们被它们牵绊，为它们劳心劳力，争来抢去，却发现，都是过眼云烟。

他为什么会有这样的感慨呢？

其实我们怎么都想不到，这首词，是苏东坡走到政治巅峰的那几年写的。

我们讲过他之前的经历，开局就是"王炸"，二十几岁享誉京城，北宋开国百年第一的成绩，连皇帝都说"朕今日为子孙得两宰相矣"，人们对他寄予厚望，他也曾自命不凡。

可惜在王安石变法中，他与新党政见不合，举步维艰，朝堂之上极难有容身之处，以至于十几年间，只能一个接一个地方地流转为官。

但我们看他前期的诗词文章，从"休对故人思故国，且将新火试新茶。诗酒趁年华"，到"会挽雕弓如满月，西北望，射天狼"，哪怕是"何日功成名遂了，还乡，醉笑陪公三万场"，你都能从里面读出，他在事业上的进取心。

完全可以想象啊，开局这么好，还是当打之年，内心怎么可能对成功没有渴望呢？

然而世事难料。

乌台诗案发生后，四十四岁的苏东坡在无穷的精神折磨之下，九死一生，跌入至暗时刻。

我有的时候会想，黄州那几年，他是迎来了自己生命里最旺盛的创作时期，也为中国文化史留下了很多豁达的、超脱的诗词文章，但那个时候的他，内心对自己的仕途还有渴望吗？

我们很难说没有。

那四年的时间里，他跟很多人通过信，这中间有许多他的老同事，是在朝中或是地方依然任职的官员们。他也曾在给好朋友陈季常的信里悄悄地写：万一要是大赦了，皇上下旨对我稍微宽大……

> 若大霈之后，恩旨稍宽，或可图此。更希为深虑之，仍且密之为上。

他给皇帝的黄州谢表里也曾说：期望我的晚年，不至于变成一个废物。如果能在极力的鞭策下，我还将为国捐躯，奋不顾身，指天发誓，这种信念，至死不变。

> 庶几余生，未为弃物。若获尽力鞭棰之下，必将捐躯矢石之间。指天誓心，有死无易。臣无任。

以上种种，我们都很难说，苏东坡的内心，对自己的成功欲，没有一丝的波澜。

也许是命运的有意安排，从低谷中走出的苏东坡，终于迎来了他职业生涯的高峰。

元丰八年（1085），五十岁的苏东坡到登州刚上任五天，就收到了奉调进京的诏令。同年十二月，提拔为起居舍人，直接与天子相接。仅仅几个月，他没有经过正常的考试程序，就被再度提拔，被委任为中书舍人，九月升为翰林学士、知制诰，负责起草诏令，参与最高决策，成为皇帝意志的具体传达者和国家政策的重要参与者。不仅如此，他还是小皇帝的老师，并且主持了元祐三年（1088）的科举考试。

元祐七年（1092），苏东坡先后被任命为兵部尚书、礼部尚书，弟弟苏辙也被任命为相当于副宰相的尚书右丞门下侍郎。

如果我们单从政治经历来看，苏东坡从某种意义上已经实现了他三十年前的职业理想，我们也可以说，他看起来已经成功了呀，可是走到如此高峰，他为什么居然是这样的心情？

浮名浮利，虚苦劳神。

　　他在那几年颠簸的政坛里不断被人误解、挤对、弹劾、污蔑，憎恨他的有曾经"新党"的人，也有"旧党"中那些和他意见不同的人。那几年里，就别说有什么诗词佳作了，光是应付这些人，他就得不断上书自述，可不就是虚苦劳神吗？所以他不禁感慨——

　　虽抱文章，开口谁亲。

　　我虽然有这一身的才华，但到底谁能理解我，谁，是我的知音呢？
　　外面的世界太吵了。他们此起彼伏的声音淹没了一切，在被迫前行的路上，我只能回归内心。

　　且陶陶、乐尽天真。

"天真"二字，是苏东坡人格最好的诠释，也是他在复杂的官场斗争之下，依然坚守的东西。
　　而天真从哪里来？
　　最后一句——

　　几时归去，作个闲人。对一张琴，一壶酒，一溪云。

从闲中来，从一张琴、一壶酒、一溪云中来。

我很喜欢费勇老师对这句话的解释。

他说："一张琴，说的是艺术；一壶酒，说的是生活；一溪云，说的是自然。"

在艺术、生活和自然的世界里，成为一个天真的闲人。

这是苏东坡在入世走到巅峰时，所产生的强烈的出世意愿。原来三十年前渴望的功名，得到之后更多的，竟是烦恼。

"到得还来别无事"，最后发现自己珍惜的，还是内心的那一寸宁静闲适的天地：一张琴，一壶酒，一溪云。

这是苏东坡的故事。

那么，回到我们自己，如果成功的路上要牺牲掉很多的岁月静好和内心安宁，你愿意吗？

但如果一直都不成功，你又甘心吗？

这是一个直指内心，但其实很难回答的问题。

所以，人生，一定要成功吗？

六　此心安处是吾乡

心安才是归途。

此心安处是吾乡。

很多人喜欢这句话，甚至拿它来当个性签名。

它虽然出自苏东坡的词，但其实这句话，是一位歌女跟苏东坡说的。

定风波·南海归，赠王定国侍人寓娘

常羡人间琢玉郎。天应乞与点酥娘。尽道清歌传皓齿。风起。雪飞炎海变清凉。

万里归来颜愈少。微笑。笑时犹带岭梅香。试问岭南应不好。却道。此心安处是吾乡。

苏东坡整首词都在赞叹这个美好的女子。

她叫宇文柔奴，是苏东坡好友王巩家里的一位歌女。

王巩是苏东坡乌台诗案中，被连累得非常惨的朋友之一。我们知道乌台诗案对苏东坡来说是非常大的打击，他的很多好朋友也被他连累，贬官的贬官，责罚的责罚。

在这些人中，王巩是被贬最远，责罚也最重的。他被贬谪到岭南，路途遥远，需要翻山越岭，而且，当时的岭南，正是瘴疠横行的不毛之地。

一听到这个消息，王巩家里原来养着的好几个歌女都纷纷散去了，只有宇文柔奴一个人愿意陪着王巩，一起去岭南。

这一趟，真是惨死了。

按照苏东坡在王巩诗集里写的序，王巩被贬岭南五年，一个孩子死在那里，另一个孩子死在京城，王巩自己都差点病死，可见那里的生存条件有多么恶劣。

他担心对方多少会怨恨自己，甚至"不敢以书相闻"。

后来，王巩终于"奉旨北归"，重新得到了任用，可算是回来了。他带着柔奴和苏东坡吃了顿饭。宴席中苏东坡大受启发，写下了这首词。

> 常羡人间琢玉郎。天应乞与点酥娘。尽道清歌传皓齿。风起。雪飞炎海变清凉。

词的上阕，苏东坡在赞叹这对璧人。

他说：我常羡慕世间还有这样如白玉雕琢出来的温润君子，就连上天也怜惜他，给了他如此娇嫩柔美的佳人。

名义上是在夸王巩，事实上是在夸他身边的这位佳人。

人人都说这位佳人歌声曼妙婉转，就像雪片飞过炎热的夏日，有着沁人心脾的清凉。

东汉史学家班固在《汉书·艺文志》里有句话，叫"哀乐之心感，而歌咏之声发"，歌者有了美好的心境，才有美妙的歌声，而听者才能被打动。

苏东坡用了一整个上阕去赞叹这个女子的才华，赞叹她美好的心境，他不是白写的。

他在为最后那句话做铺垫，看下阕。

当一个人有了美好的心境时——

万里归来颜愈少。微笑。笑时犹带岭梅香。

人最怕的就是老。可是你去了那么远的地方，过了这么多年，回来以后，反而看起来更显年轻了。你向我微微一笑，笑里似乎还带着岭南梅花的清香。

试问岭南应不好。

苏东坡问柔奴，在岭南的日子应该不是很好吧？

却道。此心安处是吾乡。

苏东坡用了一首词的笔墨，就为了这最后一句：
此心安处是吾乡。
你觉得重点是哪个字？

其实我每个阶段来读，看到的重点都是不一样的。

最开始，我是在找"乡"，家乡。

中国人安土重迁，要让人连根拔起，迁徙到另一个地方去，是要做很强烈的内心斗争，付出很大的心理代价的。

曾经有一位编辑朋友告诉我，家里人让她找对象，一定要找她们当地的，甚至最好就她们家那条街上的。

为什么呢？因为知根知底啊。

家乡会带给我们熟悉感，而熟悉感又会带来安全感。

可是，这位编辑说："我已经在这个熟悉的地方待了太久了，我想要走出去看看。"

我相信，当她跨出这一步的时候，家乡，就变成了"故乡"。

那是一种什么感觉？

她跟我描述说："当我来到大城市，看到华灯初上，远处的每一盏灯，都是一个温暖的家。但我的家在哪里？在这个陌生的城市里，我找不到一个支点能让我安定下来，可是如果你让我再回到家乡的小县城，我又不愿意。我就像是一艘没有系绳的船，往前，不知何处是终点，往后，又再也回不去了。"

此心安处是吾乡。

走出了"乡"，在漂泊中，我们想找的，其实是"安"。

一种安定感。

可是，何处是"安"呢？

如果再深入一步，你会发现，真正让我们"安"的地方，不在"乡"，不在"家"，而在于"心"。

复旦大学王德峰教授说过一段话，大意是：我们总是要找家，因为有家心才定，但是那个家大多指的是血缘关系所形成的家。

他说，他的母亲 2000 年去世，2006 年他的父亲也走了，在他父亲离开的那一刻，他终于明白，他曾经天真地认为应当永远存在的那个家，没了。

于是他就想：我们的家在哪里？

在你心里。

所以最后，找的是"心"。

为什么要找"心"？

因为我们来到这个世界上，所有的关系都是身外之物，没有人能在真正意义上陪伴我们一生。那些我们喜欢的、爱的、以为自己能抓住的，都会在某一刻离开。

我们总是把目光放在外界，在那些分分合合的关系里乞求安定感，却常常忘记了，真正永远陪伴我们，并且不管在什么状态下，都会永远爱我们的，其实根本不是"他们"，而是我们自己这颗心。

所以，心，才是我们唯一的归处。

此心安处即是家，不可得时即天涯。

无论海角与天涯，大抵心安才是家。

七　此间有甚么歇不得处

人生最大的智慧，是放过自己。

苏东坡有一篇文章叫《记游松风亭》，我觉得他写出了"歇"的两种境界。

这篇文章说的是他当时被贬惠州，有一次爬山，走着走着腿脚疲乏，累了，就想走到高处的松风亭里休息。可是他爬啊爬啊，抬头一看，好远，继续！又爬啊爬啊，气喘吁吁，再一看，怎么还那么远！那我还要爬多久……

然后，他突然转念一想：

去你的，此间有甚么歇不得处？

> 余尝寓居惠州嘉祐寺，纵步松风亭下，足力疲乏，思欲就林止息。仰望亭宇，尚在木末，意谓如何得到。良久忽曰："此间有甚么歇不得处？"

这里怎么就不能休息呢？我为什么非得要爬到亭子那里去休息呢？

一下子就松下来了。

执念就放下了。

就像挂在鱼钩上的鱼一样，忽然就得到了解脱。

这是"歇"的第一种境界：走累了，不妨歇一歇。

人生是可以停一停的。

其实我们常常会跟自己较劲。

我想起曾经有一年冬天，我有一段时间状态不太好。当时的感觉就是，我怎么能让自己这么糟糕呢？不行，我得爬起来继续战斗。然后我就天天跟自己打气：加油，加油，奋斗啊！

于是，我就像在跑马拉松一样，跑啊跑啊，埋头苦跑，用尽全力，总觉得马上就要赢了，下一刻就是终点了，然后抬头一问："还有多远？"

别人告诉我："还有一半！"

当场就想"死"给他看。

最后，我的精神还在战斗，可是我的身体不乐意了。

我生病了。

欸，生病反而给了我一个休息的时间。

我突然问自己一个问题：我到底在较劲些什么？

"此间有甚么歇不得处？"

走累了，为什么这里不可以歇一歇呢？人生一定要搞得这么紧张吗？

后来我想：是啊，好好休息，不才能好好出发吗？

就像苏东坡，他本来就是要休息的，可是他却把远处的松风亭当成了他要休息的地方。这时候，那个亭子就成了一个目标，一个他要克服的东西。本来是为了更好地休息，结果，却给自己增加了另外一重负担。

结果他一想：这里怎么就不能休息呢？

这一转念，当下就跟自己和解了。

但是，事情到这里还没结束，我们看苏东坡后面是怎么说的。

> 由是心若挂钩之鱼，忽得解脱。若人悟此，虽两阵相接，鼓声如雷霆，进则死敌，退则死法，当恁么时，也不妨熟歇。

他说：如果人能悟出这个道理，即便到了擂鼓声声、上阵杀敌的时候，哪怕前进是死、后退是死，我也能给你原地躺下，好好休息一会儿。

"由是心若挂钩之鱼，忽得解脱。"

这句话直接带出了"歇"的第二重境界：狂心顿歇，歇即菩提。

当万千心绪交织在一起的时候，那些对未来的焦虑，对过去的懊悔，对不确定的恐惧，对人事物的执着，对关系的博弈和较劲，都是我们的"狂心"，而当这一切"狂心"在那一刻停止的时候，世界才安静了下来。

然后想一想，这些"狂心"哪里来的呢？

不都是自己给自己的吗？

禅宗有一个公案，记载在《五灯会元》中。

小和尚问禅师："师父，如何才能解脱啊？"

禅师问:"谁缚汝?"

谁束缚了你呢?

小和尚醒悟过来:"对啊,没人束缚我啊!"

禅师说:"没人束缚,那你求什么解脱呢?"

根本就不用求啊。

这个故事还有一个延展的版本,我更喜欢,是三连问。

徒弟问:"如何是解脱?"师父反问:"谁缚汝?"

徒弟问:"如何是净土?"师父反问:"谁垢汝?"

徒弟问:"如何是涅槃?"师父反问:"谁将生死与汝?"

谁给你的这些精神内耗呢?

想想是啊,都是自己给自己的啊。

我们都在为也许并不会发生的事情恐惧,都在为还没到来的事情焦虑。

但只要我的心时刻与当下保持连接,未来的任何大事就都不会影响此刻的我。

所以苏东坡在这篇文章的末尾打了一个非常好的比喻:就算是上战场了,往前是死,往后也是死,但只要它还没有发生,那我就可以在原地休息一会儿。

他说的就是当下。

狂心顿歇,歇即菩提。

当我们放下与这个世界的战斗欲,可能才会发现,其实你就是世界,世界就是你,你与世界和解,就是在跟自己和解。

此间有甚么歇不得处?

人生最大的智慧,就是放过自己。

八　不识庐山真面目

走过方知真面目。

我上次去庐山，发生了一件很神奇的事。

我们都知道苏东坡有一首千古名诗，写的是庐山。

题西林壁

横看成岭侧成峰，远近高低各不同。
不识庐山真面目，只缘身在此山中。

这是我们小学语文课本就要求背诵的。而且这首诗无比简单，字面意思特别直白，没有任何典故，连古文翻译都不需要有，因为太简单了，朗朗上口。可是它其中蕴含的哲理，真的是管用一辈子的。

我上次去庐山，本来是去拍李白的，但没想到最让我回味的，反而是其中一段特别的经历。我甚至都觉得它是不是苏东坡留给我们的一个彩蛋，让我们有机会不是单纯用头脑去读这首诗,而是亲身体验。

那天是这样的:

我们去提前踩点的时候,看中了一个地方——它是个亭子,在庐山东边的山脚下,可以总览庐山五老峰全貌,叫"可以亭"。光听这名字,就特别有禅机。

这不是一个游客经常去的地方,当时我们的编导也没有把它当成是我们必去的景点,只是刚好原本既定的地点踩完了,离天黑还有一段时间,就顺便去了一趟可以亭。

其实司机也不知道那个地方在哪里,就按照导航开,开着开着就没路了,眼前就是一片树林。然后,司机说到了。

我们迷迷糊糊地下车,问:"这个地方怎么走啊?"

四周看了一圈,见有座庙,庙门对面站着一位和尚,两手就这么插在袖子里,看着我们。

我们就问:"师父,您知道可以亭怎么走吗?"

他沉默了一会儿,拿手往前一指。

我们又问他:"这里面有路吗?"

他又不说话了,过了几秒钟,才悠悠地说:"有啊。"

然后,我们就半信半疑地出发了。

要穿过这片树林,就得先经过那座庙。

我抬头看了一下庙的名字,叫"海会寺"。

这座庙看起来有点荒凉,刚进去的时候,右手边有一座大殿,看起来像是唯一的一间。也不是大殿啊,房子很小,但那个名字特别奇怪,叫"真面目"。

我从来没有看过这样的殿名——真面目。

我在里面待了一会儿,然后大家继续出发。

越往前走,心越慌。

那是一条看起来特别野生的路。前面还有一些人踏足过的痕迹,后面直接就需要披荆斩棘了。野草比人还高,你需要一边走,一边把它们拨开。

这个时候大家都没有心思聊天了,就是走。其实走着走着,心里是很忐忑的。

师父有没有指错方向?真的是这条路吗?还是我们走错了?这条路能走出去吗?天黑了还没走出去怎么办?会不会有蛇?

那个时候,心里很多的疑问就都出来了。

你会有好几个自己在打架:一个说,要不干脆回去得了;另一个说,来都来了,要不再往前走走看一看。

就是在这种内心不断的争斗中,大家继续埋头苦走。

走了大概有二十分钟吧,我们的眼前出现了一片空地。

这片空地明显是人为的,这就至少证明路是没错的。

然后我们走到空地上回头一望。

奇迹发生了。

庐山五老峰全貌,就在我们面前。

那一刻,突然有一种"谜底原来在这里"的感觉。

我顿时觉得这一切好像是一场游戏,我看到的那个海会寺观音殿叫"真面目",它好像是游戏里的一条线索一样。包括那个不太说话的师父,也好像是剧本杀里的一个NPC(电子游戏中不受真人玩家操纵的游戏角色)。通过他,我们打开了这个剧情。

而这一整个故事,其实就是一个苏东坡要告诉我们的哲理:

我们想要看到的庐山真面目，只有走出"此山中"，走出来，并且走远一点，才能看清。

这是一个无比朴素的道理，每个人都会说，也都懂。

可是真的只有亲身经历过，才会有一种顿悟的感觉——原来如此。

我们团队的运营小伙伴少炫，大学的专业是绘画。他说，老师跟他讲，当他太沉浸在描绘细节的时候，就要时不时退出来，隔远一点来看全局，然后再进入细节中。

回想我们的人生里，其实有太多为当前事物所迷的时刻了。

这是没办法的，就算是已经写下这么有哲理的诗的苏东坡，那个时候他也困在他人生的迷局里啊。

当时他贬谪黄州四年多，接到了朝廷诏令，让他去汝州，虽然汝州在地点上比黄州离京城近，算是皇帝向他表达了善意，但一样是"团练副使，本州安置"，还是跟黄州一样，没有实权，无非是换个地方看管而已。

在黄州，苏东坡好歹还有个雪堂可以居住，有个东坡可以种地，去汝州又得重新开始，所以当时苏东坡的心情真的说不上有多好。

那个时候他哪里知道，一年半以后，他就要回到京师，迎来他职业生涯的第二次春天，并且在接下来的第七年，也就是他五十七岁的时候，达到他政治事业的最高峰。

他更想不到的是，千年后的人们关注的其实并不是他的政治成就，反而是他的文学，他的艺术，他的才华，他的生活趣味。而这些东西，都不是在他政治得意的时候产生的，很多居然是他在人生跌落低谷的时候创造的。

你说那个从黄州刚刚出来,正准备奔赴另一个贬谪地汝州,中途刚好路过庐山的,四十九岁的苏东坡,哪里知道那么多?

不识庐山真面目啊。

就像,十年前的你,会想到十年之后,是这样的人生剧本吗?

我想不到,完全想不到。

有一次,我陷入一个困局,心情很低落,感觉走不出来了。

朋友问了我一个问题,他说:"现在的你,看十年前的你,你想跟她说什么?"

我说:"勇敢一点。"

他说:"那十年后的你,也会想要跟今天的你,这么说。"

那一刻,我好像被什么东西击中了。

当你跳出此刻,把视角拉远,站在命运的河流边,去看它整体的走向,的确会有一种感觉:也许此刻的坎坷,在未来看,也不过如此。

走出庐山,再回看庐山的苏东坡,才得以明白何为"真面目"。

而当六十六岁时,那个饱含着人世沧桑,再度经过庐山的苏东坡,才真正阅尽了他的人生脚本。

那一刻,站在生命的河流面前,他走过了曾经的看山是山,也放下了执着的看山不是山,最终,回到了令人释然的——看山还是山。

于是,六十六岁的苏东坡,再度以庐山为引,写下了对人生更透彻的了悟。

请看下一篇:《庐山烟雨浙江潮》。

九　庐山烟雨浙江潮

人生无法跳级。

如果我们知道了人生的终极答案，那可不可以直接跳级呢？

我们都听过这个关于人生境界的解释：看山是山，看山不是山，看山还是山。假设这个解释成立的话，那我可不可以直接跳过中间"看山不是山"的阶段，直奔"看山还是山"的终点呢？

我以前以为可以，但现在却觉得，未必。

中间这一步，看似是一条无效的弯路，却非常重要。

据说，苏东坡还有另一首写庐山的诗：

观潮

庐山烟雨浙江潮，未至千般恨不消。
到得还来别无事，庐山烟雨浙江潮。

当然，也有学者认为这首诗不是苏东坡写的。但熟悉我的朋友可能都知道，相比于"是不是"这个所谓的"真相"，我觉得对我更有用的，是关注它带给我的"感受"和"启发"。而且经典就是这样，你每个阶段读，得到的启发都是不一样的。

我曾经在短视频中介绍过一本影响了乔布斯学禅的书，叫《禅者的初心》，铃木俊隆写的。这本书里也引用了这首诗，可见这是一首带着禅理的诗。

"庐山烟雨浙江潮"，说的是两个绝美的风景：庐山上淡雅柔和、薄如蝉翼的蒙蒙烟雨；钱塘江奔涌向前、宏伟壮观的潮汐。这两处风景是当时许多文人墨客内心非常向往的，就像是现在很多人会标注"人生必去的多少个风景打卡点"一样。

"未至千般恨不消"，如果没去，就会觉得抱憾终生。你看他用的词，"恨不消"，而且是"千般恨"，多少遗憾啊！夸张一点说，死不瞑目的遗憾。

但恰恰在这个时候，庐山烟雨浙江潮，在我们心里已经不是一道纯粹的风景了。因为我们已经"看山不是山"了，它反而成了我们的一个目标，甚至是，一种执念。

我们会催促自己，赶快实现，实现了就没有遗憾了。

可是他说：到得还来别无事，庐山烟雨浙江潮。

终于实现了！亲眼看见了！美吗？

美，但也不过就是庐山烟雨、浙江潮。

回来，看山还是山。

人生三境界。

我以前感受这首诗，觉得它好像在告诉我们，人不要有执念。

但我后来发现，怎么可能没有呢？

你不经历拿起执念的那一步，怎么能放得下那个执念呢？

有一本很经典的书叫《悉达多》，是曾拿过诺贝尔文学奖的作家黑塞的作品。

故事的主人公叫悉达多，他天赋异禀，很有智慧，家境也不错。作为一个修行人，他见过很多老师，学过很多方法，学得很快，也得到过很多爱戴。可是他就是不快乐，痛苦驱使着他去寻找一条唯一的、永恒的真理之路。

而当他发现他的这些寻找，都是因为在害怕和逃避自己的时候，他勇敢地放下了所有的教义，回到了尘俗的生活里，直面自己的欲望。

他遇见了一位美丽的社交名媛，这位女子成了他情爱的导师。他还遇见了一个商人，商人教他如何做生意，如何享受富贵的生活。他跟着一群深陷尘世欢场的人一起沉沉浮浮，在沉浮中感受这个世界的空洞和虚无。

当他深陷其中的时候，好像总有个声音在催促他：这不是你要的人生，你还有使命在身！

悉达多知道，这个游戏到头了。

他离开了他的尘俗。

这个时候我们以为他已经放下了。

但还没有。

他又遇见了一个人，是他和那位社交名媛生下的儿子。

他爱他的儿子，那是一种天然的爱，一种夹杂着原始欲望和宇宙大爱的爱。

他希望把儿子留在身边，去弥补一个父亲对儿子的亏欠，去把最好的爱给他。

儿子无法理解。他痛恨父亲，甚至暴戾地对待自己的父亲。然而，悉达多只是容忍他，接纳他。

悉达多只有一个想法，那就是留住儿子，想要度化他。

可是悉达多的儿子和他不一样，儿子爱的并不是真理，而是尘俗的生活。

这里有一段悉达多的朋友，一个船夫说的话，我觉得非常经典。

他告诉悉达多：不要用爱去束缚你的宝贝儿子。你真的以为，就因为你爱他，你不希望他受苦，就有可能代替他去完成那份他本该自己完成的生命的功课吗？就算你为他死十次，你还是不能从他注定要承受的命运里减去分毫啊。

悉达多终于意识到，每个生命都有自己生长的节奏。

他意识到，把他束缚住的，是他对儿子的那份爱和柔情，是他害怕失去儿子的恐惧。可是他这份甚至带着些盲目的爱，又是那么地符合世间常情。试问，天下哪一对父母，对孩子没有一点期待呢？

但凡有期待心，就会有得失心。悉达多的儿子最终离开了他。悉达多陷入了痛苦之中。他知道，自己必须承受这份痛苦。

回顾这一路，他说：我在我的肉身上感受到，我非常需要欲望，非常需要追逐财富，非常需要尊荣，需要最凄惨的绝望，而体验过它们，我才能学会放弃强求，学会爱这个世界，学会不再将它与我所期望的那个世界去做比较，学会接受它本来的样子。

当你把时间尺度拉大，你会发现一切罪孽已在自身中包含着怜悯，一切老人也已在自身中包含着幼童，一切垂死者也包含着永生。当你超脱时间看见一切过往、此刻和未成的人生，就会发现，得到与失去一直在重复，世间原本就是平衡而圆满的。

悉达多说：我从童年就知道，尘世欢欲和财富，对我而言并非善物，但如今，我才真正将它们经历过一遍。此刻，我的知道，不仅仅是凭记忆知道，还以我的眼、我的心、我的胃领会了！有此领会，是我的福运！

没有拿起，谈何放下？

在讲苏东坡和庄子的这两年，我最大的收获，就是不那么跟自己较劲了。

"看山是山"的时候，我发现自己还有进步的空间，那就试着往前走走。

而当"看山不是山"的时候，我也能看见自己的确有执念。庐山烟雨浙江潮，这么美的人生目标，立一个又何妨？

我们必须经过这一步，我们必须努力拿起，拼命拿起，但当你用尽所有力气拿起，却发现根本拿不起，或者拿起以后，发现不过如此的时候，你自然也就该放下了。

而那个放下，就是真正的"看山还是山"了。

资料出处：

1. [北宋] 苏轼《天石砚铭并序》《与李公择》《与陈朝请》《与程正辅》《望江南·超然台作》《超然台记》《水调歌头（明月几时有）》《赤壁赋》《行香子·述怀》《与陈季常》《到黄州谢表》《定风波·南海归，赠王定国侍人寓娘》《王定国诗集叙》《记游松风亭》《题西林壁》
2. [北宋] 苏辙《超然台赋》《水调歌头·徐州中秋》
3. [南宋] 胡仔《苕溪渔隐丛话》
4. [南宋] 普济《五灯会元》
5. [明代] 陈继儒《妮古录》

第九章

活法 / 人生没有答案，只有选择

引子：和苏东坡截然不同的人生

群星闪耀的中国历史，为我们提供了许多不同类型的人格范本，苏东坡只是其中之一。

穿透他们的人生，与其说是为了给自己增长知见，更重要的，不如说是为了给自己的生命，提供一个参考坐标。

经由看见他们性格的养成，他们如何面对自己的高光与低谷，以及，他们在人生十字路口做出的不同的选择——其实千年过去，这些选择依然还在继续——我们才得以更好地回望和思索自己的人生。

本章比较短，我们选取了和苏东坡同时期的另外两个人来讲述。

他们和苏东坡的关系，既可以称为政敌，也可以称为朋友。

他们，活得都和苏东坡很不一样。

但你不得不说，他们也代表了中华文化史里，另一类非常典型的人格。

虽然本书的主角是苏东坡，但站在更高的维度去看，他们所代表的这类人格同样很迷人，很有魅力。

当然，也同样要经历无数的考验，度过无数的艰难时刻。

没有对错，只有选择。

有的时候，我会觉得文化史好像一个大药柜，那些旷世奇才和他们的作品都静静地躺在不同的抽屉里。我们一个一个地打开，拿出一味一味的药来，而最终的目的，就是为了搭配出一服独属于我们自己的"精神草药"。

一　王安石与苏东坡

要事业，还是要生活？

如果人生目标只有一个的话，你要事业，还是要生活？

本篇，我们来聊聊王安石与苏东坡不同的人生选择。

王安石被后世铭记，更多的是因为他被写进中国经济史的"王安石变法"。这次变法的影响力之大，甚至有人说改变了中国此后的历史进程。一直到今天，对于王安石变法的评价，在学界仍然是褒贬不一，按照华东师范大学刘成国教授的话说，激烈到"一提王安石变法，就要吵架"。

我们今天不讨论他的变法，更多的来说一说这个人。

他跟苏东坡过的，是截然不同的两种人生。

王安石大半生的主题，大概八个字就可以概括了：好好学习，好好工作。

你乍一听觉得，这简直是别人家的孩子、老师眼中的三好学生、领导眼中的栋梁之材啊！是的，但是为了能把这八个字做到极致，你知道王安石过的是什么样的生活吗？

可以这么形容，如果你有一个像王安石那样的孩子，他跑来跟你说："爸妈，读书就是我的一切！吃什么，不重要！穿什么，不重要！谈恋爱，更是不重要！老师让我多休息，我跟他急眼，朋友让我出去玩，我跟他决裂，我的眼里，只有读书！"

如果你是家长，你开心不？

王安石当年，大概就是这样的。

读书的时候好好读书可以理解，这个人是参加了工作以后也疯狂读书，甚至常常通宵。

宋人邵伯温的《邵氏闻见录》里记录，王安石当年在基层当"公务员"，每天通宵达旦地读书，困了就坐着打个盹，常常是一看，哇，要迟到了，连洗漱都来不及，就蓬头垢面地去"打卡上班"了。

他的上司韩琦看他天天这个不修边幅的样子，以为他沉迷酒楼夜生活，于是就语重心长地对他说："小王啊，年轻人要好好读书，不要自暴自弃啊！"王安石连解释都懒得解释。

他完全专注在自己的学习和工作中。其他事情，能少则少。生活？没有生活。

《宋史·王安石传》里说他"衣垢不浣，面垢不洗"。

沈括在《梦溪笔谈》里也讲了一个王安石的故事，说他脸黑得不像话了，他学生都以为他病了，赶紧找医生来看。医生把脉问诊看了半天，最后得出一个结论：这不是病，只是脸太脏了！

他完全不在意自己的形象，甚至可以一年不洗澡。

天哪，这在苏东坡身上是绝对不可能发生的！

苏东坡爱洗澡是出了名的。当年因为乌台诗案被贬谪到黄州的时候，这哥们儿自我拯救的其中一个秘诀，就是泡澡啊！没事就去焚香沐浴，甚至搓澡都能搓出金句：

轻手。轻手。居士本来无垢。

相比之下，王安石的"垢"就多了去了。

宋人叶梦得的《石林燕语》对此也有记载，说他脏到同事们都看不下去了，就每两个月带他去洗一回，然后轮流给他准备干净的衣服。

这是一项非常严谨的工程，而且这项工程在当时可是有名字的，叫"拆洗王介甫"。

而我们的主人公王安石洗完以后，看到有衣服随手就穿了，也不介意哪来的。

为了抓紧时间搞事业，王安石的生活简直是无趣到了极致。他不仅不爱洗澡，也不关心吃饭。在他看来，吃饭的目的，仅仅是为了不让自己饿死。

南宋朱弁《曲洧旧闻》里记载了一个故事，说有一次，管家跟王安石夫人说："老爷喜欢吃獐子肉吗？"夫人说："没有呀。"管家说："那为啥他所有菜都不吃，就吃他面前的这一盘獐肉脯呢？"夫人说："那你明天换一盘菜在他前面。"

于是人们就发现，其实王安石完全不在意菜是什么，他只专注吃自己眼前这一盘。

而苏东坡呢？他是一个就算穷到死，也要变着花样吃出开心的人。我们知道苏东坡是美食家，据说中国历史上有六十多道菜因他而生。他不仅爱吃肉，还爱喝酒；不仅爱喝酒，他甚至自己酿酒。

他造酒的名气很大，于是有人就跑去问他儿子苏迈和苏过，说："能不能把你父亲酿酒的方子给我们？对对，就是酿的那个蜜酒，他不是写了一首《蜜酒歌》，说很好喝吗？"

儿子们说："哎，别提了，他们喝了我父亲的酒啊，都拉肚子了！"

这种有趣的事就绝对不会发生在王安石身上。

《邵氏闻见录》里还说过一个故事。

有一次，包拯——对，就是包青天，当年是王安石和司马光的上司——请大家吃饭，席间总得喝点酒吧，王安石和司马光都说："哎呀，我平常不喝酒。"但是领导酒杯都提起来了，你总得给领导一点面子吧。于是司马光就硬着头皮喝了。

而看那厢王安石呢，从头至尾，愣是一口没喝。

这刚的呀……你说多尴尬，领导面子都不给。

但王安石有个好处，就是这种专一到极致的人，通常非常专情。

《邵氏闻见录》里还有另外一个故事，说王安石和欧阳修、苏东坡以及其他北宋那种家有侍妾，或者经常给各类女子写小词小调的文人士大夫不同，他终生只有一个老婆，没有任何小妾，连他老婆看不下去，买了个人回来给他当妾，他都能原封不动把人退回去。

以上种种，可能会让我们觉得王安石似乎是一个生活极度没有情调的人。

的确是，他几乎把自己毕生的精力，都拿来拼事业了。他是正儿八经从基层干到中央，从一个小县令做到大宰相，一点点实施自己的变法理想的。

庆历二年（1042），王安石考中进士，本来考官列他为第一，但据说因为他的应试赋中有一个词用典不当，皇帝看了很不开心，于是只得到了第四。

进士及第之后，他被授为淮南节度判官。一般来说，任职期满他就可以回到中央，至少也可以入馆阁，做一个文字类工作（苏东坡当时就是这样的），但是，他放弃了。他想要下基层，想要做实事。

于是，二十七岁的王安石被调为鄞县知县，从此展开他的政治抱负。

刚到鄞县，他就写下过一篇《鄞县经游记》。

我以为是个游记，结果一读，跟苏东坡那种风采飞扬、极尽渲染的游记不同，它甚至有点枯燥，通篇就跟记流水账一样，写了自己八天如何走遍鄞县东西十四乡。清晨出发，夜晚住在庙里，日夜兼程，并在其中完成调查研究，劝导乡民，看工程进度，了解民生艰苦。

那三年的时间，王知县扛住了鄞县大旱，帮助贫苦的农民向政府借贷粮食以度过荒年，来年再加低息返还，这就是他后来变法中"青苗法"最初的试验；他提出兵农结合来保障地方治安，并且开展农田水利建设，这也是后来"保甲法"的初步尝试；他在当年鄞县没有一个正经教师的年代里，遍访山野高人，建立起一套完善的教学系统——而这带来的成绩，就是两宋期间，鄞县籍进士达到712名之多，甚至一直到近一千年后的今天，鄞州治学之风仍在，还是我们中国的"院士之乡"。

当王安石已经离任鄞县知县十一年后，当地的百姓还自发为这位曾经为他们做过贡献的父母官立了生祠，表达感谢和祝福。

鄞县虽然只是一个县，但就像是他变法的一个小小缩影。第一次尝试，给了他经验，也给了他信心。

鄞县任职期满之后，他历任舒州通判、常州知州等职，勤政爱民，政绩斐然。当时的宰相文彦博想跟仁宗举荐他，他以不想激起越级提拔之风，拒绝了。

在各地任职的这些年里，他不断积累执政经验，推进当地变革，收效颇好。在进京述职之际，他总结了自己多年的工作经验，写了一篇长达八千余字的《上仁宗皇帝言事书》，系统地提出了自己的变法主张。可惜的是，宋仁宗并没有采纳。

但大家觉得他是个人才，于是就想留住他，再次许他馆阁之职，他不干。后来仁宗去世，英宗在位时期，又多次征召他赴京任职，他还是坚持不去。

他给出的理由有很多，母丧、身体不好等，但这些理由听起来就很勉强。也许，他不是不想做，他是不想去做那些偏重学术和名誉的文职，否则他就不会给皇帝写下万言书，表明自己的变法主张。

他有着强烈的个人信念和政治理想，他希望能通过改革实现国富民强、海晏河清的盛世。

为这个目标，他蛰伏了将近十年。

终于，他等来了宋神宗。

他的一篇《本朝百年无事札子》，指出了当今危机四伏的社会问题，阐述了因循守旧、故步自封的危害，并且，就吏治、教育、科举、农业、财政、军事等各方面的改革提出了自己的见解和主张。一年后，"王安石变法"，正式拉开帷幕。

可是王安石没想到的是，等待他的，是一场又一场的舆论风暴。反对他变法的有，当时的文坛领袖欧阳修，当时的朝廷重臣韩琦、富弼、文彦博，北宋理学的奠基者程颢，当时的文学家曾巩，反对派领袖司马光，以及苏轼、苏辙这样享誉文坛的兄弟，宋神宗的母亲高太后、祖母曹太皇太后，甚至包括王安石本人的两个亲弟弟。

更不用说，在新法的各项措施中直接得罪的既得利益者，以及新法执行中因为各级官员的变形操作而不堪其苦只能把脏水泼向他的民众。

更让人感到孤独的是，他一手提拔的人，他曾经的徒弟——吕惠卿，那个变法中的得力副手，在他第一次罢相的时候就举荐给皇帝，希望能把新法继续推行下去的，那个他寄予厚望的继任者，居然也背叛了他。

当吕惠卿的权力越来越大的时候，他甚至害怕王安石的复出会影响自己的地位，于是采取了种种办法诬陷老师。

当亲人、学生、曾经的好友，都站到了他的对立面的时候，王安石的信念里，也许只有这几个字：

虽千万人，吾往矣。

王安石写过一首《登飞来峰》，那是他刚刚在鄞县知县任职期满后，从鄞县准备回他的故乡江西临川，途经杭州的时候写的。

最后两句：

不畏浮云遮望眼，自缘身在最高层。

如果我们去看王安石这一路的职场经历，就会发现，他就是一个"不畏浮云遮望眼"，开弓不回头的孤勇者，即便面对飞沙走石，也从不退缩。

我们今天很难评价王安石变法的功过是非，但如果去掉对与错，只看所以然，当我们选择了那最高理想的时候，就等于需要舍弃生活中的缤纷色彩，需要面对沿途丛生的荆棘，需要接收来自全世界的杂音，甚至，需要承受最亲的人的背刺，需要熬过黑暗，吞下委屈，扛住孤独，就如同王安石，该如何"不畏浮云遮望眼"，那便只有——去那"最高层"。

这是王安石的大半生。

是不是和苏东坡，很不一样？

苏东坡的人生，如果从世俗意义上说，他并没有实现自己年少时想要去到的那个"最高层"，又或者，多年以后他虽然已经官拜礼部尚书，成为国家正部级干部的时候，他登顶的那个"最高层"，已经和他心中的设想全然不同。

他被政治风暴裹挟着，哪怕想躲，但他的名声、他的位置，已经让他别无选择。心力交瘁之下，我想，也许贬谪对他而言，不一定代表着毁灭，而是另一种重生。

政治上的苏轼倒下了，文化上的苏东坡站起来了，并且，成了一座不可逾越的高峰。

而苏东坡为什么能在文化上闪耀千年？

就是因为，在贬谪的那些年里，他感受到了"高处不胜寒"，于是他做的，并不是去那"最高层"，而是让自己跳出山中，走到山外，去看命运这座山。

所以，他写的是：

不识庐山真面目，只缘身在此山中。

这真是两种不同的人生追求：

不畏浮云遮望眼，自缘身在最高层——这是披荆斩棘不畏万难险阻爬上山顶，于是我们看见了一个为搞事业几乎不近人情的王安石；

不识庐山真面目，只缘身在此山中——这是超脱尘世平静淡然地站在山外，于是我们看见了一个被贬之后回归自然与生活的苏东坡。

他们各有各的抱负，各有各的无奈。

也许，要事业还是要生活，其实并没有一个标准答案，也没有两全其美的人生，只有无悔无憾的选择。

当然，人生时间很长、阶段很多，一生也并非只有一条路。

那么此刻，你想选择事业，还是生活？

二　章惇与苏东坡

你是结果导向者，还是过程享受者？

你比较倾向于结果导向，还是比较喜欢享受过程？

讲苏东坡绝对绕不开一个人，章惇。他们是朋友，也是政敌。他们之间的缘分，纠缠到我都怀疑他们上辈子是不是相爱相杀的情人。

而且很有意思，他们的人生非常典型地指向两种不同的方向，没有谁对谁错。讲完这个故事的时候，不知道我们心里会不会有一个属于自己的答案？

章惇原本跟苏东坡是同榜进士，但是那年的状元是他的侄子章衡。《宋史·章惇传》说，章惇非常有个性，他不愿意名列他侄子的后边，自视甚高的他做了一件很激烈的事，"委敕而出"——把录取通知书给扔了。然后，复读，再考一次。

两年之后，他考了第一甲第五名，科举之后，出任商洛令，去管理一个县。当时苏东坡刚好也出任凤翔，是地方长官的"秘书"，两个人工作地点都在陕西，而且他们年龄相近，才情也相当，就成了好朋友。

《宋史·章惇传》里记载了一个他们俩的故事，从这个故事里我们很能看得出这两个人完全不同的性格。

他们同游南山，到了仙游潭这个地方，潭下万丈深渊，对面有一块石壁，中间横着一根木头，要走过这根木头才能到达绝壁。

章惇就跟苏东坡说："这么奇特的地方，我们走过去题个字吧。"

苏东坡说："我不敢。"

没想到章惇如履平地般走了过去，垂下绳索拉住树，提着衣服，用蘸着墨的笔在石壁上写下几个大字：苏轼、章惇来。

写完之后上来，神情一点都没改变。

苏东坡直愣愣地看着这一切发生。

等章惇上来以后，苏东坡拍了拍他的背，说了一句话："你将来能杀人。"

章惇问："为什么？"

苏东坡说："能把自己的命豁出去的人，也能杀人。"

我们从中就能看得出，这是两个个性迥异的人。

自然，他们在职场上，也完全是两种不同的行事风格。

苏东坡虽然嘴很直，但是处事还是相对温和的；而章惇不一样，他认定的事情，真的就像苏东坡说的——人挡杀人，佛挡杀佛。

他们身处两个对立的阵营。章惇跟王安石一样，是坚定的变法派，苏东坡则偏向于保守。按道理说，政敌通常是要斗个你死我活的。当时苏东坡因为乌台诗案被捕入狱，别说他的政敌对他落井下石了，就连曾经跟他一个阵营的人，也不敢出来替他发声。

人心如此凉薄啊！

可在这个危急的时刻，章惇站出来了。

虽然我们政见不同，但就事论事，我觉得你受了冤枉，我就要替你发声。

章惇跟皇帝说："我认为苏轼没想要造反。"

当时的副宰相王珪在边上说："怎么可能呢？你看他这个诗，世间惟有蛰龙知。陛下，您已经是飞龙在天了，他怎么敢再去找一条蛰龙呢？"

章惇说："那诸葛亮还是卧龙呢，也没说人家要谋反啊！"

神宗皇帝当时听了，觉得章惇说得很有道理。

两人出来以后，章惇还不依不饶地拉着王珪，说："你这样做，是要灭苏轼满门吗？"

王珪说："不是我说的，这是另一位大臣舒亶说的。"

章惇直接来了一句反讥："那舒亶的口水，你也要吃吗？"

曾经跟苏东坡站在一起的人都不敢说话，但偏偏是政见不同的章惇有这样的勇气和魄力。也许他认为：对的就是对的，我认为是对的，我就要表达出来。

后来苏东坡大难不死，被贬黄州。那个寒冷的冬天，他刚到黄州的时候，身边没有一个亲人。他是因言获罪，就更怕自己说错话了。

他当时给章惇写了一封长信，里面说：我自从获罪以来，不敢再与人交往，即便是骨肉至亲，也没有一字书信往来，今天突然收到你的信，慰问之情如此深厚，关怀之意如此真切，令我感慨，无言以表……

> 轼自得罪以来，不敢复与人事，虽骨肉至亲，未肯有一字往来。忽蒙赐书，存问甚厚，忧爱深切，感叹不可言也。

从这些文字里可以看到，体验了世情凉薄、人生无常的苏东坡，在没人敢和他交往的低谷中收到章惇的问候，内心是很温暖的。

他说：平时你和我弟极力劝诫我，费尽苦心，而我却刚愎自用，不以为然……以前的熟人朋友，只会当面夸赞吹捧我，酿成了我的过错，而一旦患难，就没有人再怜惜我了。只有你，平时对我帮助挽救，到了我急难的时候，又能体恤和接济我，真正和世俗之人不一样啊。

> 平时惟子厚与子由极口见戒，反覆甚苦，而轼强狠自用，不以为然……然异时相识，但过相称誉，以成吾过，一旦有患难，无复有相哀者。惟子厚平居遗我以药石，及困急又有以收恤之，真与世俗异矣。

故事说到这里，我们一定会认为，苏东坡和章惇，真的是一对彼此相知，且不因世情而改变的至交好友。但如果我说，苏东坡后期一贬再贬，从惠州到儋州，这些经历是拜章惇所赐，你敢相信吗？

神宗皇帝过世后，宣仁太后当朝，司马光主政，他废掉新法，重启旧法，同时把苏东坡等支持旧法的大臣召回朝中。朝廷又经过了一轮大洗牌。作为新法坚定支持者的章惇，在那个时候承受了来自四面八方的攻击。苏辙一再上书，请求罢免章惇，而在这整个过程中，苏东坡没说过一句话。

我们知道苏东坡对于旧法，也并不是全然赞同的。所以我们今天也很难猜测，他是因为政见相对温和的原因，还是因为弟弟与好友两相为难的原因，总之，在那段故事里，苏东坡的态度是暧昧的。

但是章惇，依然非常明确——我坚持我所认为的。他被贬八年，一直等到新皇帝掌权亲政，重新起用新法，他才再次回到朝中。

而回来以后，他就用铁腕手段，清洗旧法大臣。对内强推新法，甚至想要废掉两后，对外征服西夏，出兵吐蕃，改进军械，巩固边防，在那个时代，将北宋的疆域扩展到最大。

如果单从政治成就上来说，章惇远远高于苏东坡。

他的目标感、边界感都非常明确，为了做事，不惜得罪一票人。他差点挖了司马光的坟，把司马光拉出来鞭尸，甚至把皇太后赐给司马光的碑文给磨平，把司马光的牌坊给拆了。

他对旧法大臣不遗余力地打压，其中就包括苏东坡。

从英州，到惠州，再到海南儋州——贬到儋州在当时已经是仅次于死刑的处罚了。很多人都会觉得，这么做，是要把人往死里弄啊！

甚至还有人以为，他们之间是不是有什么私人恩怨、深仇大恨。北宋惠洪的《冷斋夜话》里记录过，后来苏东坡从海南回来，经过南昌的时候，南昌太守看到他也吓了一跳，说："坊间都传闻你已经挂了，咋现在看你还活蹦乱跳，游戏人间呢？"

苏东坡幽默地说："哦，本来要挂了，去阴间路上看见了章惇，所以又掉头回来了。"

不知道是因为对苏东坡的偏爱，还是因为章惇做事的确太狠，元朝人把章惇列入了《宋史·奸臣传》。

他们认为章惇是奸臣。

但如果我们纵观他执政期间的成就，就会发现这个评判有些偏颇。单论他在用人这件事上，就当得上"大公无私"四个字——为相七年，从来不利用自己的职权赠送任何官爵给自己的亲信，并且解除所有凭借私人关系而任官之人的官职。

后来，宋哲宗驾崩，朝廷需要另立新帝的时候，他的意见也非常明确：端王轻佻，不可以君天下！

而最后继位的正是端王，也就是宋徽宗。

徽宗继位以后，章惇被贬。那时苏东坡正从海南回来，章惇的儿子害怕东坡未来得势，也会把父亲往死里弄，于是就写了一封信给苏东坡，替父亲求情。

一生宽厚待人的苏东坡，给他回了信，说：我和你父亲是四十多年的好友，虽然中间出了一点小插曲，但是交情还是不受影响的。过去的事就不要再说了，我们往前看吧。他还在信里附上了去瘴气的方子，希望对章惇有用。

回望这两个人的人生，章惇锐利、坚定、执着，非黑即白。他认定的事，就一定要做，排除万难也要做，哪怕前方挡路的人是他曾经的至交好友，他也能披荆斩棘，毫不留情。他像一把尖刀一样，要么成为颇有政绩的宰相，要么就是写入史书的奸臣。

　　而苏东坡宽厚、仁慈、豁达，也软弱，他没有雷霆手腕，在政治上、在职场里，相比于咬死目标、心无旁骛的人，他实在算不得有什么伟大的成就。但作为一个人，他的性格里写满了生而为人的丰富情感，因而能在文学里、在艺术上，成为一股感染人心的力量。

　　他们过着不一样的人生，开出了不一样的花。

　　关于如何活这件事，其实没有对错，只有选择。

　　所以，你更希望自己是结果导向者，还是过程享受者？

资料出处：

1. [北宋] 苏轼《题西林壁》《与章子厚参政书》《与章致平》
2. [北宋] 王安石《鄞县经游记》《上仁宗皇帝言事书》《本朝百年无事札子》《登飞来峰》
3. [北宋] 邵伯温《邵氏闻见录》
4. [北宋] 沈括《梦溪笔谈》
5. [北宋] 惠洪《冷斋夜话》
6. [北宋] 叶梦得《石林燕语》
7. [南宋] 朱弁《曲洧旧闻》
8. [南宋] 胡仔《苕溪渔隐丛话》
9. [元代] 脱脱等人《宋史·王安石传》《宋史·章惇传》

番外　你也在陶渊明的人生里找自己的答案

来自精神偶像的力量。

我们的偶像是苏东坡,那苏东坡的偶像是谁?
如果只有一个答案,我会说:陶渊明。
苏东坡之爱陶渊明,到什么程度呢?
看看他写的这些句子:

只渊明。是前生。
我即渊明,渊明即我也。
自谓不甚愧渊明。

他对偶像的文字,概括起来就四个字:舍不得读。
他说:每次身体不好的时候,就拿出来读,但只读一篇,怕都读了的话,以后就没得读了。

每体中不佳,辄取读,不过一篇,惟恐读尽,后无以自遣耳。

他追他的偶像，甚至开创了一个先河。

苏辙在《子瞻和陶渊明诗集引》中说到，他哥给他写过一封信。苏东坡在信里说：在我之前，别的诗人也会模拟古人的作品，却没有人追和古人的诗，要说追和古人，则始于我东坡。

> 古之诗人有拟古之作矣，未有追和古人者也。追和古人则始于东坡。

他不单纯是追和偶像陶渊明的诗，并且是"尽和陶诗"，就是，全和了一遍。

根据清代学者王文诰在《苏文忠公诗编注集成》中的统计，他先是写了109首和陶诗，然后编成了《和陶集》，出版以后，一举成了当时的畅销书。

他觉得还不够，后面又继续创作了15首，使得总数达到了124首。苏东坡一生留下的诗作2867首，其中光是应和陶渊明的作品，就占到了近二十三分之一。

并且，他选择的是最接近原诗的"次韵法"，就是每一句的韵脚（最后一个字的韵母）都必须和原诗相同，举个例子：

饮酒二十首之一
（陶渊明）

衰荣无定在，彼此更共之。
邵生瓜田中，宁似东陵时。

寒暑有代谢,人道每如兹。
达人解其会,逝将不复疑。
忽与一樽酒,日夕欢相持。

和陶《饮酒》二十首之一
(苏东坡)

我不如陶生,世事缠绵之。
云何得一适,亦有如生时。
寸田无荆棘,佳处正在兹。
纵心与事往,所遇无复疑。
偶得酒中趣,空杯亦常持。

这种"次韵法"的创作难度系数是很高的,它要求作者不仅需要掌握原诗的内容、情感,还要遵循原诗的韵律,在保留原作者精神的基础上去找寻立意的创新,从而达到和原诗不同的艺术效果。

换句话说,不仅要严格地模仿"蓝",还要"青出于蓝,而胜于蓝"。

那么,苏东坡为什么如此坚定地选择跟随陶渊明的脚步,尽和其诗呢?

他在给弟弟的信里说:难道我之爱陶渊明,只是喜欢他的诗吗?不是的,我是被他的人打动的啊!

然吾于渊明，岂独好其诗也哉！如其为人，实有感焉。

　　其实就跟我们对苏东坡的情感是一样的。作品，是他人格的反映。我们之所以爱他，是被这个人格吸引，被这种精神力量感染。

　　元丰五年（1082）春天，苏东坡的雪堂建成。这个地方在他躬耕的黄州东坡旁边，从雪堂向南可以远眺四望亭后面的山丘，向西可以看见北山的小泉。他很喜欢这里，自从建好以后，就常常在雪堂看书写字，招待朋友。真像是隐居的生活。
　　于是他想起了陶渊明的斜川之游。
　　同样的初春，五十岁的陶渊明游览斜川，临水而坐，近处是微流中的彩鱼，远处是空谷中的鸥鸟，山川景色，令人神驰意远。
　　酒至半酣时，他感慨此情此景是如此的珍贵，不可重复，生命正如白驹过隙，一晃而过，既然明天不可预料，不如好好享受今日美好。他让各位游伴分别写下自己的年龄、籍贯，并记录下这难忘的一天。

游斜川并序

　　辛丑正月五日，天气澄和，风物闲美，与二三邻曲，同游斜川。临长流，望曾城，鲂鲤跃鳞于将夕，水鸥乘和以翻飞。彼南阜者，名实旧矣，不复乃为嗟叹。若夫曾城，傍无依接，独秀中皋，遥想灵山，有爱嘉名。欣对不足，率共赋诗。悲日月之遂往,悼吾年之不留。各疏年纪乡里,以纪其时日。

开岁倏五日,吾生行归休。
念之动中怀,及辰为兹游。
气和天惟澄,班坐依远流。
弱湍驰文鲂,闲谷矫鸣鸥。
迥泽散游目,缅然睇曾丘。
虽微九重秀,顾瞻无匹俦。
提壶接宾侣,引满更献酬。
未知从今去,当复如此不。
中觞纵遥情,忘彼千载忧。
且极今朝乐,明日非所求。

四十七岁,在黄州过了几年躬耕时光的苏东坡,此刻拥有了和陶渊明一样的心境。于是他感慨万千,创作了一首《江城子(梦中了了醉中醒)》:

江城子

陶渊明以正月五日游斜川,临流班坐,顾瞻南阜,爱曾城之独秀,乃作斜川诗,至今使人想见其处。元丰壬戌之春,余躬耕于东坡,筑雪堂居之。南挹四望亭之后丘,西控北山之微泉,慨然而叹,此亦斜川之游也。

> 梦中了了醉中醒。只渊明。是前生。走遍人间，依旧却躬耕。昨夜东坡春雨足，乌鹊喜，报新晴。
>
> 雪堂西畔暗泉鸣。北山倾。小溪横。南望亭丘，孤秀耸曾城。都是斜川当日境，吾老矣，寄余龄。

人生如梦，此刻，究竟是在现实，还是梦境？

在世俗沉沉的醉梦里感悟人生真谛的前行者，唯有陶渊明是我如前生般的知音。

这山水田园，依稀都是渊明当日所见的风光。

我老了，就让我这样，清闲淡然地了此余生吧。

最后一句，充满了无奈中的自我安慰。

对四十七岁的苏东坡而言，他并不知道自己的政治未来是否还能东山再起，在黄州磋磨了几年之后，他似乎渐渐能从劳作与谪居中，体会到陶渊明当年的闲情逸致。如果能就这样过下去，好像也是一种活法。

我们能感觉到，此刻的苏东坡，是把类似陶渊明那样的田园生活，当成了自己最后的退路。

是退路——而非归宿。

五十岁的陶渊明，是真的与官场斩断了一切关系，但五十岁的苏东坡并没有。

他写下《江城子（梦中了了醉中醒）》之后，又过了两年，就接到了让他移居汝州的诏令。虽然还是和黄州一样"本州安置"，但至少，离京城近了许多。这其实也是朝廷释放的讯号：苏轼，即将再度被任用。

果不其然，五十岁的苏东坡在登州上任五天，就被任命为礼部郎中，而后升为起居舍人，再升中书舍人，不到半年，连续破格提拔三次。他的政治春天，再度来临。

但他的心情，却已发生了很大的变化。

我们在前面的章节里讲过，苏东坡在他政治巅峰的时候，内心反而是焦灼和疲惫的。他被迫陷于党争，只能不断要求朝廷将他外放。

元祐七年（1092），他在扬州任上，心有所感，创作了一组《和陶〈饮酒〉二十首》，开篇就是：

> 我不如陶生，世事缠绵之。

他又想起了陶渊明。他多么羡慕渊明的恬淡自在，回想自己被世俗琐事纠缠不清——想了断，却没有这个魄力；想退隐，却没有这个勇气。他感慨，只有心灵的田地是没有荆棘的，那么，就在心灵的旷野中撒开自己，自由自在吧！

这是苏东坡"和陶诗"的开始，也是他的诗歌风格从宏大开阔到平淡朴素的转变。

而陶渊明，就成了他人生后期非常重要的精神支柱。

被贬惠州时，在那瘴疠横行的岭南，他一边忍受着病痛的折磨，一边重新开启自己的躬耕生活。

某一个春天，儿子苏过正在诵读陶渊明的《归园田居》，琅琅的读书声唤醒了他在扬州写下《和陶〈饮酒〉二十首》的热情,他决定,要"尽和陶诗"。

我始终认为,苏东坡的这个决定,既是要追寻陶渊明的脚步,去接近那个"复得返自然"的自在境界,也是一种精神慰藉的出口,更是晚年给自己找点事做,让自己有盼头、有动力活下去的理由。

而,为什么是陶渊明?

因为他是"古今隐逸诗人之宗"。

在身体力行地"尽和陶诗"之后,苏东坡比以往的文人更加明白了陶诗的伟大。

他说:陶渊明作诗不多,他的诗表面质朴无华,实际却饱满绮丽,我与他相比,自愧不如。

> 渊明作诗不多,然其诗质而实绮,癯而实腴,自曹、刘、鲍、谢、李、杜诸人,皆莫及也。吾前后和其诗凡一百有九篇,至其得意,自谓不甚愧渊明。

我想,这里的自愧,不仅仅是说诗歌,也是人生。

陶渊明活出了包括苏东坡在内,多少文人想活却没能活出来的境界。

苏东坡在写给弟弟的信里感慨:唉!陶渊明不愿为了挣那五斗米的薪水,整衣束带地去拜见一个无德无才的乡里小人,反观我自己,做了三十年的官,饱受入狱之苦,仍不知悔改,以致今日陷此大难。到今天已是桑榆晚年,才想要从渊明身上去寻找寄托,说出来,谁信呢……

> 嗟乎渊明，不肯为五斗米一束带见乡里小儿。而子瞻出仕三十余年，为狱吏所折困，终不能悛，以陷于大难。乃欲以桑榆之末景，自托于渊明，其谁肯信之？

他想要活成如同陶渊明那样的人格样本，内心却放不下对功名的追求，直至老天爷用各种苦难让他明白，让他反省，让他顿悟——当华美的叶片落尽，生命的脉络才历历可见。

他感受过青云直上，经历过起伏跌宕，在庙堂之高，是高处不胜寒，在田园阡陌，却回归了生命的恬淡。

后世元好问评价陶渊明"豪华落尽见真淳"。或许，苏东坡在彼时就明白了陶渊明的真淳。那是一种历尽世事却终于回归不谙世事的真淳。而他自己也只有在经历过"看山不是山"的苦苦追索之后，才能明白"看山还是山"的恍然与洒脱。

陶渊明之于苏东坡，就如同苏东坡之于我们。

那些在文化史里闪耀的人格，他们活出来的生命样本，已经成了后人的养分。

阅读他们的作品，也是在走进他们的人生。

他们并非一尘不染，也非生下来就是英雄。他们让我们明白，一个普通人在生命的急流中是如何被冲刷的，又是怎样在一次次的磨难中不断做出选择，从而让自己活得精彩、活得伟大。

他们的焦灼、反思、挣扎与回归，他们的忍耐、安定、坚守与凝望，为我们提供了一种生命的参考样式，让我们在铺满荆棘的路上，前方一直有指路明灯，内心始终有精神偶像。

后记　我从苏东坡身上看见了什么

你要活生生的。

终于写完了。

我感觉好像经历了一次长途跋涉，陪着一个人，重新回溯了他的人生，但总有那么几个瞬间，我特别恍惚：

我究竟是在看他的人生，还是我的人生？

其实我对苏东坡的认知，经历了三个阶段。

从语文课本里留下的关键词"豪放派、豁达、乐天"，到现在更多人评价他的"吃货、段子手、治愈生活的解药"，还有那句很经典的"人生缘何不快乐，只因未读苏东坡"。

但现在，我对他的认知其实还有一点点的变化，如果要我总结，可能是四个字：

活生生的。

他……自恋，嘴贫，怕死，偶尔喜欢吹牛皮，一生闹过不少笑话，但很可爱，很可爱。按照现在的话说，他是一位很有才华的"沙雕"。

他也不是天生的豁达,他之所以感动我们,正是因为他不是天生的豁达,豁达只是我们看到的结果,他让我们感动的却是那个过程,那个在泥泞中一点一点支棱起来的过程。

那个过程好像在告诉我们:年轻的时候要多吃点苦,这样老了吃苦才会习惯。

苏东坡一直有记录所见所闻的习惯,后人把这些内容辑录成了《东坡志林》。你可以把它理解为一部苏东坡的随笔或日记。

我写苏东坡的时候,重看了《东坡志林》,感觉就像在看他的段子或者日记,一个活生生的苏东坡在你眼前,跟你讲他的故事。

而且你会一边看一边笑:这个"死老头"!

他其实很自恋。虽然不很帅,但是禁不住才华横溢啊,很多人认识他啊,这大大滋养了他的自恋。我们经常能看到,他那种忍不住自恋又不好意思表露自恋的样子。

他第一次到庐山的时候,山里的僧人们都争相传告:"苏子瞻来啦!"

他一得意,就写了一首诗,最后两句是:可怪深山里,人人识故侯。

哎呀,没想到啊,深山老林里,人人都认识我,怪不好意思的。

后来觉得自己太表露这份得意了,赶紧又谦虚地写了两首找补,但依然挡不住他那颗傲娇的心。

一直到老了,迈入生命最后的时光了,他内心里还是很有偶像包袱的。

据《邵氏闻见后录》记载，当时他从海南回来时，因为天气炎热，就穿着半袖，戴着小帽，坐在船上。

老百姓听说苏东坡要经过这里了，都纷纷跑到河岸边来看他，文章里写"千万人随观之"，就像见大明星一样。

苏东坡看到这个盛况，环顾左右，然后说了句："哎呀，这岂不是要看杀我！"

这是用了一个《世说新语》里看杀卫玠的典故。但人家卫玠是中国古代四大美男子之一啊，苏东坡当时却是个六十六岁的胖老头，可是，他还是那么"骚"。

他其实从小就立志做一个伟大的人。

十岁的苏东坡听完《后汉书·范滂传》的故事，已会一脸正气地跟母亲说："我也想做范滂这样的人！"

我常常在想，三十四年后，当他在湖州接到皇帝派来的官员要抓他的诏令的时候，当他吓到躲到自己府里不敢出来，战战兢兢连朝服都不知道该不该穿，还得让自己的副手来拿主意的时候，当他狼狈得像犬鸡一样被人驱赶的时候，他是否还记得自己十岁那年的豪言壮语？

我们以前课本里认识的那些伟大的人，都有同一种特质：大义凛然，视死如归。

可苏东坡恰恰是个怕死的尿货。

但尿也是有好处的。

即便是一再被贬的时候，我们在他的文章里也几乎看不见自我了断的决心：再烂，也要活下去。

并且他永远能找到乐子。

没钱买米,他就开始跟儿子一起辟谷。

觉得无聊,他就自己出门找人聊天,无论高低贵贱,任何职业都能聊得来。

我们在《东坡志林》里看见他写了他的好多朋友,有道士、僧人、农民、酒馆老板、他的老师、他的学生、他的铁杆粉丝,甚至还有他家隔壁大晚上吵架的妇人。

当然,还少不了那位被他半夜敲门拉起来逛园子,还强说"怀民亦未寝"的张怀民。

苏东坡还写过很多鬼故事,大部分是听来的。

而且你能看到他一边写得绘声绘色,一边质疑说,这到底是真的还是假的?最后就是,管他真的还是假的,反正是有趣的,先写下来呗。

苏东坡说:上可以陪玉皇大帝,下可以陪卑田院乞儿,眼前见天下无一个不好人。

可能也正是因为这个世界还有这么多有趣的人和有趣的事等着他去遇见,去记录,他才舍不得死。

一个爱吃爱玩、爱听故事、爱唠嗑的人,怎么舍得死呢?

正是因为他"舍不得死",所以他才能"活出来"。

我们今天看苏东坡的人生,已经是一个完成时态。我们可以跳过,可以省略,这个章节看不爽了可以翻页,甚至可以直接翻到最后看结局。

但当时的他不可以。生命是一个无法快速拖动的进度条,当我们陷入低谷，哪怕知道前方即将迎来光明，但也得一天一天熬过去。

我们今天看苏东坡的低谷，觉得他似乎"活出来"了，但我更想展示的是，他为什么能"活出来"。

这股力量，源于"舍不得死"的那种纠结、怯懦，以及至暗中也始终保留着的一点苟延残喘的希望。

虽然他终生无法实现他年少时给自己规划的人生（其实中国文人大多如此），但他的厉害之处就在于，他愿意退一步。

退一步，是生活。

这是很多文人做不到的。

蒋勋老师有句话说得很好：花落到泥土间，才不矫情，才能活出其他文人所没有的大气度。

苏东坡对当代人的借鉴意义，就在于他在困境中的磋磨。生活把他压成一摊烂泥，他却可以在泥泞中开出花来。

用史铁生的一句话来总结：苦难既然把我推到了悬崖边缘，那么就让我在这悬崖边缘坐下来，顺便看看悬崖下的流岚雾霭，唱支歌给你听。

其实，这个世界没有真正快乐的人，只有想得开的人。

关于苏东坡，真是怎么讲都讲不完。他就好像是你的朋友一样，在讲这个朋友的时候，他身上有一堆的毛病，可是很奇怪，你就是觉得他很可爱。

正是因为这些无伤大雅的小毛病，让他的人格越发的"真"，他是那么的活生生，那么的像个可触及的人。

他其实和我们一样，生命里有很多微小的灰尘，但也有很多人性的光芒。

他不伟大，但无比真实。

可是真实，何尝不是另一种伟大呢？

苏东坡写完了。

但对我而言，似乎并不是结束。

每个人，在人生的每个时间段，在生活的每种不同境遇里，也许，都有机会再次和他相遇。

我的时间进度条也在走。苏东坡对我而言，并不是完成时态。也许再过若干年，当我再看苏东坡时，又会有不同的心境和领悟。

写苏东坡对我来说，是一个治愈的过程。他像是一个心灵上的朋友，虽然穿越了千年，却依然很亲切。

有时候写着写着，我会感觉他的笑声仿佛从千年前传过来，笑里带了几分狡黠、几分爽朗、几分自嘲、几分童真，还有几分历尽沧桑的从容和淡然。

我等着他有一天回头，笑着跟我说：

"我还有故事，你想听吗？"

致敬　参考书目

《苏东坡全集》（全八册），曾枣庄、舒大刚主编，中华书局，2021年5月
《苏东坡全集：注译本》（全十册），苏轼著，毛德富等主编，团结出版社，2021年1月
《东坡志林》，苏轼著，韩中华译注，海峡文艺出版社，2019年6月
《东坡集》（全二册），苏轼著，朱刚导读，三秦出版社，2022年6月
《苏轼年谱》（全三册），孔凡礼撰，中华书局，1998年2月
《三苏评传》，曾枣庄著，上海书店出版社，2016年8月
《苏东坡传》，林语堂著，湖南文艺出版社，2018年1月
《苏轼传》，王水照、崔铭著，人民文学出版社，2019年5月
《苏轼十讲》，朱刚著，上海三联书店，2019年7月
《苏轼评传》，王水照、朱刚著，长江文艺出版社，2019年12月
《苏东坡新传》（全二册），李一冰著，四川人民出版社，2020年5月
《苏轼研究论稿》，庆振轩著，中国社会科学出版社，2022年4月
《阅读苏轼》，朱刚著，北京大学出版社，2022年10月
《王水照说苏东坡》，王水照著，中华书局，2015年6月

《苏东坡的下午茶》，陈鹏著，三水绘，四川人民出版社，2020年6月
《在故宫寻找苏东坡》，祝勇著，人民文学出版社，2020年6月
《在东坡那边：苏轼记》，于坚著，江苏凤凰文艺出版社，2021年6月
《苏东坡的朋友圈》，刘墨著，人民美术出版社，2021年8月
《作个闲人：苏东坡的治愈主义》，费勇著，江苏凤凰文艺出版社，2022年7月
《苏轼评传》，曾枣庄著，巴蜀书社，2018年2月
《苏辙评传》，曾枣庄著，巴蜀书社，2018年2月
《苏洵评传》，曾枣庄著，巴蜀书社，2018年2月
《苏轼苏辙研究》，朱刚著，复旦大学出版社，2019年12月
《三苏教育思想研究》，余红艳、刘清泉、胡先酉等著，巴蜀书社，2022年4月
《光芒之下：苏辙传》，史在新著，中国文史出版社，2022年9月
《王安石传：上、下》，崔铭著，天津人民出版社，2021年10月
《与陶渊明生活在桃花源》，程滨著，长春出版社，2016年6月
《苏轼与章惇关系考——兼论相关诗文及史事》，刘昭明著，新文丰出版公司，2011年6月
《一念桃花源：苏东坡与陶渊明的灵魂对话》，[美]比尔·波特著，李昕译，中信出版社，2018年4月
《苏东坡养生谈》，熊朝东著，四川文艺出版社，2005年9月
《苏东坡与佛教》，达亮著，四川大学出版社，2009年4月
《不合时宜：东坡人文地图》，王文正著，杭州出版社，2015年5月
《苏轼：乡愁与爱情》，邵永义著，白山出版社，2017年5月
《知中·幸会！苏东坡》，罗威尔主编，中信出版社，2017年6月
《"自然"之辩：苏轼的有限与不朽》，杨治宜著，生活·读书·新知三联书店，2018年10月

《呵呵：中国顽童苏东坡》，史钧著，国际文化出版公司，2019 年 1 月

《人间杭州：我与一座城市的记忆》，吴晓波著，浙江大学出版社，2022 年 1 月

《傅佩荣译解庄子》，傅佩荣著，东方出版社，2012 年 6 月

《中国历代政治得失》，钱穆著，生活·读书·新知三联书店，2012 年 7 月

《历代经济变革得失》，吴晓波著，浙江大学出版社，2013 年 8 月

《东京梦华录》，孟元老著，侯印国译注，三秦出版社，2021 年 4 月

《假装生活在宋朝：京都汴梁等地生活指南》，马骅著，江苏人民出版社，2017 年 9 月

《风雅宋：看得见的大宋文明》，吴钩著，广西师范大学出版社，2018 年 6 月

《知宋：写给女儿的大宋文明》，吴钩著，广西师范大学出版社，2019 年 3 月

《原来你是这样的宋朝 2》，吴钩著，长江文艺出版社，2019 年 5 月

《过一场风雅的宋朝生活》，李开周著，中国法制出版社，2019 年 5 月

《千面宋人：传世书信里的士大夫》，仇春霞著，广西师范大学出版社，2023 年 3 月

《变宋：王安石改革的逻辑与陷阱》，徐富海著，北京大学出版社，2023 年 5 月

《美学散步》，宗白华著，上海人民出版社，1981 年 6 月

《美的历程》，李泽厚著，生活·读书·新知三联书店，2009 年 7 月

《朱光潜谈美》，朱光潜著，华东师范大学出版社，2012 年 9 月

《中国文化的精神》，许倬云著，九州出版社，2018 年 11 月

《东坡黄州五年间》，黄冈市东坡文化研究会组编，涂普生主编，武汉大学出版社，2010 年 8 月

《琼崖古驿道：在文献与地图上重走千年"南方高速"》，何以端著，海南出版社，2022 年 11 月

《轴心文明与现代社会：探索大历史的结构》，金观涛著，东方出版社，2021 年 6 月

作者简介

意公子

自媒体创作者
文化科普品牌"意外艺术"创始人

代表作品：
《大话中国艺术史》
《大话西方艺术史》

团队介绍

图书统筹
曹 君　王晓琪　陈佳敏

资料整合
黄啊欣　曾言美　林雅雯　胡洛菡　吴一敏　樊晶晖　林安琪
张云玥

视频摄制
柯杰武　陈惠泉　李 锐　孟国辉　杨雨思　樊 倩　龙 军
蔡心怡　甘泽宇　周文豪　熊兴文　李 伟　林嘉琪　林惠霖
蒋 磊　罗雯凤

平台运营
黄少炫　刘伊诺　陈 玉　孟小岚　姜喜兰　李一丹　洪艺宏
林誉淞　王欧欧　傅素钦

商务外联
周 磊　王昊洋　林江晓　李若云

人力后勤
谢季庭　林丽玲　吴恋凤　林晓丽

人生得遇苏东坡

作者 _ 意公子

编辑 _ 刘树东　　装帧设计 _ 何月婷　　主管 _ 黄杨健
技术编辑 _ 白咏明　　责任印制 _ 杨景依　　出品人 _ 王誉

营销团队 _ 毛婷 石敏 礼佳怡 苑文欣 刘进

鸣谢

内容审校 _ 刘清泉（中国苏轼研究学会副秘书长）

果麦
www.goldmye.com

以 微 小 的 力 量 推 动 文 明

图书在版编目（CIP）数据

人生得遇苏东坡 / 意公子著 . -- 西安：太白文艺出版社, 2025.1（2025.8重印）. -- ISBN 978-7-5513-2863-0

Ⅰ. I25

中国国家版本馆CIP数据核字第20243JJ611号

厦门市文艺发展专项资金资助项目

人生得遇苏东坡
RENSHENG DE YU SUDONGPO

作　　者	意公子
责任编辑	戴笑诺　蔡晶晶　慕鹏帅
装帧设计	何月婷
出版发行	太白文艺出版社
经　　销	果麦文化传媒股份有限公司
印　　刷	天津丰富彩艺印刷有限公司
开　　本	875mm×1240mm　1/32
字　　数	285千字
印　　张	13.25
版　　次	2025年1月第1版
印　　次	2025年8月第13次印刷
印　　数	263,001-268,000
书　　号	ISBN 978-7-5513-2863-0
定　　价	89.00元

版权所有 翻印必究
如有印装质量问题，可寄出版社印制部调换
联系电话：029-81206800
出版社地址：西安市曲江新区登高路1388号（邮编：710061）
营销中心电话：029-87277748　029-87217872